辽宁省先进装备制造业专利导航技术研究

Research On Patent Navigation Technology Of Advanced Equipment And Manufacturing Industry In Liaoning Province

张震　王潜　李倩　宫炫　李英博　程惠蕾　◎编著

北京理工大学出版社
BEIJING INSTITUTE OF TECHNOLOGY PRESS

内 容 提 要

本书首先介绍了制造业目前的发展情况，分析了辽宁省乃至全国的制造业与发达国家存在的差距，阐述了专利战略对产业升级、企业创新发展所能起到的作用。其次从先进装备制造业领域选取其中重点的产业进行专利导航分析，检索了全国和辽宁省的专利信息情况，专利分析内容主要包括历年专利申请量分析、专利申请区域分布分析、技术主题分布分析、关键技术发展方向分析等。最后，提出了辽宁省先进装备制造业目前存在的问题，并根据存在问题给出了发展建议，期望能够促进辽宁省经济实现高质量发展。

图书在版编目（CIP）数据

辽宁省先进装备制造业专利导航技术研究 / 张震等编著. —北京：北京理工大学出版社，2020. 8

ISBN 978-7-5682-8969-6

Ⅰ. ①辽…　Ⅱ. ①张…　Ⅲ. ①装备制造业－专利－研究－辽宁　Ⅳ. ①F426. 4

中国版本图书馆CIP数据核字（2020）第163557号

出版发行 / 北京理工大学出版社有限责任公司
社　　址 / 北京市海淀区中关村南大街5号
邮　　编 / 100081
电　　话 / （010）68914775（总编室）
（010）82562903（教材售后服务热线）
（010）68948351（其他图书服务热线）
网　　址 / http://www.bitpress.com.cn
经　　销 / 全国各地新华书店
印　　刷 / 天津久佳雅创印刷有限公司
开　　本 / 710毫米×1000毫米　1/16
印　　张 / 13
字　　数 / 273 千字
版　　次 / 2020年8月第1版　2020年8月第1次印刷
定　　价 / 59.00元

责任编辑 / 阎少华
文案编辑 / 阎少华
责任校对 / 周瑞红
责任印制 / 边心超

前　言

PREFACE

先进装备制造业是为满足国民经济各部门发展和国家安全需要而制造各种高端技术装备的产业总称，是战略性新兴产业的重要组成部分。大力培育和发展先进装备制造业，是提升中国产业核心竞争力的必然要求，是抢占未来经济和科技发展制高点的战略选择，对于我国加快转变经济发展方式、实现由制造业大国向强国转变具有重要的战略意义。习近平总书记在2019年9月20日致世界制造业大会的贺信中强调：中国高度重视制造业发展，坚持创新驱动发展战略，把推动制造业高质量发展作为构建现代化经济体系的重要一环。

辽宁是靠制造业起家的老工业基地，不仅具备完整的产业体系，而且种类齐全，具有很好的基础。2016年，《中共中央　国务院关于全面振兴东北地区等老工业基地的若干意见》中指出，争取2030年左右，东北地区实现全面振兴，走进全国现代化建设前列，成为全国重要的经济支撑带，打造具有国际竞争力的先进装备制造业基地。为此，2018年，辽宁省委、省政府组建了辽宁省先进装备制造业基地建设工程中心（以下简称中心），为打造辽宁具有国际竞争力的先进装备制造业基地提供服务、支撑和保障。2019年，辽宁省人民政府办公厅出台了《辽宁省建设具有国际竞争力的先进装备制造业基地工程实施方案》，方案中明确指出：以科技创新为动力，提升先进装备制造业自主研发、设计、制造及系统集成水平，加快建设具有国际竞争力的先进装备制造业基地，重点发展航空装备、海工装备及高技术船舶、节能汽车与新能源汽车、重大成套装备、高档数控机床、机器人及智能装备、先进轨道交通装备、集成电路装备等产业。

中心深刻认识到发展先进装备制造业，必须加强原始创新，而知识产权是创新发展的战略配置、制度支撑和法律保障。专利作为知识产权中技术和产品最直观的体现，能直接、有效地提升和保护装备制造企业自主创新能力。先进装备制造企业要想在日益激烈的市场竞争中取得先机，专利是必不可少的保证。专利战略作为知识产权的重要部分，是先进装备制造企业保护自己的有效竞争策略，积极的专利战略将会极大地增强先进装备制造企业的自主创新能力。

专利导航以专利资源为纽带，以专利信息分析为基础，更加关注产业升级、企业创新发展所面临问题的解决方案和对策，引导科技创新，促进管理创新。专利导航的主要目的是探索建立有效的工作机制，实现专利信息分析与产业运行决策深度融合、专利创造与产业创新能力高度匹配、专利布局对产业竞争地位的有力保障、专利价值对产业运行效益的充分支撑，推动重点产业的专利协同运用，培育形成专利导航产业发展新模式。可以说，专利导航是专利制度在产业运行中的综合应用，也是专利战略在产业发展中的具体实施，更是知识产权战略支撑创新驱动发展战略的具体体现。

为了深入贯彻习近平总书记在辽宁考察时和在深入推进东北振兴座谈会上的重要讲话精神，全面落实辽宁省委出台的“1+8”系列文件，坚定实施创新驱动发展和知识产权战略，充分发挥专利制度推动科技创新的作用，中心组织实施了“辽宁省先进装备制造业专利导航技术研究”这一课题并将内容编著成书，通过专利导航方法，检索辽宁省乃至全国的专利信息，挖掘各产业的专利现状、发展趋势等，从而对先进装备制造业进行系统研究。从广度上来看，本书涉及高档数控机床、集成电路装备、机器人、重大成套装备、新能源汽车和先进轨道交通装备六大产业；从深度上来看，本书具体分析了辽宁省先进装备制造业六大产业专利发展态势、区域布局情况、技术研究方向、产业内的主要关键技术及领军企业情况等，并从知识产权方面提出了促进辽宁省先进装备制造业发展的意见与建议，期望为推动辽宁省先进装备制造业高质量发展发挥积极作用。

张震

目 录
CONTENTS

第1章　概述

1.1　背景介绍

1.1.1　全球制造业

制造业是国民经济的主体，是立国之本、兴国之器、强国之基。18世纪中叶工业革命以来，世界强国的兴衰史和中华民族的奋斗史一再证明，没有强大的制造业，就没有国家和民族的强盛。

目前，全球制造业格局正在面临重大调整，新一代信息技术与制造业深度融合，正在引发影响深远的产业变革，形成众多新的生产方式、产业形态、商业模式和经济增长点。各国都在加大科技创新力度，推动3D（三维）打印、移动互联网、云计算、大数据、生物工程、新能源、新材料等领域取得新突破。基于信息物理系统的智能装备、智能工厂等智能制造正在引领制造方式变革；网络众包、协同设计、大规模个性化定制、精准供应链管理、全生命周期管理、电子商务等正在重塑产业价值链体系；可穿戴智能产品、智能家电、智能汽车等智能终端产品不断拓展制造业新领域。

国际金融危机发生后，发达国家纷纷实施“再工业化”战略，重塑制造业竞争新优势，加速推进新一轮全球贸易投资新格局；一些发展中国家也在加快谋划和布局，积极参与全球产业再分工，承接产业及资本转移，拓展国际市场空间。中国制造业此时正面临发达国家和其他发展中国家“双向挤压”的严峻挑战。

实体经济是经济发展的基础，已经成为各国的共识，多数国家都把制造业发展作为经济发展的重点，总体来看，制造业呈现出一些新的趋势和特点。

（1）从生产方式看，智能制造将成为制造业变革的重要方向。

（2）从发展模式看，绿色化、生产性服务业日渐成为制造业转型发展新趋势。

（3）从创新方式看，网络协同创新将重组传统的制造业创新体系。

（4）从组织方式看，内部组织扁平化和资源配置全球化将成为制造企业培育竞争优势的新途径。

（5）从发展格局看，新一轮全球制造业分工争夺战日益激烈。

1.1.2 中国制造业

新型工业化、信息化、城镇化、农业现代化同步推进，超大规模内需潜力不断释放，为中国制造业发展提供了广阔空间。各行业新的装备需求、人民群众新的消费需求、社会管理和公共服务新的民生需求、国防建设新的安全需求，都要求制造业在重大技术装备创新、消费品质量和安全、公共服务设施设备供给和国防装备保障等方面迅速提升水平和能力。

中国经济发展进入新常态，制造业发展面临新挑战。资源和环境约束不断强化，劳动力等生产要素成本不断上升，投资和出口增速明显放缓，主要依靠资源要素投入、规模扩张的粗放发展模式难以为继。形成经济增长新动力，塑造国际竞争新优势，重点在制造业，难点在制造业，出路也在制造业。

经过几十年的快速发展，中国制造业规模跃居世界第一位，建立起门类齐全、独立完整的制造体系，成为支撑中国经济社会发展的重要基石和促进世界经济发展的重要力量。持续的技术创新，大大提高了中国制造业的综合竞争力。载人航天、载人深潜、大型飞机、北斗卫星导航、超级计算机、高铁装备、百万千瓦级发电装备、万米深海石油钻探设备等一批重大技术装备取得突破，形成了若干具有国际竞争力的优势产业和骨干企业，中国已具备了建设工业强国的基础和条件。

但中国仍处于工业化进程中，与先进国家相比还有较大差距。制造业大而不强，自主创新能力弱，关键核心技术与高端装备对外依存度高，以企业为主体的制造业创新体系不完善；产品档次不高，缺乏世界知名品牌；资源能源利用效率低，环境污染问题较为突出；产业结构不合理，高端装备制造业和生产性服务业发展滞后；信息化水平不高，与工业化融合深度不够；产业国际化程度不高，企业全球化经营能力不足。推进制造强国建设，必须着力解决以上问题。

为此，国家提出立足国情，立足现实，力争通过“三步走”实现制造强国的战略目标。

第一步：力争用10年时间，迈入制造强国行列。

到2020年，基本实现工业化，制造业大国地位进一步巩固，制造业信息化水平大幅提升。掌握一批重点领域关键核心技术，优势领域竞争力进一步增强，产品质量有较大提高。制造业数字化、网络化、智能化取得明显进展。重点行业单位工业增加值能耗、物耗及污染物排放明显下降。

到2025年，制造业整体素质大幅提升，创新能力显著增强，全员劳动生产率明显提高，两化（工业化和信息化）融合迈上新台阶。重点行业单位工业增加值能耗、物耗及污染物排放达到世界先进水平。形成一批具有较强国际竞争力的跨国公司和产业集群，在全球产业分工和价值链中的地位明显提升。

第二步：到2035年，中国制造业整体达到世界制造强国阵营中等水平。创新能力大幅提升，重点领域发展取得重大突破，整体竞争力明显增强，优势行业形成全球创新引领能力，全面实现工业化。

第三步：中华人民共和国成立100年时，制造业大国地位更加巩固，综合实力进入世界制造强国前列。制造业主要领域具有创新引领能力和明显竞争优势，建成全球领先的技术体系和产业体系。

1.1.3 辽宁省制造业

辽宁装备制造业属于东北老工业基地的重要组成部分，党中央、国务院相继做出实施东北地区等老工业基地振兴战略的重大决策，采取一系列支持、帮助、推动振兴发展的专门措施。在各方面共同努力下，辽宁装备制造业振兴取得明显成效和阶段性成果，不仅具备完整的产业体系，而且产业种类齐全，实力雄厚，具有很好的基础[1]。

虽然辽宁装备制造业取得了较快发展，但是当前国际政治经济形势纷繁复杂，中国经济发展进入新常态，东北地区经济下行压力增大，经济增长新动力不足和旧动力减弱的结构性矛盾突出，发展面临新的困难和挑战。

与世界发达国家相比，辽宁装备制造业普遍存在大而不强，配套能力相对不足，产业集聚效应较弱的问题。另外，某些产品运行稳定性和可靠性有待进一步提高，一些对国民经济发展具有重大影响的装备设计与制造，缺少高层次设计团队，技术发展潜力有待进一步挖掘[2]。

1.2 导航分析目标

随着知识经济、经济全球化和世界专利制度的深入发展，专利资源已经成为国家产业发展的战略性资源，以专利权为主的无形资产已经成为世界主要跨国公司的核心资产和市场竞争力的关键。落实推进“一带一路”倡议、助力“大众创业、万众创新”、建设知识产权强国，无一不与专利信息紧密关联。

专利信息服务贯穿创新活动的全过程，对提升创新效益和产业竞争力具有至关重要的作用，更是企业应对专利侵权纠纷、进行海外专利布局、提升专利价值等战略决策过程中必不可少的内容[3]。

目前，创新驱动发展战略的实施推进，行业和企业的转型升级，越来越离不开集法律性、技术性、经济性于一体的复合战略性资源——专利信息资源的支撑。特别是由于专利挖掘、专利规避设计、专利价值评估、竞争对手专利分析等基于用户价值的高端咨询服务需求，以及专利质押、专利保险、专利证券化等专利商业化的新兴业态不断涌现，辽宁省的创新主体和市场主体越来越需要更高质量的个性化、专业化、系统化、战略化和规模化的专利信息增值服务。

专利导航以专利信息分析为基础，更加关注产业升级、企业创新发展所面临问题的解决方案和对策。因此，专利导航是在现有的专利预警、专利分析等信息利用手段基础上的理念升级和方法创新，是专利大数据分析的最新成果。专利导航的主要目的是探索建立专利信息分析与产业运行决策深度融合、专利创造与产业创新能力高度匹配、专利布局对产业竞争地位保障有力、专利价值实现对产业运行效益支撑有效的工作机制，推动重点产业的专利协同运用，培育形成专利导航产业发展新模式。可以说，专利导航是专利制度在产业运行中的综合应用，也是专利战略在产业发展中的具体实施，更是知识产权战略支撑创新驱动发展战略的具体体现。

专利导航的作用可以概括为两个层面：一是区域产业创新发展层面；二是企业、高校院所等创新主体发展层面。

在区域产业创新发展层面，专利导航能够有力支撑区域产业创新发展决策，提高产业运行决策的科学化程度。其主要表现如下：

（1）优化区域产业结构，推动产业布局更加科学、产业结构更加合理；

（2）提高区域产业创新资源配置效率，推动人才、资本、创新主体等创新资源向适合产业发展的关键技术领域聚集；

（3）增强区域产业竞争优势，形成创新与知识产权深度融合的产业发展模式，推动产业价值链的不断攀升。

在企业、高校院所等创新主体发展层面，专利导航是企业创新驱动发展的指南针，专利导航分析着眼新产品开发的全过程，力求将专利的创造、保护、运用、管理与创新过程结合，发挥专利制度激励创新的基本作用，加快企业创新转化为现实经济效益，形成专利导航引领下的企业创新发展模式[4]。

辽宁省装备制造业是辽宁省的支柱产业，对辽宁省的经济发展具有巨大的推动作用。因此，面向产业、企业发展需求的专利导航分析等专利信息服务，对于促进辽宁省经济高质量发展具有重要意义。

根据辽宁省人民政府办公厅印发的《辽宁省建设具有国际竞争力的先进装备制造业基地工程实施方案的通知》（辽政办发〔2019〕1号），辽宁省的先进装备制造业涉及多个产业[5]，本书重点选取了其中的六大产业，分别是高档数控机床产业、集成电路装备产业、机器人产业、重大成套装备产业、新能源汽车产业和先进轨道交通装备产业，进行深入的专利导航分析。

本书旨在通过对辽宁省先进装备制造业进行专利导航分析，研究专利发展态势、区域布局情况、产业内的主要关键技术及领军企业等，对辽宁省先进装备制造业的发展提供意见和建议，为政府和企事业单位在先进装备制造业的发展提供导引和借鉴。

1.3 导航分析方法

1.3.1 行业调研

行业调研是专利分析中的一项重要内容，涵盖专利分析项目立项、项目实施和报告撰写等阶段。专利分析行业调研内容通常包括技术、市场、法律等情报信息。行业调研以技术信息为主线，综合政策信息、经济信息、法律信息、工商信息和其他信息等内容，为专利分析的项目立项、项目实施和报告撰写提供行业情报，调研内容如图 1.1 所示。

图 1.1 专利分析行业调研内容

技术信息通常包括行业技术发展趋势和重点技术等科技情报。政策信息通常包括国家、地方和行业协会等主管部门发布的行业发展规划、规范性文件、通知公告等内容。经济信息通常包括行业的规模、营收、利润、进出口额、R & D 经费等经济数据。法律信息通常包括行业相关的法律、行政法规、执法、诉讼等信息。工商信息通常包括企业的注册信息、股东信息、投融资信息、信用信息和行政许可信息等。

1.3.2 技术分解

技术分解是指依据专利文献的分布，对分析对象、技术构成、产品类别、工艺方法等进行的划分，技术分解有助于界定专利分析范围；有助于确定专利检索要素，数据清理和标引；也有助于梳理分析的关键点，理清报告撰写思路等。

技术分解应遵循以下原则：

第一，应尊重行业习惯，通过调研、座谈等方式充分了解行业现状和特点，让技术分解的结果能够与产业实际相符。

第二，应利于关键技术分支剥离，明确关键技术分支边界，将研究重点作为相对独立的整体体现出来。

第三，专利文献量应适中，确保检索结果的可靠性和分析结论的权威性。

第四，应便于检索和数据标引，提高专利分析工作的效率和质量。

第五，应尽可能减少技术交叉，避免相同技术重复分析，造成分析结论失真。

常见的技术分解方法主要有专利分类法、行业分类法及学科分类法。一般分解的流程主要分为四个阶段，即准备、实施、调整和规范。具体包括前期资料收集、初步技术分解、行业专家调研、技术专家调研、构建技术分解表、技术分解表调整、确定技术分解表等。

1.3.3　专利检索与分析

专利检索是根据一件或多件专利信息特征，从大量的专利文献或专利数据库中挑选出符合某一特定要求的专利文献或信息的过程。专利分析就是对大量零碎的专利文献或信息进行分析、加工、组合，并利用统计学方法和技巧使这些信息转化为具有总揽全局及预测功能的竞争情报，从而为企业的技术、产品及服务开发中的决策提供参考。

专利信息数据库是构成专利信息检索系统最重要的组成部分，为了获取这些研究对象的数据，编写组在文献数据库中进行全面检索。检索工作所基于的数据库包括 CPRS 数据库、WPI 数据库等。其中，CPRS 数据库收录了自 1985 年以来的全部中国专利数据，提供自 1985 年以来的全部中国发明全文说明书、实用新型全文说明书；WPI 数据库收录美国、欧洲国家、日本、韩国、中国等 42 个国家、地区或组织的专利文献，文献数量达到 2 000 万篇。本次研究主要通过“智慧芽检索平台系统”（https：//www.zhihuiya.com/）进行检索和分析。

从各个产业技术研究的关注要点提取检索要素，检索专利类型包括发明专利、实用新型专利和外观设计专利，申请时间为“十五”到“十三五”规划期间，即从2000年1月1日到2019年11月11日，对专利名称、IPC分类号、申请时间等进行数据检索，检索截止时间为2019年11月11日。

专利分析的检索结果用查全率与查准率进行评估。查全率用来评估检索结果的全面性，即评估检索结果涵盖检索主题下的所有专利文献的程度；查准率用来衡量检索结果的准确性，即评估检索结果是否与检索主题密切相关。

在专利分析的检索结果评估中，查全率是指被检出的相关文献占总文献内所有相关文献的百分比，查准率是指被检出的相关文献占被检出文献总数的百分比。

另外，应对检索数据结果进行专利分析可视化，先从专利原始数据中获取信息，之后将信息绘制成图，对相关图围绕政策、法律等各个方面进行分析，从而完成专利导航分析的全过程。

第2章　高档数控机床产业专利分析

2.1　概述

数控机床是数字控制机床，是一种装有程序控制系统的自动化机床。数控机床是机床工业的发展方向，其高精、高细、高速、柔性、智能，是现代机床工业的标志，以数控机床为代表的现代装备制造业正向极端制造方向发展：一是越来越高大；二是越来越细小；三是越来越复杂，生产工艺高度集成。

数控技术是衡量一个国家制造业现代化程度的核心标志，实现加工机床及生产过程数控化是当今制造业的发展方向，机械制造的竞争实质是数控技术的竞争。数控技术是提高产品质量、劳动生产率必不可少的手段，它的广泛使用深刻地改变了装备制造业的生产方式、产业结构和管理方式，产生的关联效益和辐射能力更是难以估计。同时，数控技术也是制造业实现自动化、柔性化、集成化生产的基础，现代的CAD/CAM、FMS、CIMS等工业软件，都是建立在数控技术之上的。高档数控机床是先进制造技术的基础，因此高档数控机床是国际装备制造业竞争的热点领域[6]。

2.1.1　国际发展概况

数控机床技术起步于20世纪50年代。美国的麻省理工学院于1952年研发出世界上第一台数控铣床，但是由于基础技术方面的制约，在此之后近20年的时间内，数控机床技术并没有得到广泛的应用和普及。直至20世纪70年代初，大规模集成电路（LSI）和微处理器（CPU）的问世，推动了微电子技术的迅速发展；正是微处理器在数控机床领域的直接应用，为数控机床技术的大规模产业化制造和广泛的商业化应用创造了条件。20 世纪 70 年代中后期，数控机床技术开始进入快速发展期，一些工业发达国家的机床工业相继于 20 世纪 70 年代末和 20 世纪 80 年代初实现了机床产品技术的代际升级，即由数控机床取代了传统的普通机床。

目前，美国、德国和日本是当今世界上在高档数控机床领域科研、设计、制作和应用上技术先进、经验较多的国家。

美国政府高度重视机床工业，美国国防部等部门不断提出机床的发展方向、科研任务和供给充分的经费，网罗世界人才，重视效率、创新和基础科研。美国凭借其在世界上领先的电子技术、计算机技术，为数控机床的主机设计、制造及数控系统发展奠定了坚实的基础，因此其高性能数控机床技术也一直居于世界前列。哈斯自动化公司是美国机床行业的代表，是全球最大的数控机床制造商之一，在北美洲的市场占有率大约为 40%，所有机床完全在美国加利福尼亚州工厂生产，拥有近百个型号的 CNC 立式和卧式加工中心、CNC 车床、转台和分度器。

德国政府一贯重视机床工业的重要战略地位。德国数控机床是在传统设计制造技术和先进工艺基础上，利用信息技术进行创新开发而成的。德国数控机床质量及性能良好、先进实用，尤其是大型、重型、精密高档数控机床，出口遍及世界。其主机及配套件的机、电、液、气、光、刀具、测量、数控系统等各种功能部件在质量、性能及稳定性方面稳居世界前列。

日本政府合理规划及制定机床工业相关的法律法规，提供研发经费，鼓励科研机构和企业大力发展数控机床。目前，日本数控机床的产量、出口量均居于世界首位。在机床部件配套方面，日本学习德国；在数控技术和数控系统的开发方面，日本学习美国。日本融合两个国家的机床工业特点，进一步创新，以精密制造而闻名世界。

在高档数控机床领域，美国的哈斯自动化和考克斯维尔、德国的通快和德马吉、日本的三菱电机、发那科及山崎马扎克等企业在世界上成绩卓著，并已经开始注重在海外市场包括中国市场的专利布局。以三菱电机为例，图 2.1 按国际专利分类体系（International Patent Classification，IPC），显示了其 2000—2019 年在华专利申请重点技术主题的分布情况。

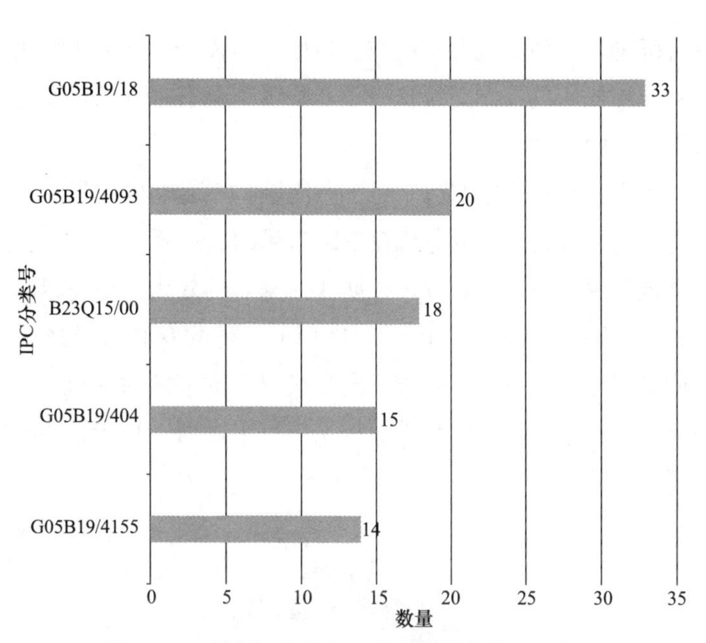

图 2.1　三菱电机在华专利申请的技术主题分布图

三菱电机拥有 90 多年的发展历史。早在 1956 年，三菱电机就开始了数控系统的研发，拥有丰富的数控系统开发经验，且产品性能优越，尤其是其自主研发的 CNC 数控系统专用 CPU，具有独到的优势，可以大幅度提升系统的性能、易用性和效能。图 2.1 显示了三菱电机在华专利申请的技术主题，从中可见：G05B19/18（数字控制，即在特殊机床中的自动操作机器，例如在 1 个制造设施中通过以数字形式的程序数据来执行定位、移动或协调操作）专利申请数量远远高于其他技术主题；G05B19/4093（以部分编程为特征的，例如从 1 个技术图中取出几何信息，将其与机器和材料信息相结合而使 NC 机得到控制信息）位列第二；B23Q15/00（机床的零件、部件或附件，如仿形装置或控制装置；以特殊零件或部件的结构为特征的通用机床；不针对某一特殊金属加工用途的金属加工机床的组合或联合）、G05B19/404（以补偿的控制装置为特征的，例如对于间隙、过调、工具偏差、工具磨损、温度、机器构造误差、负荷、惯性）、G05B19/4155（以程序执行为特征的，即部分程序或机械功能执行，例如一个程序的选择）3 个技术主题专利申请数量也较多，分别位列三、四、五位。

以上分析可见，申请专利分类的前五位中，有 4 个属于数字控制类，表明三菱电机在高档数控机床的控制系统这一核心技术上具有很强的科研能力，且重视该技术领域专利在中国的布局。

图 2.2 显示了三菱电机各类别专利所占比重。三菱电机在华专利申请中，发明专利的占比高达 96.2%。三菱电机在中国市场的布局更加注重对其高端核心技术的保护，重视其专利权的稳定性，以防止后来者的效仿甚至超越。三菱电机具有很强的知识产权保护意识，在国际上进行了大量的专利布局并获得相应的保护，专利申请量居于全球首位。随着三菱电机对中国市场的日趋重视，三菱数控系统在中国市场占有率已跻身中高端数控系统三甲之列，其产品性能也不断得到市场和广大用户的认可。

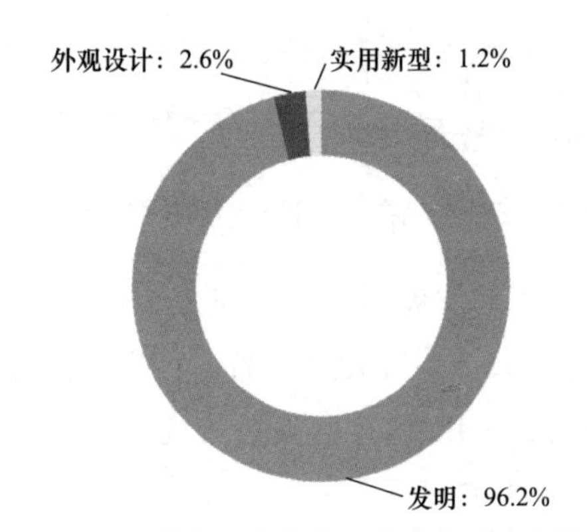

图 2.2　三菱电机在华专利申请类型分布图

2.1.2　国内发展概况

早在 1958 年，清华大学和北京第一机床厂就合作研发出一台数控升降台铣床（采用分离元件技术），被誉为中国第一台数控机床。但在其后的 20 年间，受技术因素的制约，数控机床技术进步十分缓慢。尽管从 1973 年开始，国家组织了数控技术攻关，但也未能扭转被动落后局面。至改革开放初期，中国除了可以制造少量技术相对简单的数控线切割机床外，数控机床总体上仍然滞留在技术研发的起步阶段。

改革开放以来，数控机床技术一直作为机床工业的主攻方向。1980 年，北京机床研究所通过许可证转让的方式从日本发那科（FANUC）公司引进数控系统技术，随后从“六五”期间（1981—1985 年）开始，国家连续组织了几个五年计划的数控技术攻关，这些努力有力地促进了数控机床技术的发展进步。数控机床技术在中国的真正成熟和快速普及是 21 世纪开始的事情。在机床工业进入连续高速发展的时期，数控机床技术也得到快速普及，数控机床产量迅猛增长。据统计，2001 年至 2011 年的 10 年间，全国数控机床产量的年均增长率甚至超过了 30%。由此带动了数控化率持续提高，尤其是在 2012 年新一轮经济结构调整之后，由于传统的普通机床迅速退出市场，导致数控化率出现跃升。根据中国机床工具工业协会的统计测算，2013 年以来，机床工业的产出数控化率和机床市场的消费数控化率均已超过 70%，至 2016 年，更是达到近 80% 的水平。在今天的机床工业领域内，凡适合采用数控技术的机床品种，均采用了数控技术，已经不存在任何技术障碍。因此可以说，我们不仅在制造端而且在应用端都基本实现了数控机床技术的全面普及。虽然我们的数控机床产品整体上还处在中低档的水平，但是终于实现了机床工业产品技术的代际升级，全面进入了数控机床时代[7]。

近年来，为促进中国数控机床产业健康发展，工信部等部委陆续出台一系列后续产业发展促进政策。2006 年党中央、国务院发布了《国家中长期科学和技术发展规划纲要（2006—2020 年）》，并于 2007 年启动实施 16 个国家科技重大专项，旨在对提升中国综合国力、实现创新型国家宏伟目标发挥重要作用。“高档数控机床与基础制造装备”科技重大专项是这 16 个重大专项之一，通过其实施，有利于逐步增强中国高档数控机床和基础制造装备的创新发展能力，提升对工业的基础支撑能力，满足国民经济对制造装备的需要。在科技部、发改委、财政部的大力支持下，专项实施以来累计申请发明专利 3 956 件，立项国家及行业标准 407 项，研发新产品、新技术 2 951 项，新增产值 700 多亿元，在行业研究机构、重点企业建设了 18 项创新能力平台，部署了 70 个示范工程，培养了创新型人才 5 500 多人。

2015 年，国务院从国家战略层面确立了建设世界制造业强国的战略目标，指出了实现制造强国目标的发展路径，并明确了九项战略任务和十大重点领域。高档数控机床作为国家十大重点领域之一，被列为“加快突破的战略必争领域”。同年，国家制造强国建设战略咨询委员会提出了我国制造业发展重点领域技术路线图，其中对未来数年中国高档数控机床的发展方向做出规划。规划指出，到 2025 年，中国数控机床将重点针对航空航天装备、汽车、电子信息设备等产业发展的需要，开发高档数控机床、先进成形装备及成组工艺生产线。

2.1.3 辽宁省发展概况

总体来看，辽宁省处于全国机床产业强省地位。20 世纪 90 年代初期，为了从根本上扭转我国高档数控系统完全依赖进口的局面和高档数控技术领域的空白，中国科学院沈阳计算技术研究所进军这一领域，并于 1990 年成功地开发出我国第一台高档数控系统——蓝天一号，蓝天高档数控系统装备了我国的第一台 5 轴联动加工中心，把我国的机床制造业提高到一个新的水平。“55-8520 蓝天数控系统”取得了我国的第一个高档数控系统的软件著作权。蓝天 NC 系列数控系统出口，实现了我国的数控系统从进口到出口的历史性转折。

另外，辽宁省拥有沈阳机床（集团）有限责任公司、沈阳飞机工业（集团）有限公司、大连机床集团有限责任公司、科德数控股份有限公司、大连三垒科技有限公司等国内机床行业较具实力的龙头企业，以及中国科学院沈阳计算技术研究所、大连理工大学等高校和科研院所，在中高端数控机床数控系统、自动化成套装备等方面具有国内领先优势。科研实力雄厚，先后承担国家“高档数控机床与基础制造装备”等科技重大专项课题 70 余项，位于全国前列。

针对东北地区的经济形势及产业结构，国务院于 2009 年出台《国务院关于进一步实施东北地区等老工业基地振兴战略的若干意见》，中共中央、国务院于 2016 年出台《中共中央　国务院关于全面振兴东北地区等老工业基地的若干意见》，均要求大力发展高档数控机床产业，为辽宁省高档数控机床产业的发展提供了政策支持和指导方向。

在东北地区经济环境整体下滑的形势下，辽宁省数控机床领域的创新研发能力依然居于全国前列，显示了辽宁省作为传统工业大省的深厚底蕴。通过对专利技术主题、关键技术发展方向等进行分析可以看出，辽宁省数控机床领域的整体技术研发方向与全国基本一致；通过对申请人进行分析可以看出，辽宁省数控机床领域的科研力量主要集中在国有企业及高校。

2.2　历年专利申请量分析

图 2.3 为全国数控机床产业历年专利申请量趋势图。2000—2019 年，全国数控机床产业共计申请专利 35 951 件。由图 2.3 可以看出，申请量总体保持增长态势，尤其在 2007 年后增长率骤然提升。这得益于国家一系列战略性政策导向的发布。国务院于 2006 年发布《国家中长期科学和技术发展规划纲要（2006—2020 年）》，将高档数控机床与基础制造技术列为 16 项重大专项之一，在科技部、发改委、财政部的大力支持下，各重点企业加大研发投资力度，重视科技创新人才培养，从而促进了中国高档数控机床和基础制造装备的创新发展。

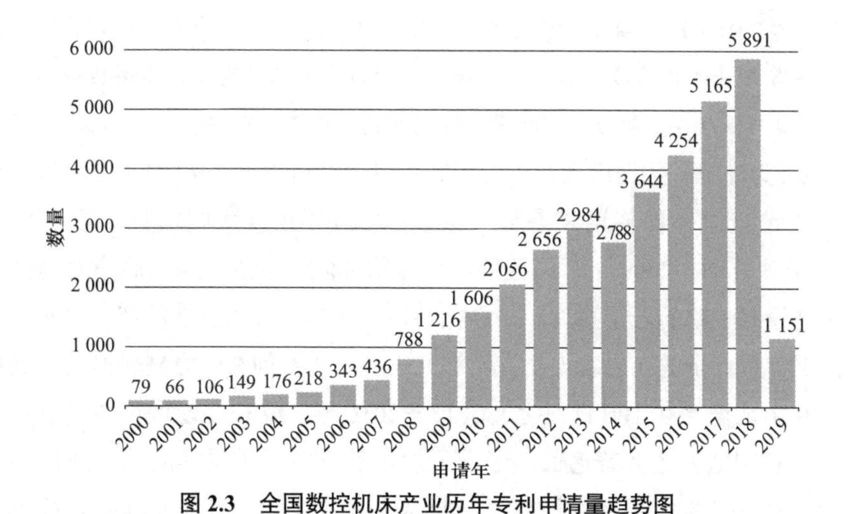

图 2.3　全国数控机床产业历年专利申请量趋势图

2007—2013年，专利申请量年平均增速接近40%，并在此期间突破了年申请量2 000件大关。2013—2015年，申请量出现波动，在此期间，由于中国市场需求不断扩大，大批外国企业入驻中国市场，其技术水平较高，获得了较高的市场份额。2015年，国务院明确提出“开发一批精密、高速、高效、柔性数控机床与基础制造装备及集成制造系统。加快高档数控机床、增材制造等前沿技术和装备的研发。以提升可靠性、精度保持性为重点，开发高档数控系统、伺服电机、轴承、光栅等主要功能部件及关键应用软件，加快实现产业化”。2016年，国务院印发《“十三五”国家科技创新规划》，提出“重点攻克高档数控系统、功能部件及刀具等关键共性技术和高档数控机床可靠性、精度保持性等关键技术，满足航空航天、汽车领域对高精度、高速度、高可靠性高档数控机床的急需，提升高档数控机床与基础制造装备主要产品的自主开发能力，总体技术水平进入国际先进行列，部分产品国际领先”。两个政策文件的实施明确了中国数控机床领域的重点研发方向和需要攻克的技术难题，在两个文件的指引下，全国各重点企业明确了研发方向和重点技术，申请量再次保持增长态势。平均增速接近20%，并在此期间突破了年申请量5 000件大关。

注：2018—2019年的专利申请量有较大变化，原因可能是受专利申请18个月公开期限的影响或PCT国际申请进入国家阶段的时间的影响，导致数据不完整。另外，国家及各省调整专利补助政策，更多转向高价值专利的培育上，不再仅仅追求专利数量上的提升，这也是导致专利数量下降的原因。以下章节同。

图2.4为辽宁省数控机床产业历年专利申请量趋势图。从图2.4中可以看出，辽宁省申请量总体保持增长态势，2009—2010年出现大幅增长，但在2013—2016年呈现波动。2009年，国务院出台《国务院关于进一步实施东北地区等老工业基地振兴战略的若干意见》，高档数控机床作为大力发展的产业之一，在政策支持下，重点企业在研发创新方面加大投入，研发创新能力显著提高，随后历年的专利申请量均在100件以上。2013—2016年，受东北地区整体经济环境影响，辽宁省制造业企业普遍面临经营亏损、利润空间不足等问题，间接导致工业设计、软件开发、架构设计等高端技术人才的流失，且企业发展高端数控机床的研发需有较大投入，以当时各企业的经济形势和利润空间难以完全依靠企

业自身持续投入。2016 年，中共中央、国务院出台《中共中央　国务院关于全面振兴东北地区等老工业基地的若干意见》，再次要求发展壮大高档数控机床等有基础、有优势、有竞争力的新兴产业，鼓励支持创新，制定支持东北老工业基地振兴的知识产权政策，同时，加大人才培养和智力引进力度，沈阳等城市陆续出台人才引进优惠政策。随着各项政策的陆续落实，辽宁省企业的创新能力随之全面提升。

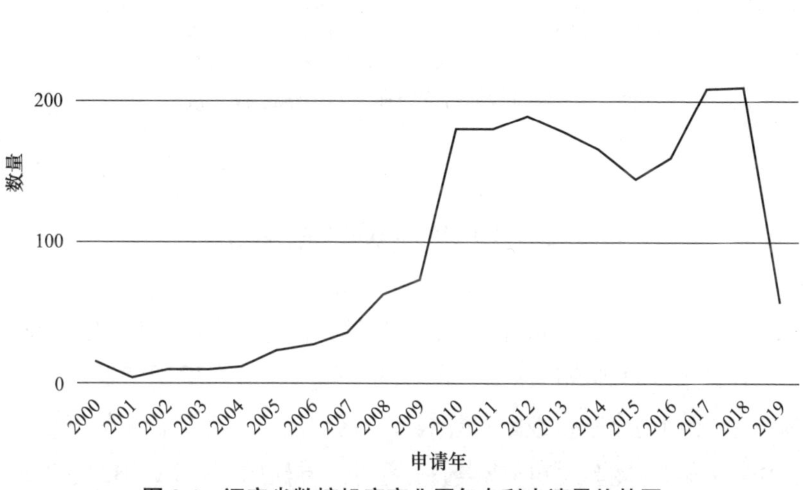

图 2.4　辽宁省数控机床产业历年专利申请量趋势图

2.3　专利申请区域分布分析

图 2.5 所示为全国数控机床产业专利申请区域分布图，辽宁省专利申请数量居于全国第五位，落后于江苏、广东、浙江、山东四个东部沿海地区，显示了辽宁省作为老牌工业强省在高档数控机床技术方面科研能力仍居全国先进水平。但是，在 2006 年以前，辽宁省数控机床产业专利申请数量曾长期居于全国首位，显示了受东北地区整体经济形势影响，辽宁省现代化智能工业的发展速度已落后于东南沿海地区。

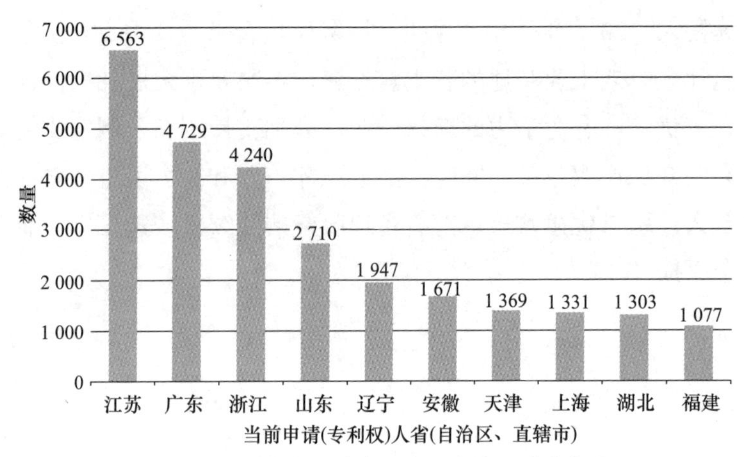

图 2.5　全国数控机床产业专利申请区域分布图

2.4　技术主题分布分析

图 2.6 所示为全国数控机床产业专利申请 IPC 分布图，从图中可见，B23Q 11/00（适用于保持刀具或机床部件良好的工作状态或者适用于工件冷却的安装在机床附件；专门组合于，或配置于，或专门适用于，有关机床的安全设备），B23Q 1/01（机架，床身，立柱或类似的部件；导轨的布置），B23Q 3/06（工件夹紧装置）3 个组的申请量明显高于其他技术领域，显示出目前中国对现有技术的创新改进主要集中在数控机床的部分专用部件方面，而对较核心的关键技术如数字控制系统、主轴驱动器、高精度伺服电机、高速大功率电主轴等技术领域创新较少，依然较依赖进口，间接制约了中国数控机床的发展。

图 2.7 为辽宁省数控机床产业专利申请 IPC 分布图。由图中可以看出，辽宁省数控机床领域专利申请的技术主题与全国基本一致，但是，B23P 15/00（制造特定金属物品）这个大组在辽宁省的排名较全国排名靠前较多，原因是辽宁省数控机床领域专利申请重点企业——沈阳飞机工业（集团）有限公司由于其企业特性，对于智能化数控机床的组合加工及金属加工有较高要求，此领域为其重点研发方向，专利申请量较大。

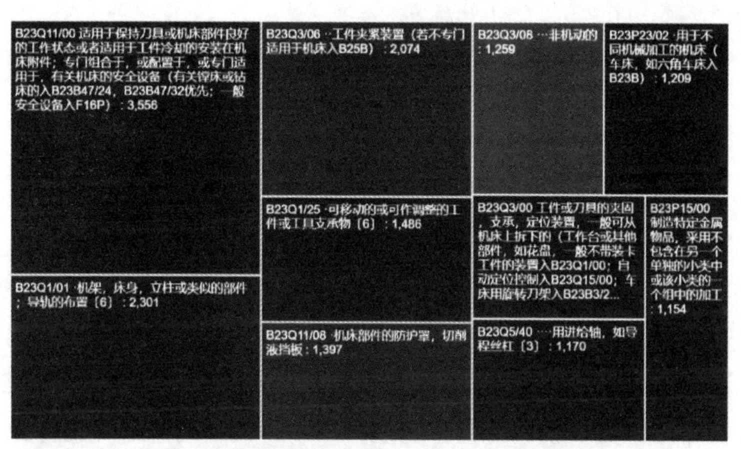

图 2.6　全国数控机床产业专利申请 IPC 分布图

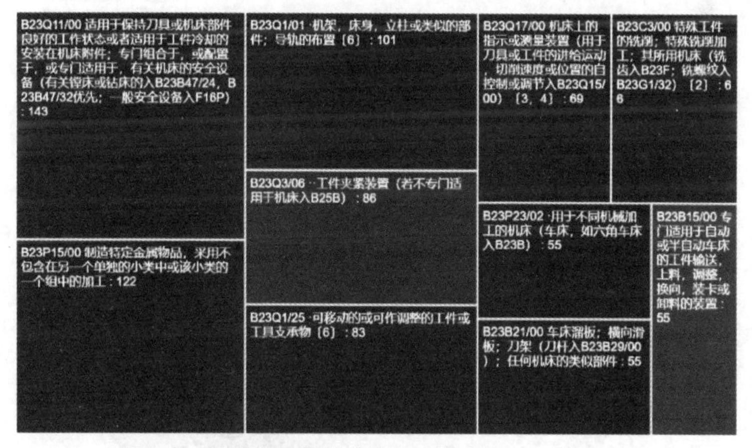

图 2.7　辽宁省数控机床产业专利申请 IPC 分布图

2.5　关键技术发展方向

图 2.8 为全国数控机床产业专利申请创新词云排布图。从图中可以看到，中国数控机床领域的研发主题主要是固定板、工作台、支撑板、数控车床、数控铣床等，由此可以看出中国数控机床领域的重点研发方向是如何保持工件良好工作状态，与目前 IPC 分类号分析中获取的技术主题分布基本一致。

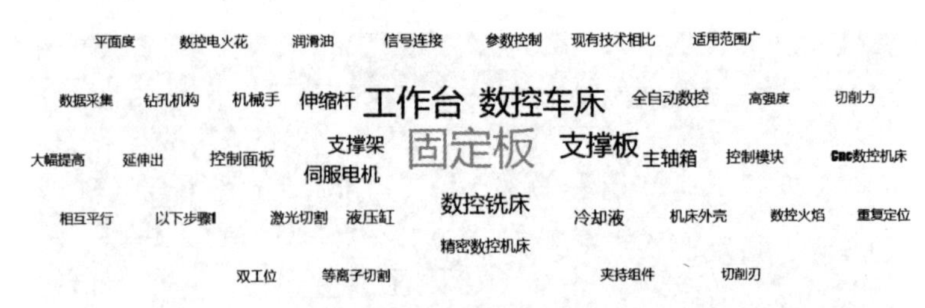

图 2.8　全国数控机床产业专利申请创新词云排布图

图 2.9 为全国数控机床产业专利申请关键词旭日图。可以看出，旭日图中的一级关键词与排布图中出现次数较多的创新词云一致，均为固定板、工作台、支撑板、数控车床、数控铣床等，但是旭日图中将关键词进一步细分为二级关键词，如定位板、支撑杆、固定安装、滑动连接等，以达到对该领域技术研发热点的进一步了解。

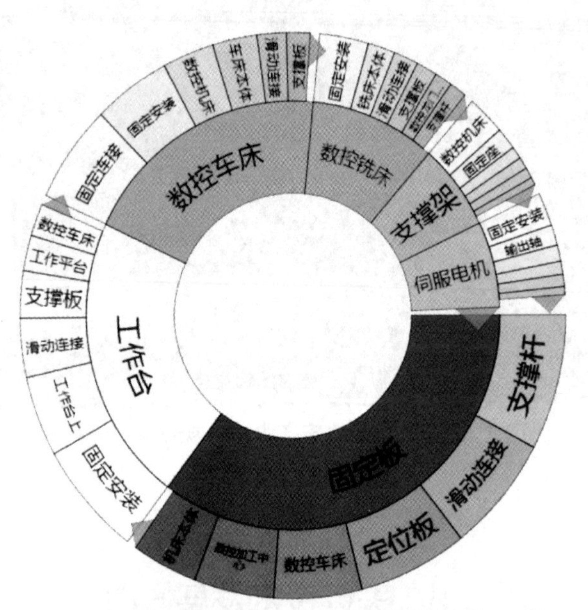

图 2.9　全国数控机床产业专利申请关键词旭日图

图 2.10 为辽宁省数控机床产业专利申请创新词云排布图。从图中可以看出，辽宁省数控机床的研发方向主要是固定连接、工作台、伺服电机、主轴箱、数控车床、数控铣床等。对比图 2.8 和图 2.10 可以看出，在保持工件良好工作状态方面辽宁省研发热点与全国基本保持一致，但是辽宁省在伺服电机、主轴箱等技术

主题上的研发热点排名较全国排名靠前较多，辽宁省在关键功能部件的技术突破上具有一定优势。

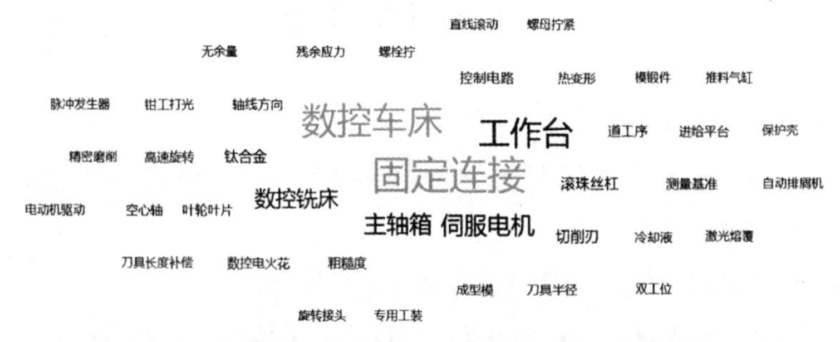

图 2.10　辽宁省数控机床产业专利申请创新词云排布图

图 2.11 为辽宁省数控机床产业专利申请关键词旭日图。由图中可以看出，辽宁省的研发关键词与专利申请创新词云基本相同，也是固定连接、工作台、伺服电机、主轴箱、数控车床、数控铣床，与全国的研发关键词对比，区别在于主轴箱、伺服电机。细化到二级关键词，辽宁省研发的关键词还包括伺服电机精度、轴承座，主轴箱中的数控钻、轴伺服电机，工作台中的回转工作台等，这说明辽宁省在数控机床领域关键功能部件的研发投入比重较大。

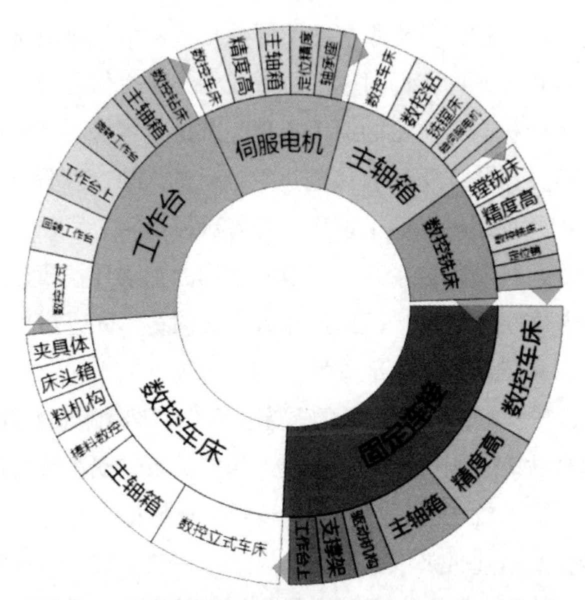

图 2.11　辽宁省数控机床产业专利申请关键词旭日图

2.6 关键性专利解读

关键性专利的筛选主要有 4 个指标：

（1）专利的技术价值，主要包括被引用频次、主要申请人、专利保护范围、法律状态、申请时间等；

（2）专利的经济价值，主要包括专利实施情况等；

（3）专利的受重视程度，主要包括同族情况、维持年限、无效和诉讼情况等；

（4）是否属于标准必要专利（Standard Essential Patent，SEP）。

2.6.1 全国关键性专利解读

数控机床能很好地解决复杂、精密、批量级、多品种的零件加工问题，具有高精度、高效率、操作方便等优点，在现代企业中得到了非常广泛的应用。目前国内外主流高档数控系统的软硬件体系多为上下位机结构：上位机与下位机均安装在数控机床旁边，上位机负责系统非实时性任务，下位机负责系统实时性的运动控制和逻辑控制任务，两者通过内部总线或网络进行信息交互。在上述数控系统体系架构下，上位机与下位机的通信实现起来比较容易，结构设计简单，系统的实时性能比较好，操作人员可直接通过上位机的人机交互界面（HMI）读取加工零件的实时数据并控制机床加工过程。随着数控机床应用领域对数控系统的智能化要求越来越高，传统数控系统上下位机结构的弊端日益凸显，由于传统数控系统的上位机安装在机床旁边，机床操作人员必须在车间进行加工操作，工作环境嘈杂，从而会影响机床操作的准确性；在机床进行加工时，操作人员须在现场才能监控机床的运行状态，工作环境严重受限，无法随时随地查看机床加工状态；一旦数控系统出现故障，制造厂商需要派工作人员亲临现场进行调试与修复，这不但增加了制造厂商的维护费用，而且迫使数控机床停止加工，进而影响企业的正常生产，可能会给企业带来巨额损失。因此，在数控加工领域实施远程监控及调试技术具有非常重要的意义，通过该技术的应用，机床操作人员可在远程控制机床加工过程，避开嘈杂的车间环境，提高加工操作的准确性与可靠性，并且设备制造商可通过远程协助对数控设备进行调试和维护，大幅度减少售后服务成本，而且可以实时远程监控机床的运行状态，提前预测可能发生的故障，并进行预防处理。目前，国内外许多数控设备制造商都在产品中添加了远程模块，比如，日本FANUC 公司提出的远程服务系统解决方案：通过远程维护中心，维护工程师可以了解远程用户的操作、PLC 等信息，及时解决用户的问题，有效地减少了机床的停机时间。Siemens 公司提出的数控系统 IT 解决方案：通过内嵌在机床中的电子邮件报警系统，将机床故障信息发送到公司技术支持与故障中心进行分析处理。

但是，目前数控系统的远程监控及调试模块直接集成在本地数控设备中，这在增加数控系统本地硬件负担与成本的同时，也使监控及调试模块的开发与升级受限于本地软硬件资源，甚至会迫使本地软硬件设备升级，给企业带来更大的成本上升压力。传统数控系统的远程监控一般是基于现场总线实现的，其虽然具备远程操作的意义，但是依然受限于传输距离，并且监控设备被限制在 PC 上。一个车间的数控机床可能使用了不同的数控系统，那么每一类的数控系统则需要配置一台 PC 终端，以适应特定数控系统的通信、加工及数据处理等，不利于车间的管理与维护。另外，当前数控系统一般采用磁盘备份，操作很不方便，而且磁盘很容易损坏，一旦在远程调试中出现误操作，使上位机系统陷入不可逆转的故障，就会导致整个数控系统无法正常恢复，而且在传统数控系统备份中，无法对数控加工数据进行即时备份，很容易造成数据丢失。另外，在当前的数控系统远程调试中，维修中心很容易操控车间的机床，获取机床的加工信息，这不利于生产企业保护车间加工数据。

为解决上述技术问题，华中科技大学于 2015 年 3 月 13 日向国家知识产权局提交了名为“一种基于虚拟上位机的数控系统”的发明专利，其通过将上位机以虚拟机的方式设置在远程服务器中，形成虚拟上位机，并通过与本地下位机利用网络进行通信，控制本地下位机，从而实现数控加工。这种上下位机结构的数控系统对传统的上下位机结构进行了全新的设计，使得数控系统的数据处理性能和加工效率大大提高，而且可以解决 HMI 功能扩展以及远程加工受限的问题。

为更好地实现数控系统的远程监控与调试，华中科技大学于 2015 年 3 月 17 日向国家知识产权局提交了名为“一种基于虚拟化技术的数控系统远程监控及调试方法”的发明专利申请，该申请于2016年6月1日获得专利授权，授权公告号为CN104698978B。该专利涉及的IPC分类号为G05B19/406，属于以监视或安全装置为特征的数控技术。表2.1为该专利的附加信息，图2.12所示为该专利的摘要附图。

表2.1　CN104698978B 专利附加信息

同族专利	CN104698978A
引用文献	CN101118436A　CN102253657A　CN102736553A CN104298175A　CN104808592A　CN203133563U
被引用文献	WO2018163211A1

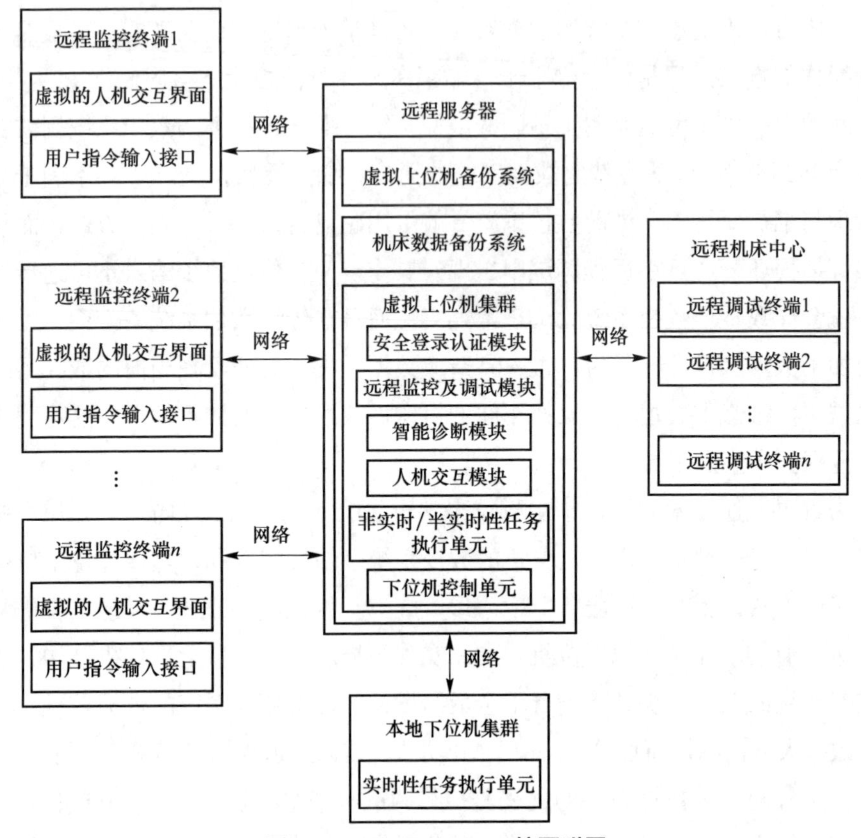

图2.12　CN104698978B 摘要附图

该专利公开了一种基于虚拟化技术的数控系统远程监控及调试系统，包括设置在远程服务器上的虚拟上位机、位于本地的下位机和远程监控终端，其中，虚拟上位机集成有远程监控及调试模块、安全登录认证模块以及智能诊断模块，安全登录认证模块用于虚拟上位机的安全登录认证，远程监控及调试模块用于将从本地下位机反馈至虚拟上位机的状态数据通过验证后的远程监控终端显示出来，并同时将其输入所述智能诊断模块以对机床进行故障预警和 / 或健康诊断，且所述预警或诊断结果可被相应的远程监控终端显示。本发明基于虚拟化实现了数控系统的远程监控与调试，提高了数控加工的智能化程度与可靠性，降低了车间维护成本。

该专利权利要求 1 记载的内容：一种基于虚拟化技术的数控系统远程监控及调试系统，其基于虚拟上位机中集成的远程监控及调试功能，实现对数控系统的远程监控与调试，其特征在于，该系统包括设置在远程服务器上的虚拟上位机、位于本地的下位机和远程监控终端，所述虚拟上位机与本地下位机之间以及与所述远程监控终端均通过网络连接以进行通信，其中，所述虚拟上位机集成有远程监控及调试模块、安全登录认证模块以及智能诊断模块，其中所述安全登录认证模块用于虚拟上位机的安全登录认证，用户通过所述远程监控终端上的指令输入接口输入登录指令，经过所述安全登录认证模块验证后进入所述虚拟上位机以进行访问操作，所述远程监控及调试模块用于将从本地下位机反馈至虚拟上位机的状态数据，发送至验证后的远程监控终端进行显示，同时该状态数据被输入至所述智能诊断模块，该智能诊断模块可根据所述机床加工状态数据进行健康诊断，并对其中的机床加工故障信息进行预警和 / 或报警，所述诊断结果及预警和 / 或报警信息可通过相应的远程监控终端予以显示；该系统还包括远程调试终端，其设置于远程机床维护中心，用于提供数控系统调试或维护接口，以根据显示在远程调试终端上的诊断结果以及机床状态数据信息，通过该远程调试终端对数控系统进行调试或维护；所述虚拟上位机还包括人机交互模块、非实时 / 半实时性任务执行单元和下位机控制单元，其中数控加工指令通过所述远程监控终端和 / 或远程调试终端发送到虚拟上位机，由上位机中所述非实时 / 半实时任务执行单元进行处理，并形成控制数据通过下位机控制单元利用网络传输至本地下位机，以对其执行实时性的运动控制和逻辑控制；所述远程监控终端和远程调试终端上均具有虚拟的人机交互界面，该显示界面基于虚拟技术从所述虚拟上位机上下载后重绘而生成；所述本地下位机的加工状态数据、机床参数信息及系统诊断信息均被存储至虚拟上位机，并可由远程监控终端或远程调试终端通过上述虚拟的人机交互界面显示输出。

虚拟技术具有可操作性、真实性和可重复性的优点，在高档数控机床的设计中具有很大的发展潜力。华中科技大学将虚拟技术用于数控系统的设计及远程监控，大大提高了数控系统的数据处理性能和加工效率，取得了良好的效果。华中科技大学设有国家数控系统工程技术研究中心，其高档数控机床领域的专利申请量在全国居于领先地位。数控系统是高档数控机床的关键核心技术，华中科技大学将云计算、大数据、人工智能等信息技术与数控系统深度融合，在国内外率先提出了新一代智能数控系统和智能机床，成功研制出具有自主知识产权的数控系统成套产品，并发挥产学研一体化优势，取得了产业化丰收硕果。

2.6.2 辽宁省关键性专利解读

目前在国内，五坐标加工中心摆角定位精度的测量和误差补偿，尚无比较成熟的、自动化程度较高的测量系统。常用方法包括360齿精密分度的标准转台、角度多面体、激光干涉仪或直接千分表测量等。激光干涉仪对于直线和小角度精度测量可以得到较为准确的结果，但对于 ±15° 外甚至更大角度的摆角精度测量，此方法无法满足要求。其他方法操作烦琐，完全是手工编程和计数，无法实现自动化测量。而且这些方法都无法进行多点的连续测量和测量NC程序的自动编制输出，因此也不涉及连续摆角测量程序的计算方法，所涉及的补偿值的计算，也都是基于单点测量的直接计算的方法，无法实现连续的补偿计算，因此测量效率较低。

为解决上述技术问题，沈阳飞机工业（集团）有限公司于2013年6月14日向国家知识产权局提交了名为“五坐标数控机床摆角快速测量系统及误差补偿方法”的发明专利申请。该申请于2015年10月14日获得专利授权，授权公告号为CN103286633B。该专利涉及的IPC分类号为B23P17/00（不包含在其他单独小类或本小类另外一组的金属加工工艺）及 B23Q23/00（用于补偿不均匀性或磨损，如导轨的、定位机构的）。表 2.2 为该专利的附加信息，图 2.13 所示为该专利的摘要附图。

表 2.2　CN103286633B 专利附加信息

同族专利	CN103286633A
引用文献	CN100504687C　CN101147990A　CN202922334U　CN202964276U
被引用文献	US10675725B2　CN109141194A

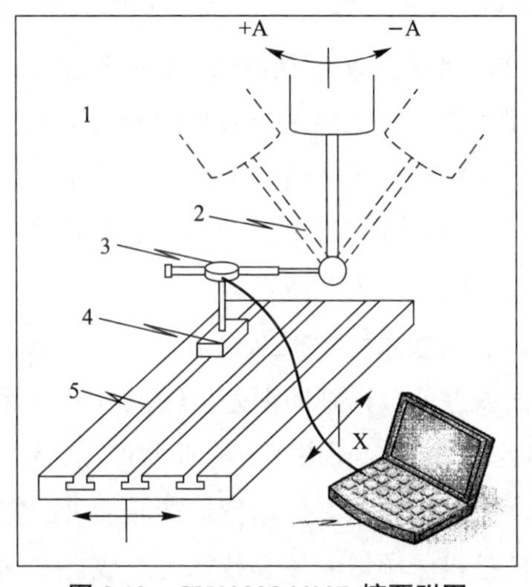

图 2.13　CN103286633B 摘要附图

该专利提供一种五坐标数控机床用摆角定位精度的测量系统，包括球头芯棒、数显千分表和磁力基座，其中球头芯棒安装到机床主轴上，数显千分表安装到磁力基座上，磁力基座固定在机床工作台上，数显千分表位于与机床主轴垂直的正向位置上，数显千分表的测量头贴紧机床主轴，数显千分表连接到计算机终端。该系统配合本发明的测量误差的计算与补偿方法，可以满足五坐标机床 A 轴和 B 轴在任意 ±90° 内摆角定位精度的自动化测量和多点误差补偿值的连续计算，测量精度和效率较高。

该专利权利要求 1 记载的内容：五坐标数控机床用摆角定位精度测量误差的

补偿方法，采用了一种五坐标数控机床用摆角定位精度的测量系统，该测量系统包括球头芯棒、数显千分表和磁力基座，其中球头芯棒安装到机床主轴上，数显千分表安装到磁力基座上，磁力基座固定在机床工作台上，数显千分表位于与机床主轴垂直的正向位置上，数显千分表的测量头贴紧机床主轴，数显千分表连接到计算机终端，其特征在于基于该测量系统的误差补偿方法。测量包括四个步骤：

（1）获取测量参数，按设定好的摆角行程和摆角间隔将测量过程分为若干运动单元，每个运动单元包括机床主轴的 A/B 轴摆角运动、X/Y 轴的补偿运动、Z 轴的补偿运动，并计算机床主轴的运动轨迹；

（2）根据机床主轴的运动轨迹及各运动单元中 A/B 轴摆角、X/Y 轴坐标值及 Z 轴坐标值，通过软件自动生成 G 代码的 NC 测量程序；

（3）开始摆角测量工作，将数显千分表显示的测量数据通过串口数据线传入相连的计算机终端中，在数控机床上运行上述 G 代码的 NC 测量程序，同时打开测量系统的测量功能，测量系统在每个运动单元结束时并经分析和过滤后读出球头芯棒球心的偏移值，该数据精确到微米级；

（4）测量完成后，在测量系统中根据每个测量点测量出的球头芯棒球心的偏移值计算相应测量点的误差值，得到的误差值输入机床进行误差补偿。

沈阳飞机工业（集团）有限公司由于其企业及产品特性，涉及较多特定材料，并且对产品的加工精度有极高要求。公司依据产品加工的特定需求自主研发相关技术，并且成为其在数控机床领域的核心技术，形成自主知识产权。“五坐标数控机床摆角快速测量系统及误差补偿方法”就是公司为提高数控机床测量精度而研发，并形成自主知识产权的代表性专利之一。目前，沈阳飞机工业（集团）有限公司在高档数控机床领域已提交了近 200 件专利申请，形成了以高加工精度及复合材料加工为核心的专利布局。

2.7 主要申请人排名及分布

图 2.14 为全国数控机床产业专利主要申请人排名。排名前十的申请人中，

国有企业和高校在数控机床领域的研发能力上具有较大优势，民营企业的科技创新能力稍显不足。其中，华中科技大学及无锡桥联数控机床有限公司两家单位从专利申请数量上看明显高于其他机构，显示了它们在数控机床领域内强劲的科技创新能力。辽宁省的沈阳飞机工业（集团）有限公司、大连理工大学在专利申请量上分别排名全国第三、第四位，另外，成都飞机工业（集团）有限责任公司（简称成飞）、南京航空航天大学、上海交通大学等企业或高校在高档数控机床领域具有较强的技术创新能力。

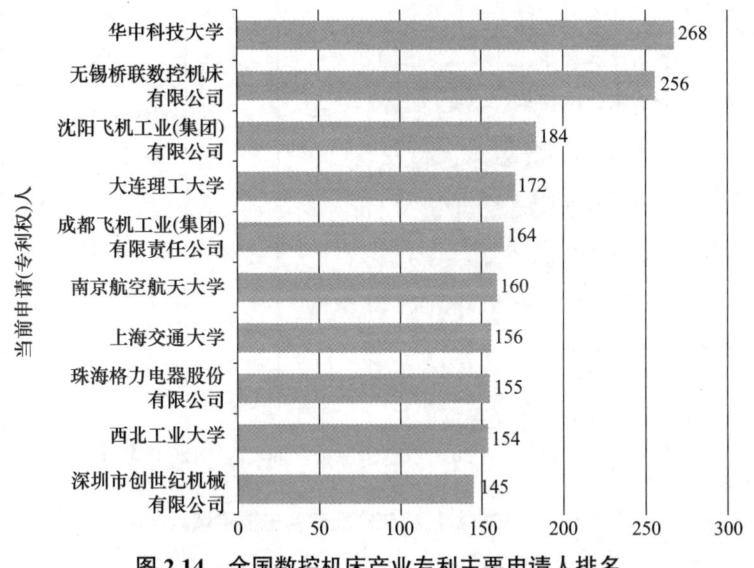

图 2.14　全国数控机床产业专利主要申请人排名

图 2.15 为辽宁省数控机床产业专利主要申请人排名。与全国的趋势一样，辽宁省专利申请人排名前十的机构中，国有企业和高校具有明显优势，其中，沈阳飞机工业（集团）有限公司专利申请量为 184 件，排名全国第三位，其在智能化数控机床的组合加工及金属加工等技术领域具有较大优势，另外，大连理工大学专利申请量为 172 件，排名全国第四位，显示辽宁省拥有机床产业具有较强实力的重点龙头企业和科研机构，以上两家机构占辽宁省专利申请量的 33%。但是，辽宁省的民营企业同样普遍存在创新活力不足的问题，建议有关部门出台相关激励政策，提高民营企业的科技创新能力。

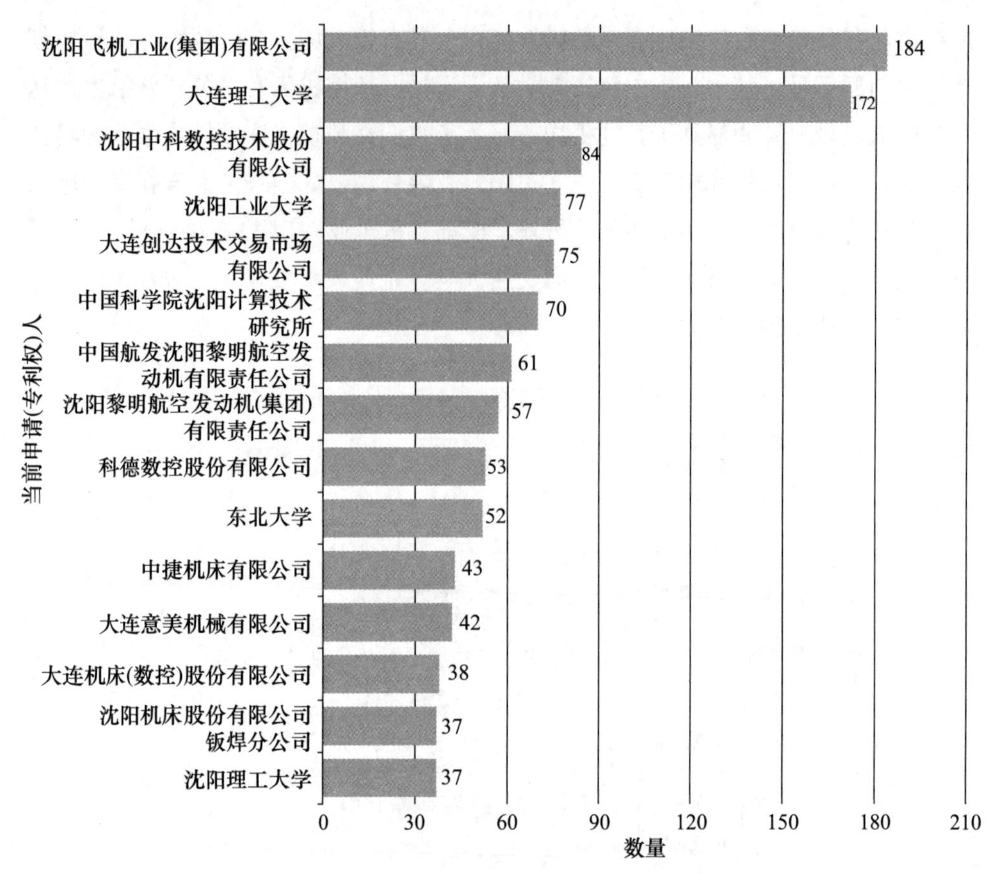

图 2.15　辽宁省数控机床产业专利主要申请人排名

2.8　辽宁省相关重点企业介绍

2.8.1　沈阳机床（集团）有限责任公司

沈阳机床（集团）有限责任公司（简称沈阳机床）于 1995 年 12 月通过对沈阳原三大机床厂——沈阳第一机床厂、沈阳第二机床厂（中捷友谊厂）、辽宁精密仪器厂资产重组而组建。1996 年 7 月 18 日在深交所挂牌上市。主要生产基地分布在中国的沈阳、昆明以及德国的阿瑟斯雷本。

公司的中高档数控机床已成批量进入汽车、国防军工、航空航天、轨道交通等重点行业的核心制造领域；“十五”期间囊括机床行业 3 个“十五”科技攻关课题项目，研制的轨道梁加工生产线等数控机床产品已达到国际领先水平；2004 年成功并购具有 140 年重型机床制造历史的德国希斯公司，重组了素有“中国金牌出口基地”之称的云南 CY 集团有限公司，标志着公司已经开始步入国际化经营轨道。

沈阳机床主导产品为金属切削机床，包括两大类：一类是数控机床，包括数控车床、数控铣镗床、立式加工中心、卧式加工中心、数控钻床、高速仿形铣床、激光切割机、质量定心机及各种数控专用机床和数控刀架等；另一类是普通机床，包括普通车床、摇臂钻床、卧式镗床、多轴自动车床、各种普通专机和附件。

目前，沈阳机床拥有 ACSA 国际化产品，依托国际化研发平台，围绕航空航天、汽车等国内重点领域的需求，对航空钛合金的壁板、框梁类典型零件和曲轴、凸轮轴、汽车传动轴等典型零件，联合重点领域用户开展工艺特性研究，掌握典型零件高效数控加工各项关键技术，进一步积累了加工工艺经验和工艺参数优化，提出“典型零件”的最优化加工方案，打造沈阳机床独特、不可复制的产品竞争优势，确保在国家重点领域起到应用示范、替代进口的作用。

为实现技术自主、安全、可控的战略目标，打破国外技术垄断，保障国家战略安全。沈阳机床集团经过 10 余年潜心研发，开发了具有自主知识产权的基于网络的 i5 智能控制系统。i5 智能控制系统不仅具有智能编程、智能诊断等网络智能功能，同时其速度控制、位置控制、力量控制和知识协同的智能运动控制技术已达到了世界领先水平。凭借该控制系统，沈阳机床获得“2018 年度 CPCC 十大中国著作权人”称号。

同时，沈阳机床近年来通过数控机床重大科技专项课题的实施，掌握了车铣复合加工中心、五轴联动加工中心等高档数控机床的核心研发及制造技术，推动企业形成了 66 项具有自主知识产权的核心专利技术，填补了 14 项国内及企业在核心功能部件及检验测试领域的技术标准空白，引领和支撑了企业的产品转型升级和人才培养工作，增强了企业自主创新能力。

在吸收上述技术成果基础上，以行业需求为导向，研制满足航空航天、国防军工、汽车制造等重点领域用户需求的车铣复合加工中心、五轴联动加工中心等4大类10种规格代表国际先进水平的高端数控机床产品。为突破飞机钛合金复杂零件的加工瓶颈，近年来已为沈飞、成飞、昌飞［中国航空工业昌河飞机工业（集团）有限责任公司］等国内重点航空企业提供了桥式AC轴五轴加工中心、AB式五轴龙门加工中心、AB式立式五轴加工中心等100余台高档数控机床。

沈阳机床拥有千余种规格的300多个品种的机床，市场除覆盖全国，还出口欧、非、拉美等80多个国家和地区。

2.8.2 沈阳飞机工业（集团）有限公司

沈阳飞机工业（集团）有限公司坐落于沈水之滨、昭陵园畔，是以航空产品制造为核心主业，集科研、生产、试验、试飞、服务保障于一体的大型现代化飞机制造企业，是中国航空工业集团有限公司骨干企业之一。公司创建于1951年6月29日，占地390万平方米，是中国航空工业发祥地之一，被誉为“中国歼击机的摇篮”。

公司先后研制生产了40多种型号数千架歼击机并装备部队，填补了一系列国防建设的空白，诞生了一个又一个第一。特别是公司研制生产的我国第一代舰载机——歼15飞机，使我国航空武器装备实现了陆基向海基的重大突破；研制生产的国产四代战斗机鹘鹰飞机，使我国成为世界上第二个能够同时研制两款四代战斗机的国家。与此同时，公司依托航空主业发展优势，积极融入世界航空产业链和区域发展经济圈，迈出了企业发展的新步伐，展示了沈飞的品牌影响力和价值创造力。

沈飞技术、制造实力雄厚，以智能制造为牵引，围绕航空制造技术发展趋势和高端航空产品研制需求，突破并掌握了一系列核心、前沿技术，建成了数字化制造、自动化装配、多项目协同的加工制造和系统集成平台，形成了面向新一代航空产品研制生产的技术支撑体系。飞机装配集成、钛合金制造和复合材料加工等制造技术处于国内外领先水平，部分技术填补了我国航空工业领域的空白。建设了国内首条较为完整的数字化、柔性化、自动化航空铝合金结构件加工生产线，在智能制造领域取得新突破。1995年获批国家级企业技术中心；

2008 年获批国防科技认定企业技术中心；2018 年获“国家级企业技术中心”优秀奖，曾荣获“中国工业大奖”“中国企业信息化 500 强”“中国质量鼎”等千余项荣誉称号。

“十三五”期间，沈飞开展科研立项 350 项，其中申请国家重大专项、重点研发计划、军队科研课题，973、863、省、市等 12 类外部科研项目 48 项，直接参与研发人员 2 000 余人次。项目重点围绕数字化装配集成、试验试飞、数字化检测、智能制造、增材制造、国产高档数控机床（系统）应用示范等方向开展研究。突破了飞机进气道自动喷涂、大部件自动对接、大型复杂零件整体化制造、智能生产线管控系统等关键技术，成功研制具有自主知识产权的高端装备 70 台套，形成论文、专利、软件著作权等成果 1 100 余项。

2.8.3　中国科学院沈阳计算技术研究所有限公司

中国科学院沈阳计算技术研究所有限公司前身是中国科学院沈阳计算技术研究所，创建于 1958 年。其主要从事计算机系统与软件、网络与通信、数控与先进制造、工业自动控制等技术与产品的研发和产业化，拥有雄厚的技术积累，突破了许多重大关键技术，多项成果达到国际先进水平。

公司可提供输油管道成型装备、精加工智能车间、流程行业的自动装配生产线、自动化物流及立体仓库及高档数控系统等产品。公司研发的 LT–B10 铣镗床数控系统，支持单伺服驱动分配轴技术，可配套各种铣镗床。系统运行稳定，功能丰富，操作便捷，支持图形编程操作功能，又能够针对熟练操控数控机床人员提供用户编程。可支持钻孔、扩孔、镗孔、铰孔、锪平面及铣削等功能，能加工较大尺寸的孔，车外圆、平面、切槽等，特别适宜多孔系、孔距要求精确的箱形零件加工，产品性能达到国际同类先进水平，并顺利通过辽宁省科技厅新产品鉴定。同时，该系列产品已远销欧洲、加拿大、东南亚等 20 余个国家，取得了良好的经济与社会效益。

公司同时在工业自动化技术与产品的自主可控方面持续投入。在“十一五”至“十三五”期间，围绕国产关键软硬件平台及自主可控工业自动化技术与产品研发领域，连续承担完成了 01 核高基国家科技重大专项、辽宁省重点研发计划等重大课题，突破了国产处理器面向数控与工控系统软硬件设计、可靠性、实时平台、性能优化等关键技术，形成了系列化的采用国产处理器及操作系统的测控单元软硬件平台，研制了基于国产处理器系列化高档数控系统与机器人控制系统，实现了航空、汽车制造等重点领域国产高档机床配套国产数控系统，支持了国家重要工业控制领域的国产自主可控软硬件产品配套应用的战略发展要求。

公司坚持自主创新，掌握了多通道多轴联动、高精运动控制等核心技术，研究开发出中国第一台高档数控系统，装备了中国第一个五轴联动加工中心，加工出中国第一个高档叶轮，建成了中国第一个高档数控国家级工程化研究基地——高档数控国家工程研究中心，取得了中国第一个高档数控软件版权，率先实现中国高档数控系统产品出口。目前形成的产品已覆盖中高档数控系统、驱动装置与电机等多个领域，实现了国产五坐标高档数控系统在航空等关键控制领域生产应用中“零”的突破，打破了国外技术封锁，在行业中产生了巨大影响。

公司拥有专利近 200 件，其中发明专利 100 余件。“工业以太网数控系统实时与非实时系统内核数据同步方法”荣获第十五届中国专利优秀奖、“一种适用于数控系统的容错低功耗调度方法”获得首届辽宁省专利奖三等奖。此外，依托公司在工业自动化控制、工业实时现场总线、工业物联网等领域取得的技术与产品开拓成绩，先后获得了中国机械工业科学技术一、二等奖，辽宁省科学技术一、二等奖等 20 余项。

公司主要控股的沈阳中科数控技术股份有限公司（原沈阳高精数控智能技术股份有限公司）是从事数控系统、伺服驱动单元、主轴驱动单元、机器人及相关机床电子产品研发、生产和配套应用的高新技术企业，现为中国机床工具协会数控系统分会副理事长单位和全国工业机械电气系统标准化技术委员会安全控制系统分会主任委员单位。公司近年来陆续承担了“高档数控机床与基础制造装备”国家科技重大专项课题 19 项，在课题支持下，开发了总线式全数字高档数控系统 GJ400 系列产品，并入选专项十大成果之一。企业在技术上依托高档数控国家工程研究中心，主要产品覆盖了面向五轴联动、车铣复合等的高档型数控产品，面向加工中心、全机能数控车床的标准型数控产品，面向木工机械、激光加工等的专用型数控产品等。

企业拥有专利近 100 件，其中发明专利 70 余件。由中国科学院沈阳计算技术研究所有限公司和沈阳中科数控技术股份有限公司共同研发的“一种基于滤波技术的数控系统加减速控制方法”荣获第十三届中国专利优秀奖。

2.8.4　科德数控股份有限公司

科德数控股份有限公司是从事高端五轴联动数控机床及其关键功能部件、高档数控系统的研发、生产、销售及服务的高新技术企业，主要产品为系列化五轴立式（含车铣）、五轴卧式（含车铣）、五轴龙门、五轴卧式铣车复合 4 大通用加工中心和五轴磨削、五轴叶片两大系列化专用机床，以及服务于高端数控机床的高档数控系统、伺服驱动装置、系列化电机、系列化传感产品、电主轴、铣头、转台等。

公司的五轴联动数控机床产品与传统数控机床产品相比，具有支持空间复杂特征加工能力的优势，更易于实现多工序复合加工，具有更高的加工效率和精度。在应用领域，其产品主要服务于当前高速发展的航空航天军工领域复杂、精密零部件的加工制造，在航空发动机关键零部件领域属于关键加工装备。此外，五轴联动数控机床在民用能源、刀具、模具、汽车零部件制造领域也有诸多成功案例。公司自研自产的数控系统和功能部件产品属于高档数控机床装备的核心关键部件，直接决定了高档数控机床产品的功能、性能、可靠性和盈利能力。

公司高度重视技术研发，坚持核心技术自主可控的发展战略，一直致力于五轴联动数控机床、高档数控系统及关键功能部件的技术突破、设计创新、精细制造及标准制定，形成了具有自主知识产权的核心技术，累计取得国内发明专利 64 件。核心技术团队参与制定了 17 项国家标准、4 项行业标准。“开放式数控系统关键技术与标准及应用”获得辽宁省科学技术进步一等奖。公司承担及参与了 29 项“高档数控机床与基础制造装备”国家科技重大专项（04 专项）及 8 项其他国家级课题，KMC800U 五轴联动立式加工中心产品进入“军工领域国产高档数控机床供应名录”，TG3515 获中国创新设计产业联盟、中国工程院联合颁发的“中国好设计”银奖。

依靠完整的人才链、技术链和产业链，公司在五轴联动数控机床、高档数控系统及关键功能部件核心技术方面取得了一系列重大突破，站在了行业技术水平的前列，功能、控制精度和加工效率等方面达到国际先进水平。

第3章　集成电路装备产业专利分析

3.1　概述

集成电路（integrated circuit），在电路中用字母“IC”表示，是一种微型电子器件或部件。集成电路是采用一定的工艺，把一个电路中所需的晶体管、电阻、电容和电感等元件及布线互连在一起，制作在一小块或几小块半导体晶片或介质基片上，然后封装在一个管壳内，成为具有所需电路功能的微型结构；其中所有元件在结构上组成一个整体，使电子元件向着微小型化、低功耗、智能化和高可靠性方面迈进了一大步。

集成电路按其功能和结构的不同，可以分为模拟集成电路、数字集成电路和数 / 模混合集成电路三大类。模拟集成电路又称线性电路，用来产生、放大和处理各种模拟信号（指幅度随时间变化的信号，例如半导体收音机的音频信号、录音机的磁带信号等），其输入信号和输出信号成比例关系。而数字集成电路用来产生、放大和处理各种数字信号（指在时间上和幅度上离散取值的信号，例如5G 手机、数码相机、计算机 CPU、数字电视的逻辑控制和重放的音频信号与视频信号）。

集成电路按导电类型可分为双极型集成电路和单极型集成电路，它们都是数字集成电路。双极型集成电路的制作工艺复杂，功耗较大，代表集成电路有 TTL、ECL、HTL、LST-TL、STTL 等类型。单极型集成电路的制作工艺简单，功耗也较低，易于制成大规模集成电路，代表集成电路有 CMOS、NMOS、PMOS 等类型。集成电路按应用领域可分为标准通用集成电路和专用集成电路。

集成电路装备是集成电路产业链结构中的重要环节，如图 3.1 所示，其中关键产品主要包括光刻机、刻蚀机、离子注入机、清洗研磨设备、检测装备、薄膜沉积设备（PVD）和化学气象沉积设备（CVD）等。

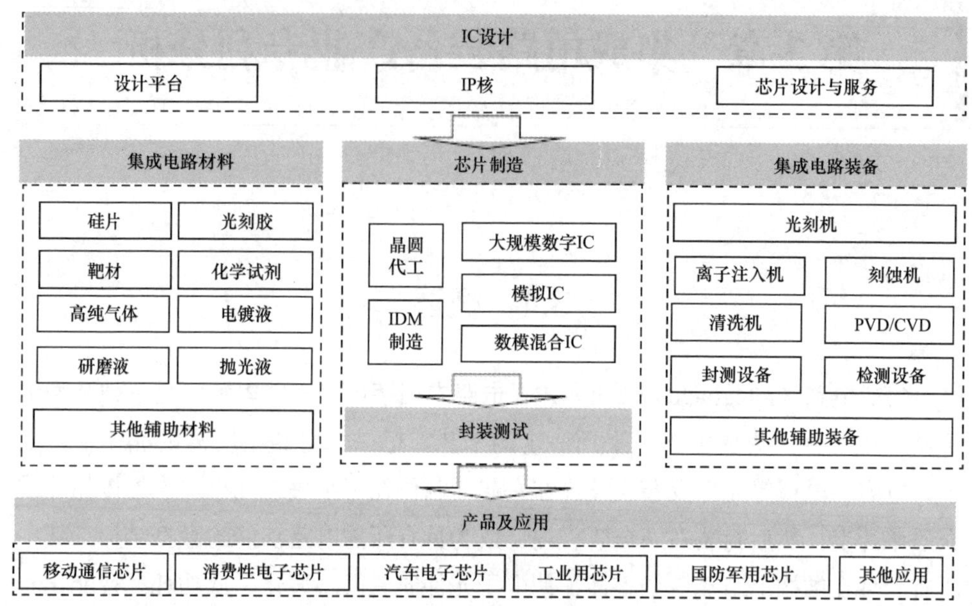

图 3.1　集成电路产业链架构图

3.1.1　国际发展概况

集成电路最初由美国人研制成功，迄今已有 60 余年历史。1958 年 9 月 12 日，在晶体管和场效应晶体管均已诞生十多年的基础上，得州仪器公司的工程师杰克 · 基尔比突发灵感，成功地将各种不同的电子器件集中于一块单一的半导体基质之上，这普遍被认为是集成电路的雏形和微电子科学的开端，而这一天，也被视为集成电路的诞生之日。

自那之后的数十年时间内，光刻工艺、MOS 场效应管、CMOS 技术以及著名的摩尔定律等一系列集成电路工业必不可少的元素相继问世，为这一伟大发明奠定了发展的基础。在学术界和产业界的共同推动下，集成电路产业的发展基本遵循着摩尔定律所预测的节奏，即集成电路上可容纳的元器件的数目，每隔 18 ～ 24 个月便会增加一倍，性能也将提升 1 倍。摩尔定律的核心即芯片集成度的提高，主要由集成电路制造工艺来实现。因此，集成电路制造在整个集成电路产业链中占据着尤为重要的地位，一方面推动着摩尔定律的演进，另一方面使集成电路设计业实现产品化，同时支撑着庞大的集成电路专用装备和材料市场[8]。

由于集成电路工艺本身具有精度高、灵敏度高等特点，因此其装备也普遍具有技术难度大、成本投入高的特点，而其中技术难度最高、价值最大的当属光刻机。一台光刻机的价值高达 1 亿美元以上。光刻机的精度直接决定了芯片精度的上限。目前最先进的光刻机加工能力能够达到 7 nm 级，相当于头发直径的万分之一（头发的直径约为 80 μ m）。高端的投影式光刻机可分为步进投影光刻机和扫描投影光刻机两种，分辨率通常在十几纳米至几微米之间，高端光刻机号称世界上最精密的仪器，堪称现代光学工业之花，其制造难度大，全世界只有少数几家公司能够制造。国外品牌以荷兰阿斯麦（ASML，镜头来自德国），日本尼康（Nikon，Intel 曾经购买过 Nikon 的高端光刻机）和日本佳能（Canon）三大品牌为主。

除了光刻机，刻蚀机是集成电路生产工艺中第二重要的设备，单价在 400 万～500 万美元及以上。离子注入机主要用于芯片制造的掺杂工艺，即在真空系统中，用经过加速的、要掺杂的原子的离子注入晶圆表面，从而在所选择的区域形成一个具有特殊性质的注入层。目前，低能大束流离子注入机市场得到进一步的发展。在芯片制造工艺中要始终保持硅晶圆表面没有杂质，这就需要用到清洗设备，清洗机占整个生产线投资的 10% 左右。集成电路目前主要采用干法清洗设备。前端工艺检测装备则是芯片制造技术迈向更高节点的关键环节。为了降低生产成本，集成电路制造商需要更多、更先进的在线及实时工艺检测手段对工艺过程的稳定性进行监控和预测，尽早发现异常，及时改进工艺，以保证生产的顺畅进行，最终提高生产效率、降低生产成本[9]。

目前，集成电路已经广泛应用于工业、军事、通信和遥控等各个领域。用集成电路来装配电子设备，其装配密度相比晶体管可以提高几十倍至几千倍，设备的稳定工作时间也可以大大提高。世界集成电路产业已经逐步形成美国、欧洲、日本、亚太四强相鼎立的态势，而在这中间，亚太地区尤其是大中华地区，在集成电路产业方面展现出了一个更加光明的未来。

2015 年至 2017 年，全球集成电路市场销售规模分别为 2 745 亿美元、2 767 亿美元和 3 432 亿美元，保持稳中有升。据 WSTS（世界半导体贸易统计组织）

统计报道，2019 年世界半导体市场销售额为 4 121 亿美元，较 2018 年同比下降 12.1%，较 2017 年的峰值回落 33.7 个百分点，是 10 多年来的谷底。

美国被认为是当今在这个行业中的一号强国，它的产品线现在已经遍及多个领域。曾有数据显示，2012 年世界排名前十的半导体企业中，美国一国就占据了一半的名额，全球半导体行业在经历了高速增长阶段后，于近年来进入平稳发展的阶段。日本发展产业是通过早期大量引进美国的技术以及斥资购买专利，消化之后再加以创新这一途径开始的。在企业形态方面，日本半导体行业多是以东芝、索尼、日立为主的从电子整机企业转型而来的大型 IDM（综合数据复用器）半导体企业，中小型企业在此行业则难觅其踪。欧洲的半导体企业，经历了一系列纵向和横向并购重组，虽然在规模和实力上相比美国和日本的半导体企业略有不如，而且近年来欧洲集成电路产业有逐步衰退的迹象，但全欧洲跨国合作的能力依然不容小觑，其代表企业有英飞凌、意法半导体（ST）和 NXP 等。全球高端光刻机市场几乎是荷兰阿斯麦（ASML）公司一家独大，此外，日本的尼康和佳能公司也占有一席之地。下面就以荷兰阿斯麦（ASML）公司为例，浅述其目前在中国国内的专利布局和发展情况。

阿斯麦公司是全球最大的半导体设备制造商之一，从 2000 年开始的约 20 年间，阿斯麦公司在华专利申请总量达到 200 余件，图 3.2 为阿斯麦公司在华专利申请的技术主题分布图。从图中可知，申请较多的种类为如下几种：G03F7/20（曝光机器设备）、H01L21/027（未在 H01L21/18 或 H01L21/34 组中包含的为进一步的光刻工艺在半导体之上制作掩膜）、G03F9/00（原版、蒙片、片框、照片、图纹表面的对准或定位，例如自动）、H01L21/00（专门适用于制造或处理半导体或固体器件或其部件的方法或设备）、G03F1/00（用于图纹面的照相制版的原版，例如掩膜、光掩膜；其所用空白掩膜或其所用薄膜；其专门适用于此的容器；其制备），其中 G03F7/20（曝光机器设备）这个类别的申请量占有绝对优势，这与 ASML 的主营业务密不可分，ASML 为半导体生产商提供光刻机及相关服务，TWINSCAN 系列是目前世界上精度最高、生产效率最高、应用最为广泛的高端光刻机型。目前全球绝大多数半导体生产厂商，都向 ASML 采购 TWINSCAN 光刻机，比如英特尔（Intel）、三星（Samsung）、海力士（Hynix）、台积电（TSMC）、中芯国际（SMIC）等。

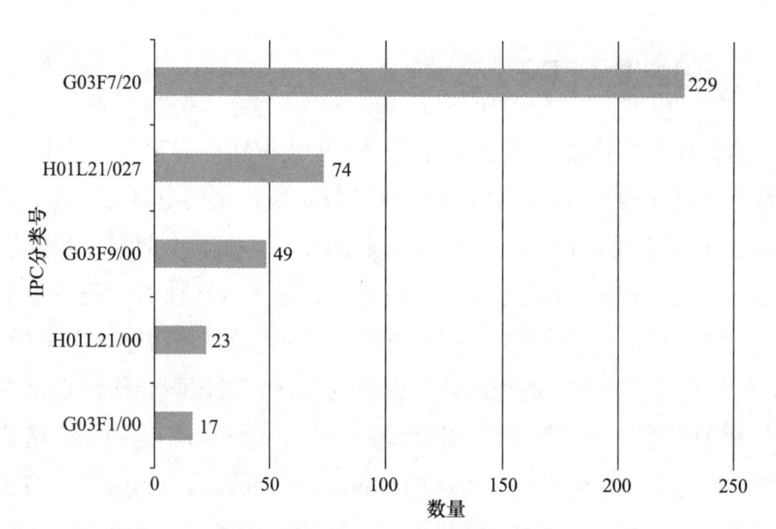

图 3.2　阿斯麦公司在华专利申请的技术主题分布图

图 3.3 为阿斯麦公司在华专利申请类型分布图。从申请情况来看，阿斯麦公司在中国申请的全部专利皆为发明专利，实用新型和外观专利均不涉及。一般认为，发明专利的技术含量较高，授权后权利状态稳定。这种完全单一的发明专利的申请情况并不多见。从实际情况来看，阿斯麦公司一直致力于中国市场的拓展与合作，目前已经在北京、上海、深圳、无锡等地开设分公司，阿斯麦公司还与浙江大学、大连理工大学、哈尔滨工业大学、上海交通大学等著名高校签订了奖学金及科研合作协议，积极利用高校资源与自身优势相结合，开拓中国市场。

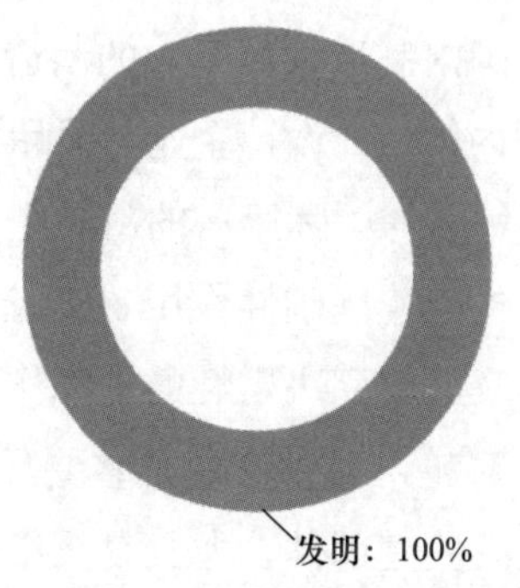

图 3.3　阿斯麦公司在华专利申请类型分布图

3.1.2 国内发展概况

中国的集成电路产业起步于20世纪60年代中期，1976年，中国科学院计算机研究所研制成功1 000万次大型电子计算机所使用的电路为中国科学院109厂研制的ECL型电路；1986年，电子工业部提出“七五”期间，我国集成电路技术“531”发展战略，即推进5 μm技术，开发3 μm技术，进行1 μm技术科技攻关；1995年，电子工业部提出“九五”集成电路发展战略，以市场为导向，以CAD为突破口，产学研用相结合，以我为主，开展国际合作，强化投资；在2003年，中国半导体占世界半导体销售额的9%，电子市场达到860亿美元，中国成为世界第二大半导体市场，中国中高技术产品的需求成为国民经济新的增长动力。到现在，我国集成电路产业已经初具规模，形成了产品设计、芯片制造、电路封装共同发展的态势。

2014年《国家集成电路产业发展推进纲要》发布，中国集成电路产业迎来了爆发。国家大基金的金融杠杆作用逐步显现，适应产业发展的各级地方政策环境和投融资环境基本形成。近年来，国内集成电路虽然发展迅速，但较之国外仍存在较大差距。主要表现如下：

（1）中国每年集成电路进口额巨大。2018年进口集成电路达到3 120.6亿美元，进出口逆差达到2 274.2亿美元，同比增长17.47%，这说明中国集成电路产业对外依存度非常巨大。

（2）高端核心芯片、核心技术依赖进口。

（3）产业规模差距大。国内制造领域第一的制造企业，其产业规模与国际第一的制造企业相差10倍；国内第一的设计企业与国际第一的设计企业相差3.3倍；国内封装企业差距较小，第一名与国际第一的封装企业产业规模相差1.6倍。

在集成电路产业中，装备起着基础性作用。集成电路产业能够持续发展，制造能力的提升和制造工艺的改进起到决定性的支撑作用。中国集成电路产业要实现在全球从跟踪走向引领的跨越，装备产业是重要环节[10]。作为集成电路装备中价值最高的光刻机，其上游关键部件，尤其是投影物镜和掩膜台等，目前基本被德国的蔡斯，日本的尼康、佳能及荷兰的阿斯麦等企业所垄断。

光刻机分为前道光刻机、后道光刻机等。前道光刻机主要用于芯片制造，后道光刻机主要用于芯片封装。目前，我国在前道光刻机方面还严重依赖进口，国内技术还处于 90 nm 光刻机的整机集成阶段，而国际最先进的 EUV 光刻机已具备生产 7 nm 以下制程的能力，技术差距显著。但在后道光刻机和投影光刻机方面，国内已实现量产，如上海微电子装备有限公司（以下简称上海微电子）的用于先进封装的步进投影光刻机，国内市场占有率超过 80%，全球市场占有率约为 40%，用于 LED 制造的投影光刻机的全球市场占有率约为 20%。

从各方面数据可以看出，经过这几十年的发展，中国内地集成电路产业已经呈现出越来越明显的集群特性，业已初步形成以长三角、珠三角以及以京津地区为中心的环渤海带这三个区域中心，产业集群效应凸显[11]。按照产业分工来看，中国的集成电路设计产业主要分布于长三角、珠三角以及以京津为中心的环渤海地区，芯片制造产业主要分布于长三角地区，而封装测试产业同样主要分布于长三角地区，尤其是以江苏省为主，此地区集中了全国大部分封装测试厂。

据中商产业研究院整理，2019 年中国集成电路产业销售收入为 7 562.3 亿元，同比增长 15.80%，其中集成电路设计业销售收入为 3 063.5 亿元，同比增长 21.6%，占总值的 40.5%；晶圆制造业销售收入为 2 149.1 亿元，同比增长 18.20%，占总值的 28.40%；封测业销售收入为 2 349.7 亿元，同比增长 7.10%，占总值的 31.1%。中商产业研究院预测，2020 年中国集成电路产业销售收入有望突破 9 000 亿元。

总体看来，国内装备产业整体还很弱小。2016 年我国集成电路设备投资占全球的 16%，而国产设备销售额仅占全球的 0.54%，国内装备产业的发展水平与需求失配。根据 Gartner（高德纳咨询公司）发布的全球规模以上晶圆制造装备商的报告显示，其统计范围共有 58 家装备公司，中国仅占 4 席，分别是北方华创、中微半导体、盛美半导体和 Mattson（2016 年被亦庄国投收购），其他分别位于日本（21 家）、欧盟（13 家）、美国（10 家）、韩国（7 家）、以色列（3 家）[12]。

3.1.3　辽宁省发展趋势

由于集成电路生产制造涉及环节众多，辽宁省发展起步较晚，在集成电路领域也更倾向于基础雄厚的集成电路装备行业。2018 年，辽宁省陆续出台了《推动集成电路产业发展三年行动计划（2018—2020 年）》等一系列政策，从设计、制造、封测、装备、材料等多个方面引导集成电路全产业链协同发展。为了更好地为企业服务，辽宁省还设立了“辽宁省集成电路和智慧产业发展投资基金”，为产业发展提供资金支持。2019 年，辽宁省政府印发《辽宁省建设具有国际竞争力的先进装备制造业基地工程实施方案》，提出发展集成电路装备子工程，成立集成电路装备工程实施建设指挥部，研究辽宁省集成电路装备产业发展技术政策、技术路线、产业发展方向、产业发展重点等。近几年，在国家政策方针的引导下，辽宁省积极推进本地集成电路产业的发展。2010 年 12 月，在辽宁省委、省政府和辽宁省科技厅的强力推动下，成立了辽宁半导体装备产业技术创新战略联盟，对集成电路产业的发展起到了非常重要的推动作用。

目前，辽宁省拥有集成电路相关企业 100 多家，涵盖集成电路设计、制造、装备以及关键材料等领域，产业链相对完整，已形成一定的规模，具备进一步发展的基础和条件。以沈阳、大连两地的产业集聚区为基础，辐射抚顺、丹东、锦州、辽阳等地，实现了区域间错位发展。

大连以设计企业为主，辽宁省集成电路设计产业基地在大连成立，该基地是东北地区唯一的集成电路设计产业基地。沈阳以装备企业居多，2004 年，沈阳率先建立了全国第一个集成电路装备制造产业基地，2010 年该基地被国家科技部认定为“国家集成电路装备高新技术产业化基地”。目前基地拥有国家级工程（技术）研究中心、工程实验室 5 个，省级工程（技术）研究中心、重点实验室 7 个，拥有技术专利数量 975 件。截至 2018 年年底，沈阳共有集成电路装备制造企业 19 家，其中包括芯源、科仪、新松、拓荆等整机企业 7 家，仪表院、富创、中电四十七所等配套及零部件企业 12 家。辽宁省集成电路装备产业保持良好的发展态势，重点企业在产品研发和市场拓展方面不断取得新成果，部分产品在业内同领域排名持续提升。在多年来的技术沉积和大量社会资本支持下，初步形成了“一项控制系统技术、四类重要整机装备、一批关键单元部件和一个关键零部件支撑平台”的集成电路生产配套能力，辽宁与北京、上海构成国内集成电路装备三大重点地区。

总体看来，集成电路装备领域全国的专利申请量呈现上涨趋势，但个别年份也有较大波动。辽宁省的专利申请量也呈现总体增长态势，但没有形成一定的规律，波动较大。集成电路装备领域专利多集中在长三角、珠三角区域，辽宁及其他许多省市发展不够迅速，申请量较少。另外，由于辽宁省的工业基础因素，对实体设备方面的改进多于对工业方法的改进，与全国的总体研发热点略有差异。

3.2 历年专利申请量分析

图 3.4 为全国集成电路装备产业历年专利申请量趋势图。从图中可以看出，2000 年以来，集成电路装备领域的专利申请量总体呈上升趋势。2008 年略有下降，这与经济危机的冲击有关，集成电路产业陷入低谷。迫于资金压力，许多集成电路在建项目不得不暂停，部分企业取消扩张计划，降低产能。危机同时也孕育着行业重组的机会，中国集成电路企业开始酝酿大规模的兼并重组。随着国际集成电路制造商纷纷在中国投资设厂，国际集成电路制造业向中国转移，中国集成电路行业内竞争也进一步加剧，因此，2008 年以后，伴随我国集成电路产业的发展，该领域专利申请量又呈现了大幅度的上升趋势。

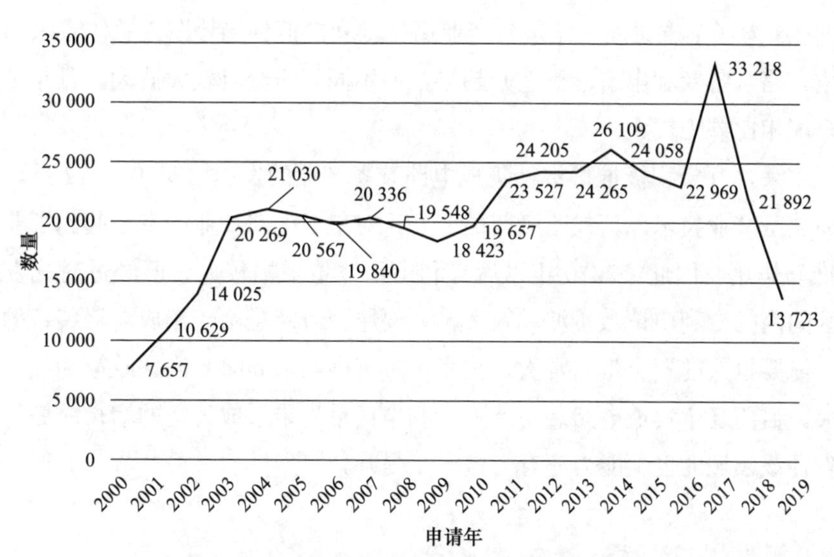

图 3.4　全国集成电路装备产业历年专利申请量趋势图

2014年，国务院正式发布《国家集成电路产业推进纲要》，同年9月成立“国家集成电路产业投资基金”（简称大基金），并带动地方政府纷纷建立地方基金，掀起集成电路产业的投资热潮，致使中国市场对集成电路装备的需求量骤增，全球集成电路制造业也在不断向中国内地转移。集成电路装备的研发申请也顺势增加，年申请量基本达到最大值。

受惠于政府的政策支持、广阔的市场需求以及技术水平的提升，2015年中国集成电路产业，特别是制造业得到快速发展。然而目前国产半导体设备只占全球市场份额的1%～2%，处于整体较为落后的状态。未来几年，中国本土厂商的设备在全球市场份额当中所占比例最多不过5%，而且以中低端设备为主。这种巨大的市场容量与极为有限的设备输出水平形成了强烈的反差。其结果就是，我们要花大量的外汇去购买美、日、欧厂商的先进设备，使得贸易逆差和产业安全问题难以避免。从2015年以后的专利申请量来看，中国在集成电路装备上的研发与创新势头正在回落，这将不利于未来该产业的进一步发展。因此，国内集成电路配套企业应该在政府及客户的共同推动下，通过自主技术研发、合作并购等方式，突破技术壁垒，生产出具有一定替代能力的国产集成电路装备、材料等配套产品，从而加速国内集成电路的全产业链建设。

图3.5为辽宁省集成电路装备产业历年专利申请量趋势图。总体看来，辽宁省集成电路装备专利申请量呈上升趋势，但不同年份会有较大波动，且年度申请量与全国相比差距较大。

近年来，辽宁积极推进本地集成电路装备产业的发展。2010年12月，辽宁半导体装备产业技术创新战略联盟的成立，对集成电路产业的发展起到了非常重要的推动作用。因此，2010年以后专利申请数量增幅较大。但经过对比发现，细分区间内的专利申请数量波动较大，主要原因可能是由于集成电路装备的发展建设，需要投入的资金量非常大，技术也难于突破，同时受当地政策和经济的影响较大。目前辽宁集成电路装备产业专利申请量尚未形成稳定的增长趋势，表明辽宁省在该领域的创新能力还有待进一步提升。

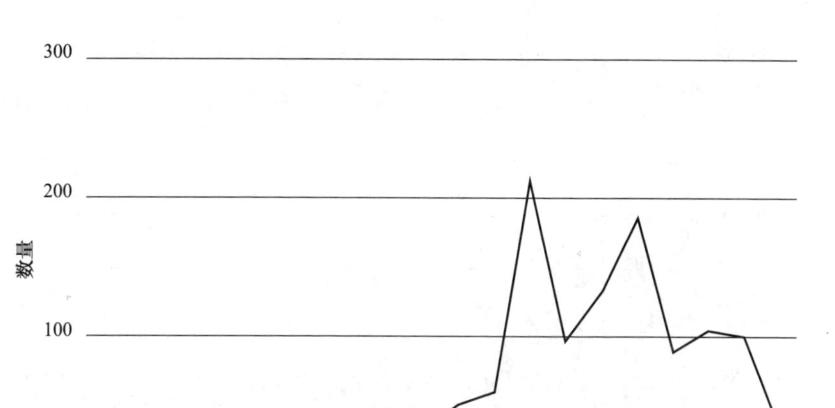

图 3.5　辽宁省集成电路装备产业历年专利申请量趋势图

3.3　专利申请区域分布分析

图 3.6 为全国集成电路装备产业专利申请区域分布图。从集成电路装备专利数量上分析，上海以 30 489 件专利排在第 1 位，成为全国集成电路装备产业相关技术发展最快的省。中国台湾地区以 26 603 件专利排在第 2 位，北京以 18 010 件专利排在第 3 位，江苏以 16 223 件专利排在第 4 位，并且前四名的专利量远超其他省市，说明上海、中国台湾地区、北京、江苏的研发和创新实力较强。从图中可见，辽宁省集成电路装备产业专利申请量在全国排名位于中游，与上海等国内第一梯队省市相比，还存在很大差距。

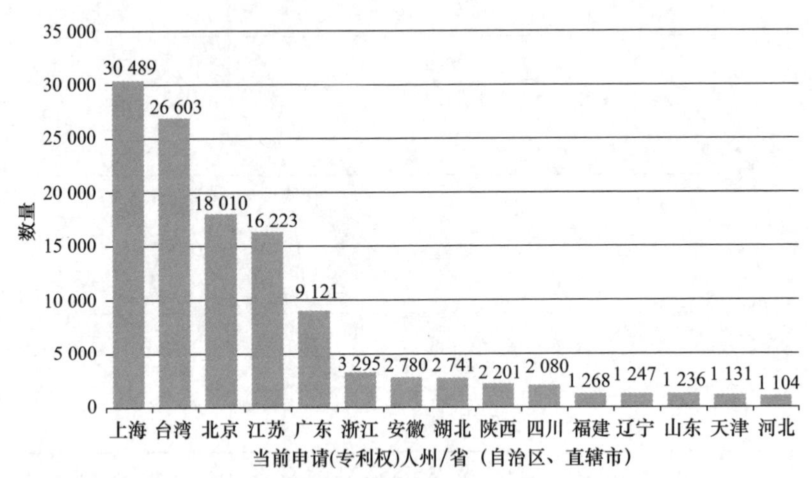

图 3.6　全国集成电路装备产业专利申请区域分布图

3.4　技术主题分布分析

图 3.7 为全国集成电路装备产业专利申请 IPC 分布图。从 IPC 分类排名来看，该领域专利热点主要集中在 H01L21/336（带有绝缘栅的）、H01L21/67（专门适用于在制造或处理过程中处理半导体或电固体器件的装置；专门适用于在半导体或电固体器件或部件的制造或处理过程中处理晶片的装置）、H01L21/60（引线或其他导电构件的连接，用于工作时向或由器件传导电流）、H01L21/768（利用互连在器件中的分离元件间传输电流）等几个组。从申请量上来看，H01L21/336（带有绝缘栅的）占据绝对优势，也就是制造绝缘栅场效应管的台阶式工艺，说明该工艺研发是目前国内集成电路装备产业研究的主要方向。而排名紧随其后的几个 IPC 方向专利量占比也很大，都在 17 000 件以上，说明集成电路装备的热门领域比较分散，有多个研发方向。

图 3.8 为辽宁省集成电路装备产业专利申请 IPC 分布图。从 IPC 排名来看，该领域专利热点主要集中在 H01L21/67（专门适用于在制造或处理过程中处理半导体或电固体器件的装置；专门适用于在半导体或电固体器件或部件的制造或处理过程中处理晶片的装置）这个组。而 H01L21/677（用于传送的，例如在不同

的工作站之间）、H01L21/02（半导体器件或其部件的制造或处理）等几个组虽然也有 100 件左右，但与 H01L21/67 组 307 件的申请量相比，还存在较大差距。

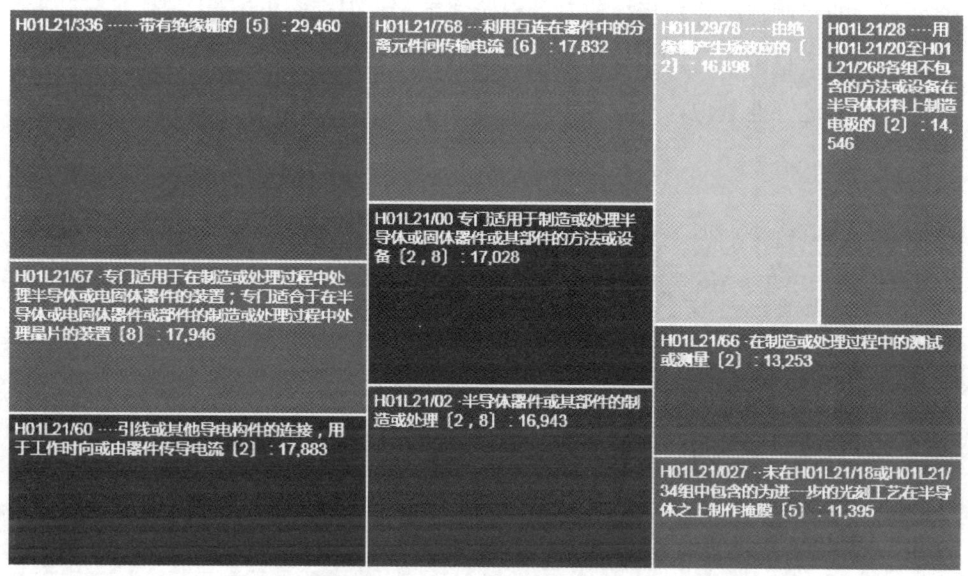

图 3.7 全国集成电路装备产业专利申请 IPC 分布图

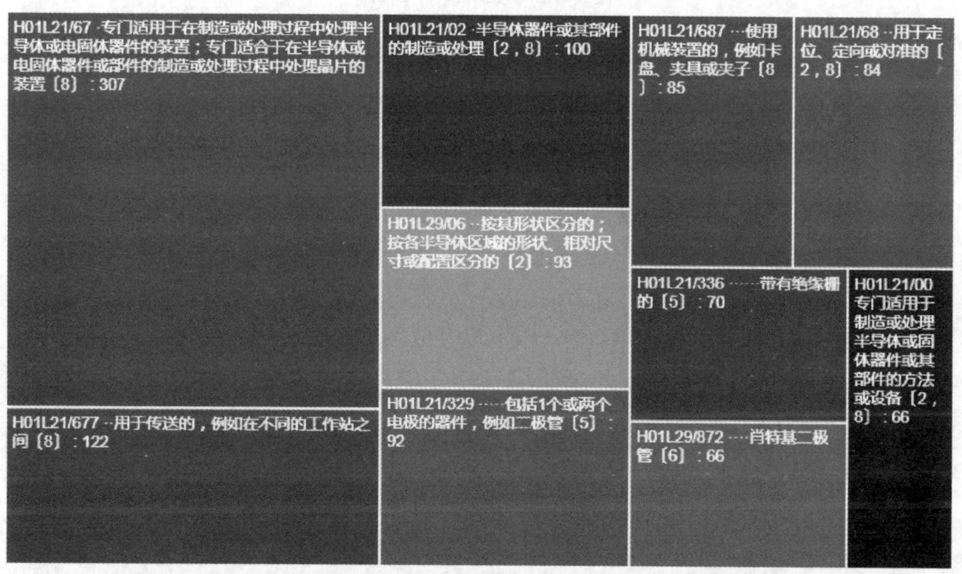

图 3.8 辽宁省集成电路装备产业专利申请 IPC 分布图

从图 3.7 和图 3.8 的对比可以看出，辽宁省关于集成电路装备领域的研究热点与全国的研究热点有一定差异。例如，在全国集成电路装备领域 IPC 排名中，位列第一的是制造绝缘栅场效应管的台阶式工艺，但辽宁申请量不高。而辽宁的研发热点主要集中在处理半导体或电固体器件的装置等方向，这可能是因为作为传统的东北老工业基地，辽宁在发展处理半导体或电固体器件的装置方面更具有先天优势。

3.5 关键技术发展方向

图 3.9 为全国集成电路装备产业专利申请创新词云排布图。从图中可以看到，我国集成电路装备产业的研发主题主要是金属层、半导体衬底、固定连接、介质层、氧化层、外延层等，其中半导体衬底和金属层出现次数最多，这与 IPC 分布图中显示的研究热点信息基本一致。

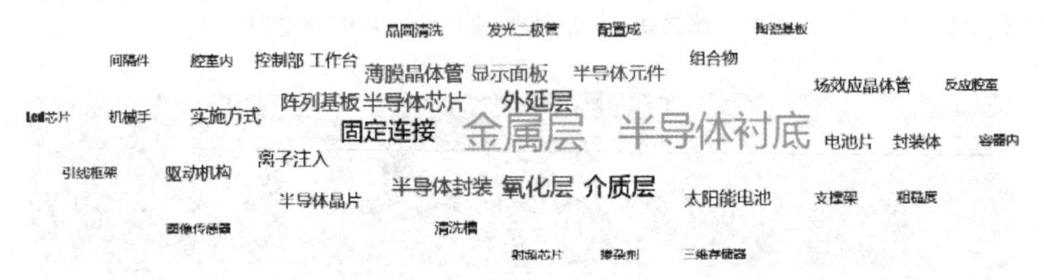

图 3.9　全国集成电路装备产业专利申请创新词云排布图

图 3.10 为全国集成电路装备产业专利申请关键图旭日图。从图中可以看出，集成电路装备领域一级关键词金属层包括导电层、金属氧化物、保护层、阻挡层、图案化等内容，半导体衬底包括材料层、隔离层、掺杂区、阻挡层、栅电极、保护层等，以上关键词的划分和层级排序就是目前集成电路装备领域研究热点涉及的主要技术划分和技术细节。

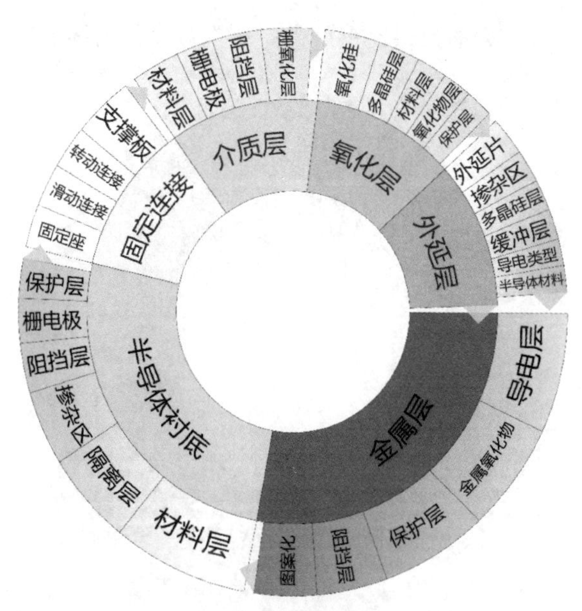

图 3.10　全国集成电路装备产业专利申请关键词旭日图

图 3.11 为辽宁省集成电路装备产业专利申请关键词创新词云排布图。辽宁省在该领域的研发热点与全国情况存在差异，这从创新词云的排布情况也有所体现。从图中可以看到，辽宁省集成电路装备产业的研发主题主要是固定板、机械手、加热盘、工作台、反应腔和电荷补偿等，可以看出辽宁省更多关注的还是实体设备的改进和创新，对工艺方法的改进较少。

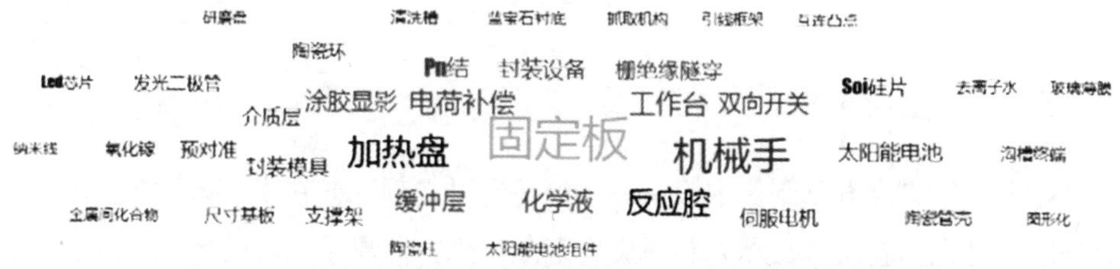

图 3.11　辽宁省集成电路装备产业专利申请创新词云排布图

图 3.12 为辽宁省集成电路装备产业专利申请关键词旭日图。图中显示了固定板、机械手、加热盘等关键词的构成层级，例如，在固定板方面，专利主要包括支撑板、固定盖、模型腔等；在加热盘方面，专利主要包括密封体、定位销、晶圆温度等。通过以上关键词的外延扩展，进一步说明了辽宁省的集成电路装备

产业在实体机械改进方面的投入比重更大，对机器设备的细节把控更多。

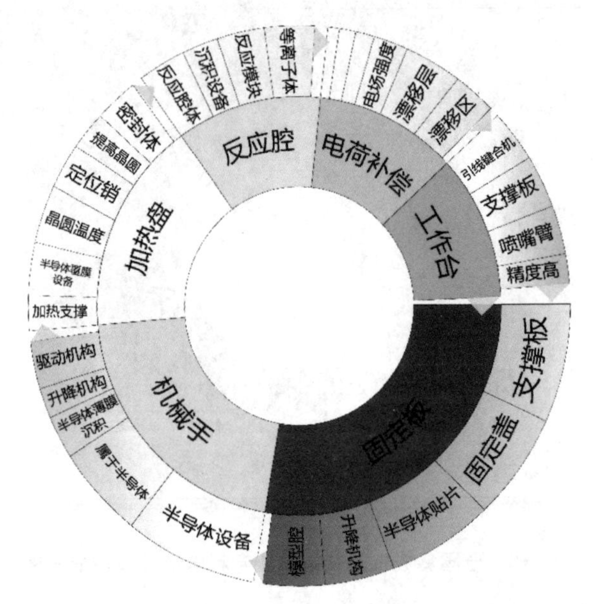

图 3.12　辽宁省集成电路装备产业专利申请关键图旭日图

3.6　关键性专利解读

3.6.1　全国关键性专利解读

在半导体集成电路制作中，有一步骤是通过光刻工艺在半导体衬底上形成光刻胶层，对光刻胶层进行曝光和显影后定义出刻蚀和离子注入的区域，并在完成刻蚀或离子注入后，去除半导体衬底上的光刻胶层。现有技术形成光刻胶层通常在涂布设备中进行，光刻胶层形成的过程：将晶圆传输至涂布腔室，采用旋涂工艺在晶圆表面形成一层光刻胶层；将涂布有光刻胶层的晶圆传输至热处理腔室中或热板（Hot Plate），对光刻胶层进行热处理或软烘（Soft Bake），以蒸发光刻胶层中的部分溶剂；将热处理后的晶圆传输至冷板（Cooling Plate）上进行冷却。

在采用热处理腔室对晶圆进行热处理之前，需要设定热处理腔室（晶圆载板）的温度，而在实际的制作工艺中，由于不同制程或不同类型的产品进行光刻工艺时对光刻胶的型号和厚度要求的不同，相应的对晶圆上涂覆的光刻胶层进行热处理时的温度也不相同，即在针对不同制程或不同类型的产品时，需要对热处理腔室设定不同的温度，当设定温度与实时温度存在差异时，就需要通过升温或降温使得热处理腔室的实时温度等于设定温度。但是，现有技术的热处理腔室在进行升温或降温时需要的时间过长。

中芯国际集成电路制造（北京）有限公司和中芯国际集成电路制造（上海）有限公司于 2014 年 7 月 22 日向中国国家知识产权局提交了名为“热处理腔室和热处理方法、涂布设备”的发明专利申请，解决了以上问题。该申请于 2018 年 3 月 9 日获得专利授权，授权公告号为 CN105336562B。该专利涉及 H01J37/32（充气放电管）、H01L21/00（专门适用于制造或处理半导体或固体器件或其部件的方法或设备）、H01L21/67（专门适用于在制造或处理过程中处理半导体或电固体器件的装置；专门适用于在半导体或电固体器件或部件的制造或处理过程中处理晶片的装置）等多个 IPC 领域。表 3.1 展示了 CN105336562B 专利附加信息，图 3.13 所示为 CN105336562B 摘要附图。

表 3.1　CN105336562B 专利附加信息

同族专利	US10204809B2　US2016027670A1　US2017133251A1 US9576828B2　CN105336562A
引用文献	US2013097840A1　US8343280B2　CN101764041A CN101866825A　CN102598217A　CN102893386A CN103077917A　CN103422074A
被引用文献	US10096506B2　US10381248B2　US10386821B2 US2018005859A1　US9922855B2　CN106403603A

该专利公开了一种热处理腔室和热处理方法、涂布设备，其中所述热处理腔室包括晶圆载板，适于放置待加热晶圆；热源位于晶圆载板下方，适于对晶圆载板进行加热；第一驱动单元与热源相连接，适于驱动所述热源靠近或远离所述晶

圆载板。本发明热处理腔室的热源可以在第一驱动单元的作用下远离或靠近所述晶圆载板，因而在对晶圆载板进行升温或降温时，不仅可以通过调节热源的温度来使得晶圆载板的温度上升或下降，而且可以通过调节热源与晶圆载板的距离实现晶圆载板的温度的上升或下降，从而极大地减小了使晶圆载板的温度上升或下降时的调节时间。

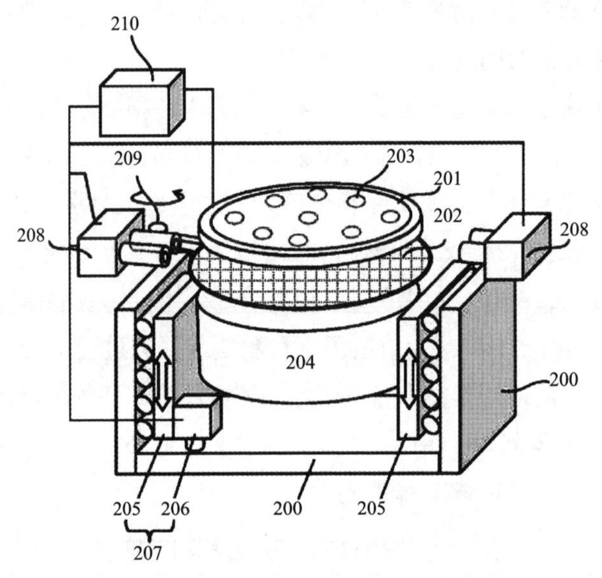

图 3.13　CN105336562B 摘要附图

该专利权利要求 1 记载的内容：一种热处理腔室，其特征包括晶圆载板，适于放置待加热晶圆；热源，位于晶圆载板下方，适于对晶圆载板进行加热；第一驱动单元，与热源相连接，适于驱动所述热源靠近或远离所述晶圆载板；还包括位于晶圆载板周围的冷却单元，在进行热处理之前，对晶圆载板温度进行预设，当晶圆载板的实时温度大于预设温度时，冷却单元向处理腔室内输送冷却气体，当实时温度等于或接近设定温度时，冷却单元停止向热处理腔室内输送冷却气体。

光刻是在晶圆上印制芯片电路图形的工艺，是集成电路制造的最关键步骤，在整个芯片的制造过程中约占据了整体制造成本的 35%。光刻也是决定集成电路按照摩尔定律发展的一个重要原因，如果没有光刻技术的进步，集成电路就不可能从微米进入深亚微米再进入纳米时代光刻工艺。中芯国际集成电路制造有限公司的这件专利涉及的部分就是光刻过程中的一个环节，目前该专利依然维持有效，并且通过 PCT 申请的方式，在美国也拥有多个同族专利，可见公司重视程度颇高，在海外市场展开了积极布局。该公司在集成电路装备的相关领域申请了多项专利，单是国内的申请数量已经相当可观，创新实力不容小觑。

3.6.2　辽宁省关键性专利解读

在半导体加工领域，现有的喷涂光刻胶技术中，厚胶膜的涂覆是通过旋涂方式处理的，因为胶膜较厚，需要经过 2 次以上涂覆且摊胶过程较慢，产能很低，并且均匀性较难控制，而且晶圆旋涂处理后在边缘还有一圈凸起，造成晶圆的边缘不能利用，降低了产品的利用率。随着半导体生产精细化和高集成化要求越来越高，晶圆生产率和成品率也越来越受到重视，而在各种处理过程中，晶片表面喷涂光刻胶的处理尤为重要，特别是对晶片表面喷涂处理速度的优化，对提高产能、降低成本、增加效益均有重要影响，但喷涂速度与喷涂厚度又存在必然的反比关系，当喷涂晶圆表面的光刻胶层要达到较厚的厚度时，需要往复进行多次喷涂，这也使得单片晶片喷涂加工耗时大幅度增加，造成产能降低。

沈阳芯源微电子设备有限公司于 2014 年 12 月 18 日向中国国家知识产权局提交了名为“一种半导体制成厚胶膜涂覆装置及其使用方法”的发明专利申请，解决了以上存在的问题。该申请于 2018 年 2 月 2 日获得专利授权，授权公告号为 CN105772323B。该专利涉及 B05C5/00（将液体或其他流体物质喷射，灌注或让其流到工件表面的装置）IPC 领域，该专利被授予第一届辽宁省专利奖二等奖。该项专利权利主体于 2019 年 5 月 17 日由沈阳芯源微电子设备有限公司变更为沈阳芯源微电子设备股份有限公司。表 3.2 显示了 CN105772323B 专利附加信息，图 3.14 所示为该专利的摘要附图。

表 3.12　CN105772323B 专利附加信息

同族专利	TW201624140A　TWI515515B、CN105772323A
引用文献	JP2002059060A JP2005238188A US20070199579A1 CN101905205A CN102020234A CN103301993A CN1721082A

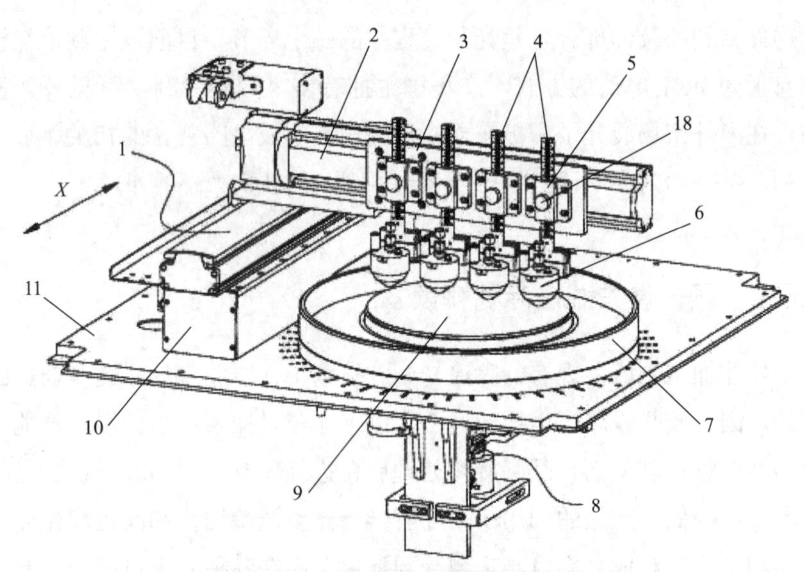

图 3.14 CN105772323B 摘要附图

该专利公开了发明涉及半导体加工领域，具体地说是一种半导体制成厚胶膜涂覆装置及其使用方法，包括电缸、喷头、胶杯组件、旋转吸附机构和基板，其中电缸和胶杯组件均设置于基板上，电缸上设有移动梁，间距和高度均可调的喷头设置于所述移动梁上，旋转吸附机构上设有用于吸附晶圆并且可旋转的吸附盘，吸附盘设置于所述胶杯组件的中部，喷头在胶膜涂覆时通过所述电缸的移动梁带动在所述吸附盘上方水平移动，待加工的晶圆放置于吸附盘上，多个喷头通过电缸驱动同步水平移动喷洒光刻胶，然后晶圆通过吸附盘吸附固定，多个喷头通过电缸驱动同步水平移动喷洒雾化的光阻。本专利保证喷涂均匀，使晶圆整体膜厚统一，杜绝晶圆边缘凸起。

该专利权利要求 1 记载的内容：一种半导体制成厚胶膜涂覆装置，其特征包括电缸、喷头、胶杯组件、旋转吸附机构和基板，其中电缸和胶杯组件均设置于基板上，所述电缸上设有移动梁，间距和高度均可调的喷头设置于所述移动梁上，所述旋转吸附机构上设有用于吸附晶圆并且可旋转的吸附盘，所述吸附盘设置于所述胶杯组件的中部，所述喷头在胶膜涂覆时通过所述电缸的移动梁带动在所述吸附盘上方水平移动；所述喷头通过标尺和安装架安装在电缸的移动梁上，所述移动梁上设有一个固定板，多个安装架安装在所述固定板上，每个安装架上均插装有带刻度的标尺，每个标尺下端固装有喷头。

沈阳芯源微电子设备有限公司主要为下游集成电路、LED 芯片等半导体产品制造企业提供光刻工序涂胶显影设备或单片式湿法设备等产品，因此在涂胶显影设备方面具有一定的技术储备。本节中“一种半导体制成厚胶膜涂覆装置及其使用方法”是关于喷涂光刻胶技术中厚胶膜的涂覆方面的发明专利，该专利在中国台湾地区也进行了布局，一定程度上显示出其市场化方向。

3.7　主要申请人排名及分布

图 3.15 为全国集成电路装备产业专利主要申请人排名。由图中可以看出，台湾积体电路制造股份有限公司（简称台积电）的专利申请量居于全国首位，中芯国际集成电路制造有限公司紧随其后。台积电（英文简称 TSMC）成立于 1987 年，是全球第一家专业积体电路制造服务（晶圆代工 foundry）企业。中芯国际集成电路制造有限公司，是世界领先的集成电路芯片代工企业之一，也是中国内地规模最大、技术最先进的集成电路芯片制造企业，主要业务是根据客户本身或第三者的集成电路设计为客户制造集成电路芯片。台积电和中芯国际集成电路制造有限公司的排名说明它们在集成电路装备领域内具有强劲的科技创新能力，产业优势十分明显。另外，东京威力科创股份有限公司、东京毅力科创株式会社、京东方科技集团股份有限公司排名在前五位，说明它们在集成电路装备领域也同样具有较强的技术创新能力。

图 3.16 为辽宁省集成电路装备产业专利主要申请人排名。由图中可以看出，沈阳芯源微电子设备股份有限公司排名第一，沈阳芯源微电子设备有限公司（沈阳芯源微电子设备股份有限公司的曾用名）排名第六，沈阳芯源微电子设备股份有限公司该领域的专利数总共为 255 件，因此远高于其他申请人所在企业。另外，沈阳拓荆科技有限公司、大连理工大学的创新能力也较强。令人意外的是，排名前十的申请人中，第四名是个人申请，申请人名叫朱江，来自辽宁省抚顺市。其中，排名第九的中国电子科技集团公司第四十七研究所，又称东北微电子研究所（NorthEast Microelectronics Institute，NEMI），始建于 1958 年，是国内

最早研制生产半导体器件和集成电路的研究所之一。从总体上看，辽宁省排名前十的机构申请量不大，在全国所占比重较小，说明辽宁省在集成电路装备领域与其他省市还存在很大差距，创新能力还有待进一步提升。

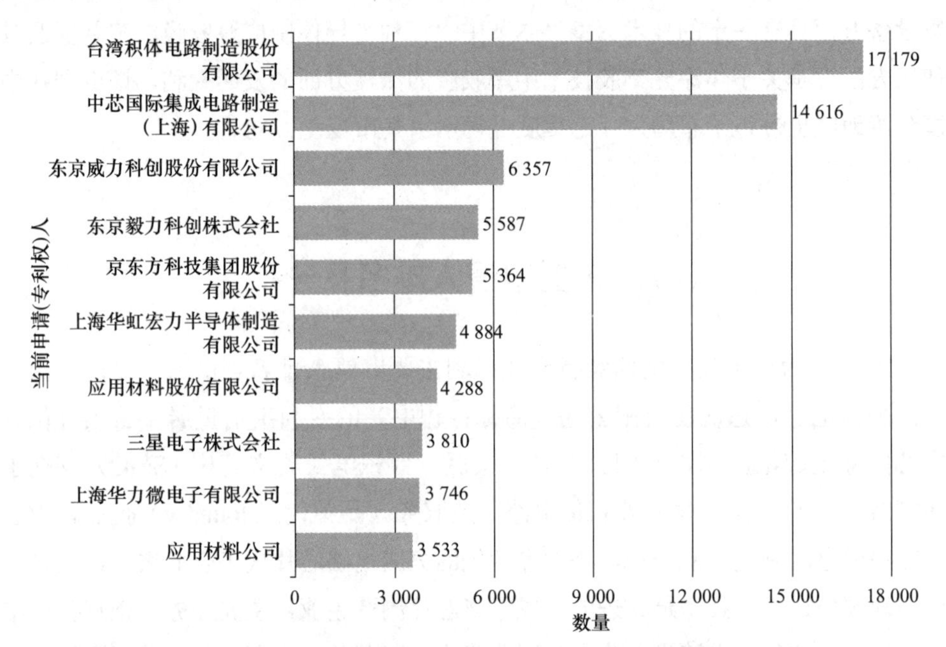

图 3.15　全国集成电路装备产业专利主要申请人排名

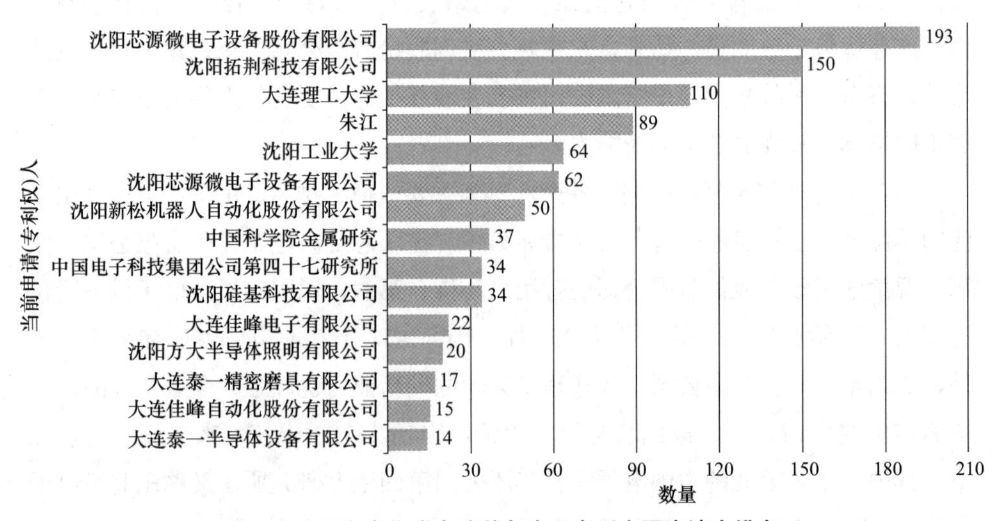

图 3.16　辽宁省集成电路装备产业专利主要申请人排名

3.8　辽宁省相关重点企业介绍

3.8.1　沈阳芯源微电子设备股份有限公司

沈阳芯源微电子设备股份有限公司成立于 2002 年，是由中科院沈阳自动化研究所发起创建的国家高新技术企业，专业从事半导体生产设备的研发、生产、销售与服务，致力于为客户提供半导体装备与工艺整体解决方案。

公司占地 2 万平方米，新厂区规划面积 4 万平方米，设置了专业的集成电路工艺开发和检测实验室以及半导体设备生产组装车间。公司作为国内领先的高端半导体装备制造企业，所开发的涂胶机、显影机、喷胶机、去胶机、湿法刻蚀机、单片清洗机等产品，已形成完整的技术体系和丰富的产品系列，可根据用户的工艺要求量身定制。产品适应不同工艺等级的客户要求，广泛应用于半导体生产、高端封装、MEMS、LED、OLED、3D-IC TSV、PV 等领域，成功打破了国外垄断，填补了国内空白，是国产涂胶显影设备领域的先行者。

公司立足自主研发，持续引进行业高端人才，连续承担国家 02 科技重大专项“极大规模集成电路制造装备及成套工艺”项目。通过多年技术积累、创新提高，形成自主知识产权体系。截至 2019 年年底，公司拥有授权专利 174 件，主持制定行业标准两项，连续两年被评为中国半导体设备十强企业。2019 年，在上海证券交易所科创板上市，成为辽宁省首家科创板上市企业。

3.8.2　沈阳硅基科技有限公司

沈阳硅基科技有限公司（简称硅基公司）成立于 2004 年，于 2017 年被国家认定为高新技术企业。公司拥有先进的 SOI 专利技术和制造生产线，是一家致力于研发、生产和销售 SOI 晶圆片的高新技术企业，也是国内具有自主知识产权——“低温微波”薄膜转移技术的 SOI 材料供应商。

硅基公司主要产品包括 8 ～ 12 英寸[①] 薄膜 SOI、8 ～ 12 英寸外延 SOI、6 ～ 8 英寸厚膜 SOI、6 ～ 8 英寸硅 - 硅键合片、6 ～ 8 英寸图形 SOI、8 ～ 12 英寸超薄膜 SOI 以及 8 ～ 12 英寸外延片。公司拥有行业领先的生产和测试设备 90 余台（套），年产能 20 余万片，为国内外集成电路制造及芯片代工厂商提供低成本、高品质的 SOI 材料。目前，公司采用拥有自主知识产权的 TM-SOI 技术生产 SOI 硅片产品，该项技术以微波加热的方式实现薄膜转移，是国内唯一具有自主知识产权的低温微波薄膜转移技术，该技术生产的产品与 SOITEC 的智能切割技术可以达到同样的指标。目前，公司 SOI 产品批量生产良率已经达到 93.12%。截至目前，公司在 SOI 技术领域，已经申请国内外发明专利 76 件，其中美国专利 6 件，欧洲专利 15 件，中国台湾地区专利 6 件，日本专利 4 件，中国内地专利 45 件。目前已获得授权专利 14 件，其中发明专利 11 件，实用新型专利 3 件。

3.8.3 大连佳峰自动化股份有限公司

大连佳峰自动化股份有限公司（简称大连佳峰，原名大连佳峰电子有限公司），成立于 2001 年 10 月，是一家从事集成电路封装装备研发制造的高新技术企业，是“大规模集成电路封装设备国家地方联合工程研究中心”依托单位，是辽宁省博士后创新实践基地建设单位，是“大连市集成电路封装装备创新中心”发起单位。

大连佳峰具有十几年半导体设备的研发经验，拥有一支经验丰富、专业技术过硬的高精尖研发团队，先后承担了国家 02 专项等国家及省市级科技项目 17 项，所研发产品先后获得国家重点新产品奖、中国半导体创新产品和技术奖、辽宁省科技进步奖等国家及省部级奖项 13 项，拥有授权知识产权 39 项（其中发明专利授权 14 项），全部产品皆具有自主知识产权。特别是“IC 用全自动装片机”和“全自动引线键合机”是国家重大科技专项“极大规模集成电路制造装备及成套工艺”（02 专项）立项支持研发的核心产品，填补了我国 IC 后道封装设备的空白。大连佳峰牵头制定的国家标准《集成电路用—全自动装片机》已进入报批

① 1 英寸＝ 2.54 厘米。

阶段。

大连佳峰主要研发的产品有软焊料装片机（Soft Solder Die Bonder）、IC用全自动装片机（Epoxy Die Bonder）、粗铝线超声波打线机（Ultrasonic Au Wire Bonder）、IGBT装片机（Die Bonder for IGBT）、芯片倒装机（Flip-Chip Die Bonder）和扇出型装片机（Fan-out Die Bonder）等，能满足TO、SOP、QFN、LQFP、IGBT和RFID等形式的封装技术和工艺要求。公司产品在整体技术水平上已达到国际先进水平，国内前十大封装厂皆有大连佳峰的设备，大连佳峰的主打产品已成功替代了进口设备，被国内几百家封装企业认可并给予好评，且通过不断研发与创新，企业的新产品通过欧盟CE认证，已成功入驻国际一流的大型半导体公司，逐步向国际市场迈进。

第4章 机器人产业专利分析

4.1 概述

机器人（Robot）是自动执行工作的机器装置，一般由执行机构、驱动装置、检测装置、控制系统和复杂机械等组成，它既可以接受人类指挥，又可以运行预先编排的程序，也可以根据以人工智能技术制定的原则纲领行动。机器人的任务是协助或取代人类的工作，例如，与生产业、建筑业、服务业等有关的工作。

根据机器人的应用环境，国际机器人联盟（IFR）将机器人分为工业机器人和服务机器人。其中，工业机器人指应用于生产过程与环境的机器人，主要包括人机协作机器人和工业移动机器人；服务机器人则是除工业机器人之外的、用于非制造业并服务于人类的各种先进机器人，主要包括个人 / 家用服务机器人和公共服务机器人。

现阶段，考虑到我国在应对自然灾害和公共安全事件中，对特种机器人有着相对突出的需求，中国电子学会将机器人划分为工业机器人、服务机器人和特种机器人三类，如图 4.1 所示。其中，工业机器人指面向工业领域的多关节机械手或多自由度机器人，在工业生产加工过程中通过自动控制来代替人类执行某些单调、频繁且重复的长时间作业，主要包括焊接机器人、搬运机器人、码垛机器人、包装机器人、喷涂机器人、切割机器人和净室机器人等。服务机器人指在非结构环境下为人类提供必要服务的多种高技术集成的先进机器人，主要包括家用服务机器人、医疗服务机器人和公共服务机器人，其中，公共服务机器人指在农业、金融、物流、教育等除医学领域外的公共场合，为人类提供一般服务的机器人。特种机器人指代替人类从事高危环境和特殊工况下的工作机器人，主要包括军事应用机器人、极限作业机器人和应急救援机器人等。

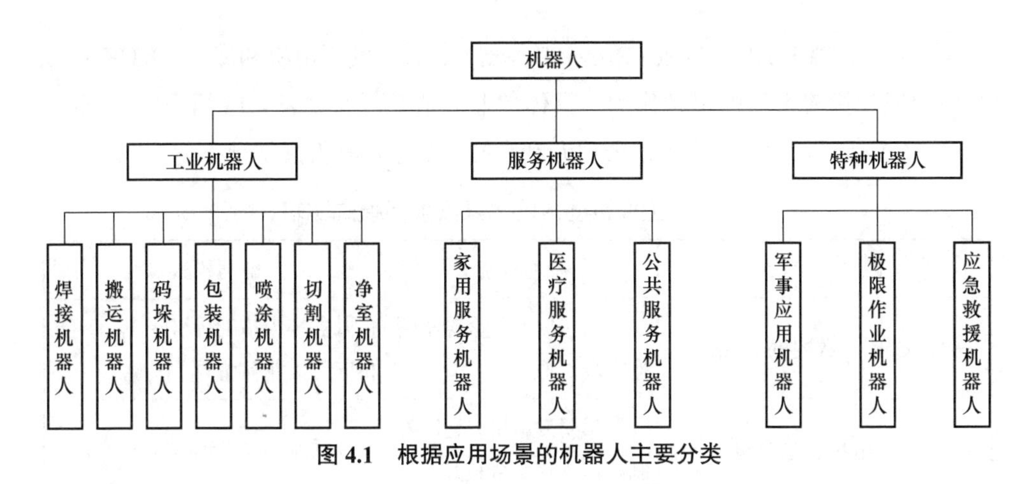

图 4.1　根据应用场景的机器人主要分类

资料来源：中国电子学会

4.1.1　国际发展概况

美国是工业机器人的出生地，早在 1959 年，美国 Unimation 公司就生产出了世界上第一台工业机器人。20 世纪 70—80 年代，美国工业机器人产业发展放缓，机器制造业产能逐步转移到亚洲。日本机器人产业在 20 世纪 80 年代实现了对美国的反超，成为机器人制造大国。如今，日本和欧洲是全球工业机器人市场的两大主角，并且实现了传感器、控制器、精密减速机等核心零部件完全自主化。通过满足具有国际性竞争力的汽车、电子 / 电机产业等企业使用者的严苛要求，以及专门技能的累积，欧洲和日本已经成为全球机器人行业的领导者[13]。

当前，全球机器人市场规模持续扩大，工业、特种机器人市场增速稳定，服务机器人增速突出，技术创新围绕仿生结构、人工智能和人机协作不断深入，产品在教育陪护、医疗康复、危险环境等领域的应用持续拓展，企业前瞻布局和投资并购异常活跃，全球机器人产业正迎来新一轮发展。

工业机器人是最典型的机电一体化数字化装备，技术附加值很高，应用范围很广，作为先进制造业的支撑技术和信息化社会的新兴产业，将对未来生产和社会发展起到越来越重要的作用。其中，工业机器人四大家族，包括日本发那科

（FANUC）、瑞士 ABB（Asea Brown Boveri）、日本安川电机和库卡（KUKA），在该领域发挥着重要的引领作用。具体的业务情况可参见表 4.1。下面以日本发那科（FANUC）为例，浅析该公司专利在国内的布局和发展情况。

表 4.1　工业机器人四大家族业务模式比较

公司	初始业务	核心优势	业务模式
FANUC	数控机床系统	数控机床系统全球垄断性市场份额	以数控为基础，机器人、智能机床三大业务协同
ABB	电机、电力和自动化	最早研发电机，运动控制和自动化结合较好	以系统集成带动本体发展
安川电机	运动控制、电机	伺服电机和变频器等运动控制龙头	以伺服和控制器为基础开发工业机器人
KUKA	焊接设备	本体材料及工艺的创新	以汽车产业集成推动业务发展

发那科（FANUC）公司成立于 1956 年，是世界上最大的专业数控系统生产厂家。自 1974 年发那科公司首台机器人问世以来，发那科公司致力于机器人技术上的领先与创新，是世界上唯一一家由机器人制造机器人的公司，是世界上唯一提供集成视觉系统的机器人企业，是世界上唯一一家既提供智能机器人又提供智能机器的公司。据检索，发那科公司 2000—2019 年在华专利申请总量为 1 000 余件，图 4.2 为发那科公司在华专利申请的技术主题分布图，从图中可以看出，发那科在华申请专利主要集中在 B25J9/16（程序控制）方面，这与发那科公司以数控系统起家有关。其次是 B25J19/00（与机械手配合的附属装置，例如用于监控、用于观察；与机械手组合的安全装置或专门适用于与机械手结合使用的安全装置）、B25J13/08（通过读出装置，如观察或触摸装置）、B25J9/00（程序控制机械手）、B25J13/00（机械手的控制装置）等方面，这些都是与机械手相关的具体领域。机械手是最早出现的工业机器人，也是最早出现的现代机器人，它可代替人的繁重劳动以实现生产的机械化和自动化，能在有害环境下操作以保护人身安全，因而广泛应用于机械制造、冶金、电子、轻工和原子能等部门。

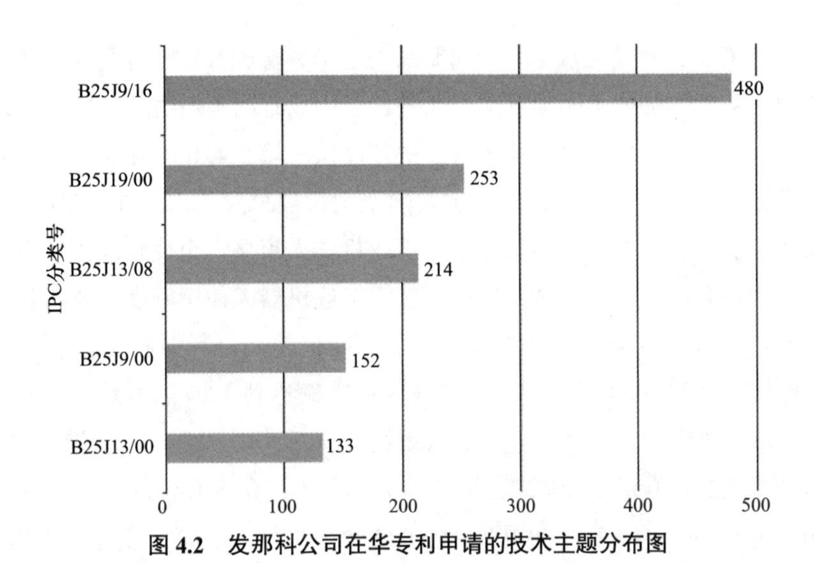

图 4.2　发那科公司在华专利申请的技术主题分布图

图 4.3 为发那科公司在华专利申请类型分布图。由图可知，发那科公司在中国的全部专利 90% 以上为发明专利，实用新型占 7.9%，外观设计占 1.9%，从发那科公司在华专利申请总量和专利申请类型可以看出，发那科公司在中国的专利布局已经形成系统，无论从数量上还是质量上，都显示出极强的布局实力。对于现在以技术输出为主的日本企业来讲，中国目前的经济发展势头强劲，但科技实力与发达国家还存在一定差距，中国市场的诱惑力远大于美国和欧洲。并且，中日毗邻，地缘关系较为紧密，也为日本机器人产业进驻中国市场提供了很大的便利。

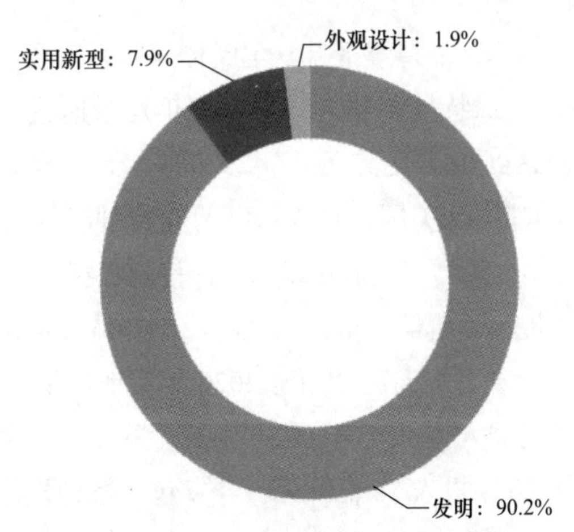

图 4.3　发那科公司在华专利申请类型分布图

目前，工业机器人在汽车、金属制品、电子、橡胶及塑料等行业已经得到广泛的应用。随着性能的不断提升，以及各种应用场景的不断明晰，2013 年以来，工业机器人的市场规模正以年均 12.1% 的速度快速增长。IFR 报告显示，2017 年中国、韩国、日本、美国和德国等主要国家销售额总计约占全球销量的 3/4，这些国家对工业自动化改造的需求激活了工业机器人市场，也使全球工业机器人使用密度大幅提升，目前在全球制造业领域，工业机器人使用密度已经达到 85 台 / 万人。2017 年全球工业机器人销售额达到 154 亿美元，其中亚洲销售额 99.2 亿美元，欧洲销售额 29.3 亿美元，北美地区销售额达到 19.8 亿美元。从市场规模来看，2013—2018 年，全球工业机器人市场规模一直处于稳步上升趋势，2018 年已经达到 168.2 亿美元。从全球工业机器人的年安装量变化情况来看，据 IFR 统计，2018 年中国机器人产量提升到 147 682 台，北美、日本、韩国和德国的安装量比重略有下滑。整体来看，2018 年亚太地区依然是工业机器人产量增量最大的市场[14]。

全球服务机器人市场规模逐年增长，相比日趋成熟的工业机器人，服务机器人市场空间更为广阔。服务机器人目前仅有部分国防机器人、家用清洁机器人、农业机器人实现了产业化，而技术含量更高的医疗机器人、康复机器人等仍然处于研发试验阶段。2014 年以来全球服务机器人市场规模年均增速达 21.9%，2018 年全球服务机器人市场规模达到 82.9 亿美元。虽然较之前的预期偏低，但依然维持着较为迅速的增长态势。

全球特种机器人整机性能持续提升，不断催生新兴市场，引起各国政府高度关注。2013 年以来，全球特种机器人产业规模年均增速达 12.8%，2018 年全球特种机器人市场规模达到 36.6 亿美元；至 2020 年，预计全球特种机器人市场规模将达 45.3 亿美元。其中，美国、日本和欧盟在特种机器人创新和市场推广方面全球领先。美国提出“机器人发展路线图”，计划将特种机器人列为未来 15 年重点发展方向。日本提出“机器人革命”战略，涵盖特种机器人、新世纪工业机器人和服务机器人三个主要方向，计划至 2020 年实现市场规模翻番，扩大至 12 万亿日元，其中特种机器人将是增速最快的领域。欧盟启动全球最大民用机器人研发项目，计划到 2020 年投入 28 亿欧元，开发包括特种机器人在内的机器人产品并迅速推向市场。

4.1.2　国内发展概况

我国机器人生产起步于工业机器人，20 世纪 70 年代初由于国家在资金、技术、人才方面的缺失，导致机器人产业发展缓慢。改革开放以来，立足世界发展趋势，机器人发展被重提，但是进展不大。现阶段，我国机器人应用逐步深入各个行业，为人们的生产生活带来了许多实惠，既有代替传统劳动力的工业类机器人，也有为人们生活服务的服务类机器人，如扫地机器人、儿童陪伴机器人，还有能执行特种复杂任务的特种机器人等[15]。

随着人工智能的不断发展，机器人也变得越来越智能，一般来说，智能机器人包括结构、结构本体、驱动传动、能源动力、感知等系统。机器人核心部件包括伺服电机、减速器及控制器、驱动器及传感器。目前，我国机器人技术发展迅速，但是核心技术和关键设备仍然依赖进口，如谐波减速器主要用于轻型机器人或机器人腕部关节，由波发生器、柔轮和钢轮组成，具有减速比大、齿隙小、精度高、零部件少、安装方便及体积小、重量轻等优点。目前，国际上谐波减速器市场几乎被日本垄断。而我国现有的机器人生产和研究更多是模仿国外发达国家，受制于人，以发展较为成熟的工业机器人的平均故障时间来看，国外工业机器人稳定性可达到 10 万小时，明显高于国内机器人同类指标的平均水平。由于我国机器人技术水平落后，智能化程度不高，当机器人在应用过程中出现故障后，自我修复和解决能力不强，导致在机器人日常维护、专业人士的聘请、部件更换等方面投入巨大，最终阻碍了行业的发展。

早在2006年2月，国务院发布《国家中长期科学和技术发展规划纲要（2006—2020 年）》，首次将智能机器人列入先进制造技术中的前沿技术。但在较长时间内，由于技术和市场需求的限制，我国机器人发展较为缓慢。2015 年，国务院从国家战略层面确立了建设世界制造业强国的战略目标，指出了实现制造强国目标的发展路径，并明确了 9 项战略任务和 10 大重点领域，机器人被列为国家 10 大重点领域之一。围绕汽车、机械、电子、危险品制造、国防军工、化工、轻工等工业机器人、特种机器人，以及医疗健康、家庭服务、教育娱乐等服务机器人应用需求，积极研发新产品，促进机器人标准化、模块化发展，扩大市场应用。突破机器人本体、减速器、伺服电机、控制器、传感器与驱动器等关键零部件及系统集成设计制造等技术瓶颈。

2016 年 4 月，工信部、发改委、财政部联合印发《机器人产业发展规划（2016—2020 年）》，明确到 2020 年，自主品牌工业机器人年产量达到 10 万台，六轴及以上工业机器人年产量达到 5 万台以上。服务机器人年销售收入超过 300 亿元，在助老助残、医疗康复等领域实现小批量生产及应用。培育 3 家以上具有国际竞争力的龙头企业，打造 5 个以上机器人配套产业集群。2016 年 12 月，工信部制定了《工业机器人行业规范条件》（工信部 2016 年第 65 号公告），加强工业机器人产品质量管理，从综合条件、企业规模、质量要求、研发创新能力、人才实力等方面对工业机器人本体生产企业和工业机器人集成应用企业提出要求。2018 年，各地方政府大力支持发展机器人，陕西、辽宁、黑龙江、福建、河北、江苏等省均已出台支持机器人应用的相关优惠政策。

目前，中国机器人产业已基本形成从上游核心零部件制造，到中游本体制造，再到下游系统集成服务的完整产业链条，如图 4.4 所示。我国机器人产业类型覆盖工业机器人、服务机器人和特种机器人三大类，与全球主流应用产品类型基本保持一致。

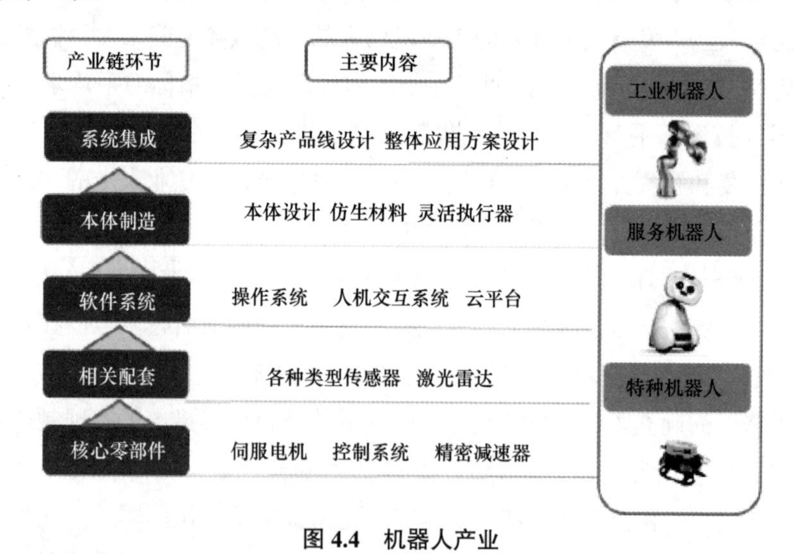

图 4.4　机器人产业

从区域角度看，我国长三角和珠三角地区工业机器人产业链最为完备，工业机器人相对发达；京津冀地区智能机器人产业链相对成熟，服务机器人和特种机器人最为领先；东北地区以机器人本体研发及生产企业为主，大部分聚焦工业机器人的本体制造与整机组装，在全国处于上游水平。

我国工业机器人市场发展较快，约占全球市场份额的三分之一，是全球第一大工业机器人应用市场。2017 年，我国工业机器人保持高速增长，销量同比增长 30%。按照应用类型分，2017 年国内市场的搬运上下料机器人占比最高，达 65%，其次是装配机器人，占比 15%，高于焊接机器人 6 个百分点。按产品类型来看，2017 年关节型机器人销量占比超 60%，是国内市场最主要的产品类型；其次是直角坐标型机器人和 SCARA 机器人，近年来两者销量占比在逐渐增大，上升速度高于其他类型机器人产品。当前，我国生产制造智能化改造升级的需求日益凸显，工业机器人的市场需求依然旺盛，据 IFR 统计，2017 年我国工业机器人销量达 13.8 万台，预计到 2020 年，国内市场规模将进一步扩大到 93.5 亿美元。

同时，我国服务机器人的市场规模快速扩大，成为机器人市场应用中颇具亮点的领域。截至 2017 年年底，我国 60 岁及以上老年人口有 2.41 亿人，占总人口 17.3%。随着人口老龄化速度加快，以及医疗、教育需求的持续旺盛，我国服务机器人存在巨大市场潜力和发展空间。到 2020 年，随着停车机器人、超市机器人等新兴应用场景机器人的快速发展，我国服务机器人市场规模有望突破 40 亿美元。

当前，我国特种机器人市场保持较快发展，各种类型产品不断出现，在应对地震、洪涝灾害和极端天气，以及矿难、火灾、安防等公共安全事件中，对特种机器人有着突出的需求。随着我国企业对安全生产意识的进一步提升，将逐步使用特种机器人替代人在危险场所和危害环境中进行作业。到 2020 年，特种机器人的国内市场需求规模有望达到 10.7 亿美元。

4.1.3　辽宁省发展概况

机器人产业作为高端智能制造的代表，是推动制造业转型升级的新动力，是抢占新一轮科技和产业竞争制高点的战略性产业。为打造具有国际竞争力的机器人及智能装备产业基地，形成新的产业优势和经济增长点，推动辽宁老工业基地转型升级，辽宁陆续出台了多项相关政策，保障机器人产业的发展。

2013 年，辽宁省财政厅、省科技厅发布的《辽宁省科技创新重大专项资金管理暂行办法》中明确指出“资金重点支持智能型工业机器人……支持以企业为主体，鼓励产学研相结合的多学科、跨单位联合攻关；支持上下游产业配套，鼓励核心关键部件开发”。

2015 年 1 月，辽宁省政府出台了《辽宁省推进机器人产业发展的实施意见》，确定规划目标：“在未来 3 年至 5 年内，开发出满足用户需求的机器人系统集成技术、主机设计技术及关键零部件制造技术，实现一批核心技术和关键零部件产品的突破，提升量大、面广主流产品的可靠性和稳定性指标，在重要工业制造领域推进机器人的规模化示范应用，支撑和推动智能装备产业发展。”

2015 年 8 月，辽宁省政府印发《辽宁省科技创新驱动发展实施方案》进一步指出：在工业机器人与专用机器人产业链方面，重点面向汽车、数控机床、机械加工等行业需求，开发具有国际竞争力的加工、装配用工业机器人及系列自动化产品。支持中科院自动化所、新松机器人自动化股份有限公司（简称新松公司）建立“机器人与智能制造创新研究院”，着力打破基础研究、应用开发、中试、产业化和商品化之间的障碍，拉长机器人产业链条，力争率先建成具有中国特色、在国际上有重要影响的机器人与智能制造科技创新基地。

辽宁省机器人本体研发及生产企业占比较大，大部分聚焦工业机器人的本体制造与整机组装。辽宁省机器人产业核心零部件平均国产化率仅低于长三角和珠三角等地区，在工业机器人技术储备方面具有较强竞争力，已形成自主技术引领、产品体系完备、应用领域广泛等主要特点，研发与应用的正向循环初步建立。在龙头企业加速扩张的同时，辽宁省机器人中小企业的产业配套环境与发展空间受到一定程度的限制，与长三角和珠三角地区相比存在不小的差距。

辽宁省的机器人产业规模效益处于全国中上游水平，机器人本体产品销售与自主品牌价值总体向好。作为我国工业机器人产业发展的重要区域，辽宁省通过龙头企业的产业链整合与集聚能力，重点打造集本体整机制造、零部件研发生产、应用系统集成于一体的产业园区与制造基地。

在辽宁全省范围内，新松公司产品线最齐全、市场占有率最高，产能占到全省的 95% 以上。2013 年度新松公司销售工业机器人 2 000 余台（套），占据国产机器人市场份额 27% 以上，占据中国机器人市场份额 5.4%。中科院沈阳自动化研究所在自主水下机器人和飞行机器人研发生产方面也取得了较好的成绩。中科院沈阳自动化研究所依托机器人学国家重点实验室，长期从事特种机器人，尤其是飞行机器人和水下机器人的研发工作。实验室项目组主要研发、生产面向工程应用的大荷载旋翼无人机、自主飞行控制系统以及无人机相关产品，现有系统技术水平在国内处于领先地位，并在救灾救援、反恐侦察、科学试验等军事及民用领域成功应用，受到了党和国家领导人的多次视察和批示。水下机器人目前已形成大、中、小型水下机器人系列产品，并在国际、国内开展了各种水下工程服务[16]。

机器人产业专利申请数量整体呈上升发展趋势，2013 年以后专利申请量急速增长。辽宁省专利申请量的增长趋势与全国整体趋势相似，由于地方政策的滞后性等原因，其增长的拐点与全国专利申请量拐点稍有不同。辽宁省的申请总量在全国排名较为靠前，也显示了辽宁省在机器人方面的优势。辽宁省关于机器人领域的研究热点与全国的研究热点基本一致，研究方向与国家整体研究发展方向也较为接近。辽宁的部分企业在机器人研究方面比较突出，在全国也极具优势，表现出较强的研发和创新能力，这也是辽宁目前的优势所在。

4.2　历年专利申请量分析

图 4.5 为全国机器人产业历年专利申请量趋势图。从总体上看，中国机器人产业专利申请数量在上述期间呈上升发展趋势，2000 年至 2013 年专利申请量平稳增长，这说明该时期为机器人产业的萌芽和探索阶段。

2013 年以后，专利申请量急速增长，这说明该时期为机器人产业的急速发展阶段，目前来看，未来一段时间里，这种趋势还将继续维持。这与机器人领域的国家相关鼓励政策有很大关联。2013 年年底，工业和信息化部发布《关于推进工业机器人产业发展的指导意见》；2016 年，工业和信息化部联合国家发展和改革委员会、财政部下发《机器人产业发展规划（2016—2020年）》（以下简称《规划》）。《规划》提出总体发展目标，“两突破”“三提升”的指导思想以及五项主要任务，描绘了2020年中国机器人产业的发展蓝图，这对中国机器人产业的发展极其重要。

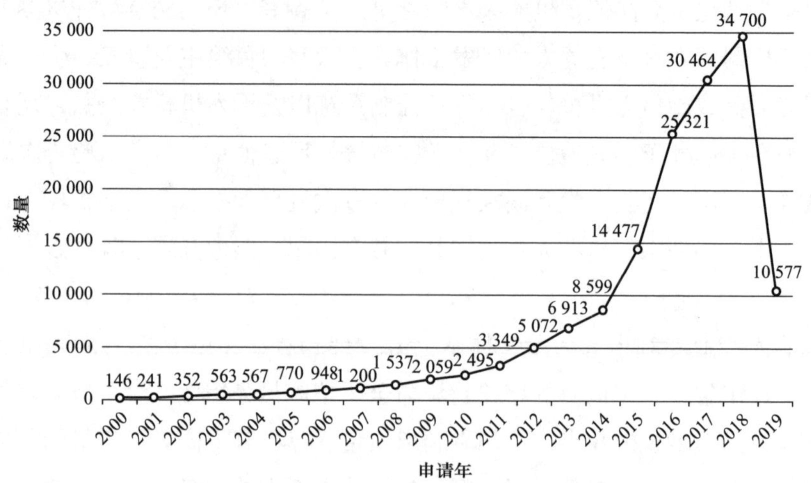

图 4.5　全国机器人产业历年专利申请量趋势图

图4.6为辽宁省机器人产业历年专利申请量趋势图。从总体上看，专利申请数量虽然有一定的波动，但整体呈现上升发展趋势，2015—2016年的增长趋势尤其迅猛，专利申请量年增长200余件。2015年1月，辽宁省政府出台了《辽宁省推进机器人产业发展的实施意见》，提出到2020年的发展目标：产业规模方面，生产能力达到3万台（套），机器人及智能装备产品主营业务收入突破500亿元；龙头企业方面，国内市场占有率超过30%，规模跻身国际企业前列；技术创新方面，实现100项以上重大技术和产品突破；自主配套方面，自主配套率超过80%。2015年8月，辽宁省政府印发《辽宁省科技创新驱动发展实施方案》，重点支持机器人产业发展。2016年4月，工信部、发展改革委、财政部联合印发《机器人产业发展规划（2016—2020年）》，明确了机器人行业发展目标。这一系列政策的出台，极大地调动了企业和市场的积极性，促进了机器人行业快速发展，创新能力也随之提高，专利申请量激增。

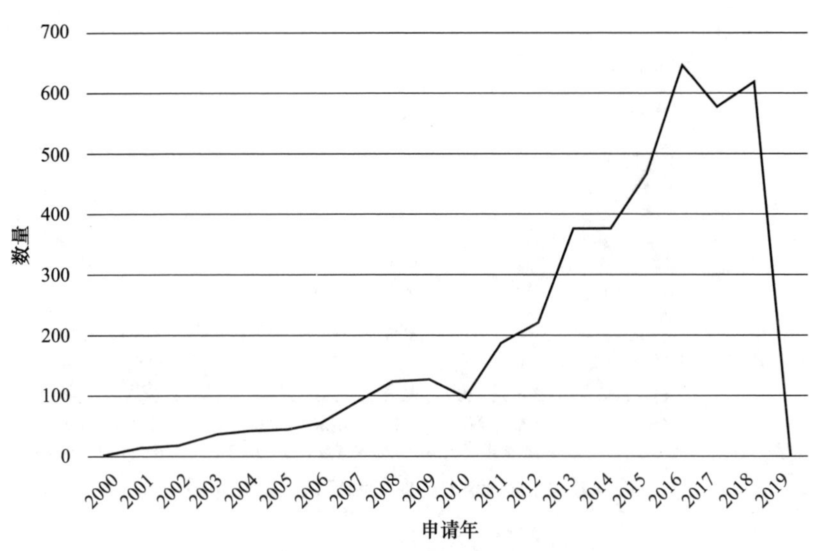

图 4.6　辽宁省机器人产业历年专利申请量趋势图

4.3　专利申请区域分布分析

图 4.7 为全国机器人产业专利申请区域分布图。从机器人产业专利数量上分析，辽宁省专利申请数量居于全国第八位，显示了辽宁省作为全国机器人产业传统强省的实力，在科研能力上仍居全国先进水平。辽宁省机器人产业优势由来已久，拥有国家级机器人研究机构——中科院沈阳自动化研究所，以及东北大学、大连理工大学、沈阳工业大学等高校科研力量。截至 2015 年，全省机器人整机、系统集成及零部件制造企业共 24 家，综合实力位居全国前列。辽宁省的机器人产业基地已有 3 个：沈阳机器人产业园、沈抚新城机器人产业基地和大连金州新区国家智能装备产业示范基地。以三大产业基地为支点，辽宁省围绕产业链要素，带动相关资源整合，积极发展壮大机器人产业，已取得阶段性成果。

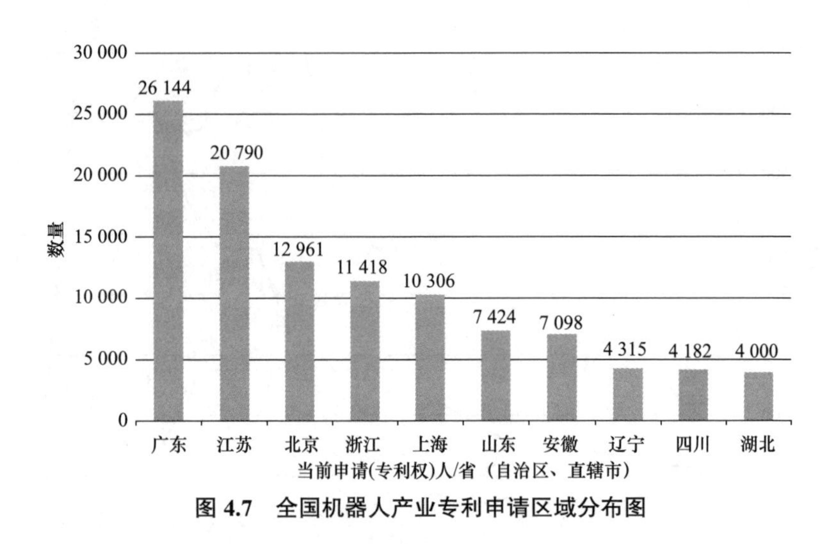

图 4.7　全国机器人产业专利申请区域分布图

4.4　技术主题分布分析

图 4.8 为全国机器人产业专利申请 IPC 分布图。从 IPC 分类排名来看，该领域专利热点主要集中在 B25J11/00（不包含在其他组的机械手）、B25J9/16（程序控制）、B25J19/00（与机械手配合的附属装置，例如用于监控、用于观察；与机械手组合的安全装置或专门适用于与机械手结合使用的安全装置）、B25J9/00（程序控制机械手）等几个组，这说明机械手和机械手相关的装置是机器人领域的重要研究方面。根据 IPC 分类的解释，“机械手”包括操纵工具、装置或机械，它们具有能够在空间整体运动并改变方位的夹紧器工作头，这种整体运动和方位变化能由远离工作头的装置控制，例如，程控工业机器人。

图 4.9 为辽宁省机器人产业专利申请 IPC 分布图。从 IPC 分类排名来看，该领域专利热点主要集中在 B25J11/00（不包含在其他组的机械手）、B25J19/00（与机械手配合的附属装置，例如用于监控、用于观察；与机械手组合的安全装置或专门适用于与机械手结合使用的安全装置）、B25J9/16（程序控制）、B25J9/00（程序控制机械手）、B25J5/00（装在车轮或车厢上的机械手）几个组，可以看出辽宁省关于机器人领域的研究热点与全国的研究热点基本一致，研究方向与国家整

体研究发展方向基本吻合。尤其值得一提的是，B25J5/00（装在车轮或车厢上的机械手）在全国排名未进入前十，在辽宁省机器人产业中却位居前列，主要是因为辽宁在机械装置和汽车设备相关的领域基础较好，自动化程度较高，这也是机器人领域专利布局的主要方向之一。

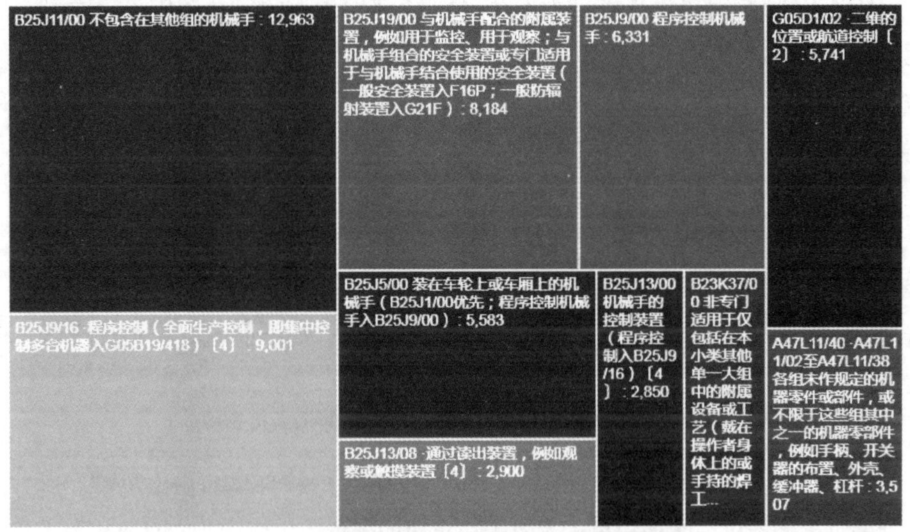

图 4.8　全国机器人产业专利申请 IPC 分布图

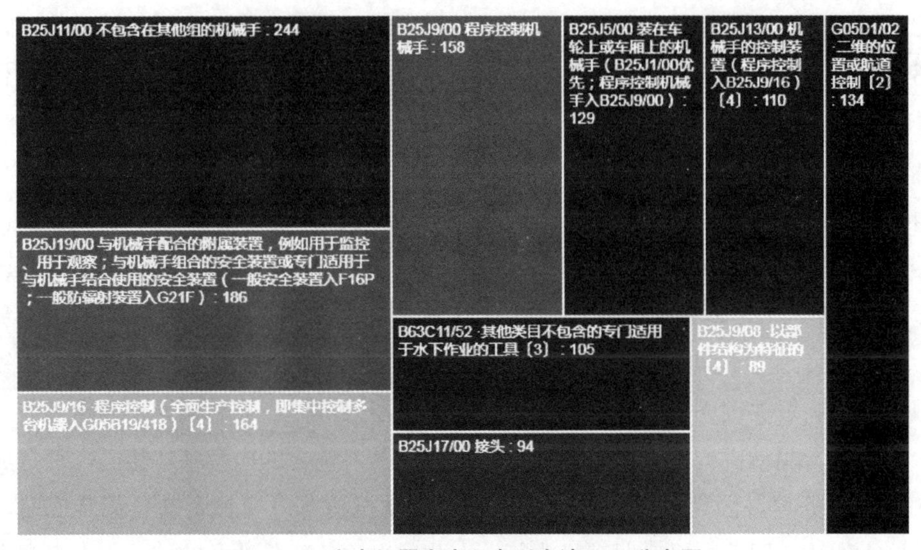

图 4.9　辽宁省机器人产业专利申请 IPC 分布图

4.5 关键技术发展方向

图 4.10 为全国机器人产业专利申请创新词云排布图。从图中可以看到，智能机器人出现频次最多，其次为固定连接、机械臂、机器人外观和工业机器人。这说明该领域内的重点研发主题为智能机器人、工业机器人、机械臂以及相关的连接和控制，这与 IPC 分类相吻合。

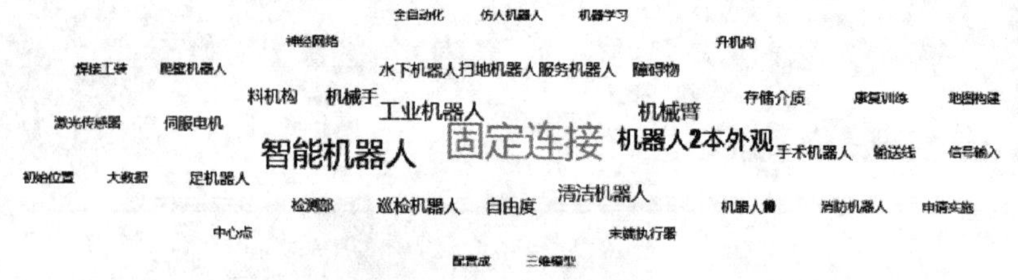

图 4.10　全国机器人产业专利申请创新词云排布图

智能机器人（智能化工业机器人）可以感知并分析环境后做出决策，这方面隐藏着巨大的商机。工业机器人占有十分重要的地位，主要因为它是将机器人技术用于制造业，能自动执行工作，且靠自身动力和控制能力来实现各种功能的一种机器，目前中国生产制造智能化改造升级的需求日益凸显，工业机器人需求依然旺盛。同时，机器人在零售、物流、医疗、农业、工业等领域应用逐渐普及，许多企业意识到机器人即将改变世界局势，力求在智能革命中抢占先机，研发机器人感知、处理、交流与行动技术的公司更多，辅助消费者日常生活服务应用的机器人与自动化公司也日渐增加。图中显示，机器人外观也是较为高频的词汇，说明目前机器人的发展不只单纯注重其功能性，也开始在意其整体造型设计。另外，图 4.10 还显示清洁机器人出现频次较多，表明近年来清洁机器人已成为产业研发和应用热点。

图 4.11 为全国机器人产业专利申请关键词旭日图。从图中可以看出，该领域涉及的一级关键词中，智能机器人包含了机器人本体、控制模块、固定安装、智能服务、驱动机构等二级关键词，与工业机器人包含的内容基本相同，只是加入智能服务等。固定连接包含了输出轴、驱动机构等。机械臂包含固定安装、机器人本体、驱动电机、驱动机构等。由此看出，各部分涉及的技术焦点多有重

合，发展的方向有许多相似之处。

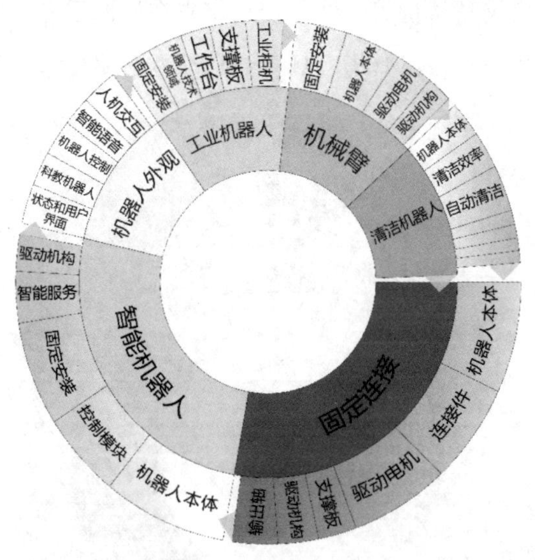

图 4.11　全国机器人产业专利申请关键词旭日图

图 4.12 为辽宁省机器人产业专利申请创新词云排布图。从图中可以看到，辽宁省机器人产业的研发主题主要是水下机器人、工业机器人、驱动电机、行走机构、自由度、机械手等，其中工业机器人与全国的创新词云有重合之处，但总体上与国内发展方向略有差异，在水下机器人、驱动电机、行走机构的研发方面存在自身的地域特色。

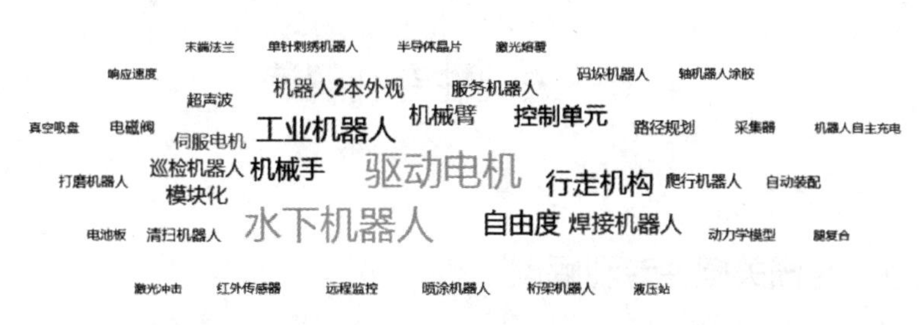

图 4.12　辽宁省机器人产业专利申请创新词云排布图

图 4.13 为辽宁省机器人产业专利申请关键词旭日图。从图中可以看出，工业机器人的二级关键词与全国机器人产业旭日图相似，此处不再赘述。辽宁具有地域特色的几个方向，如水下机器人方面的二级关键词为密封舱、水下机器人回

收等；驱动电机方面的二级关键词为旋转轴、驱动单元等；行走机构方面的二级关键词为升降机构、夹持机构等。此外，辽宁省在机械手方面专利较多，与全国情况略有不同。通过对比可以看出，辽宁省机器人产业在上述相关领域的研发较多，创新能力较强。

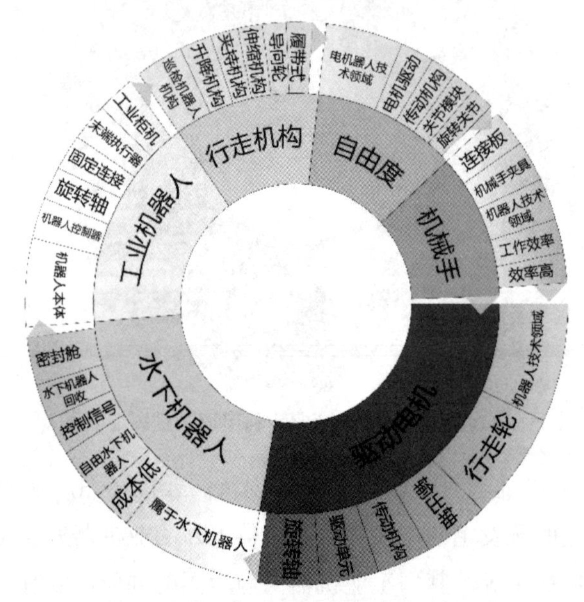

图 4.13　辽宁省机器人产业专利申请关键词旭日图

4.6　关键性专利解读

4.6.1　全国关键性专利解读

机器人的使用目前已经涉及各行各业，例如，在变电站领域，变电站绝缘子长时间暴露在外界环境中，表面易沉积污垢，这些污垢受恶劣天气影响容易发生污闪事故。绝缘子带电水冲洗作业可以提高供电的可靠性，减少停电损失，保证变电站及输电线路的安全。现阶段的变电站绝缘子冲洗作业主要存在以下缺点：

（1）冲洗方式大多由清洗技术人员手持冲洗设备进入现场进行作业，人工冲洗不仅依赖于天气情况，还需要清洗人员具备较高的技术水平及熟知操作流程，对绝缘子进行带电水冲洗时需要高规格的安全防护，以避免短路电流造成安全事故，引发人员伤亡，这类作业方式存在安全隐患。

（2）人工作业面临着劳动强度大，效率低，自动化水平低等诸多问题；带电水冲洗技术要求较高，受环境、积污情况、设备爬距、设备布置方式等多种因素影响，人工冲洗时容易发生设备闪络。

（3）考虑到带电水冲洗作业受到冲洗角度、水压等多方面的影响，人工作业有时不能把设备外绝缘表面的污物完全冲走。对于特殊地理位置的绝缘子，采用单独的水冲洗机器人也存在无法保证对变电站绝缘子进行全方位有效冲洗的问题，因此，需要辅助冲洗设备与主冲洗机器人进行配合工作，才能实现对绝缘子各个位置的有效冲洗。

（4）现有的水冲洗设备自动化程度不高、效率低、能耗大，存在着很大的安全隐患。同时，现有水冲洗设备不具备纯水制备功能，需要配套专门的纯水制备装置，设备占地面积大，在场地空间较小的环境下，不能够实现灵活的控制；或者纯水制备能力较差，导致冲洗作业时存在安全隐患。因此，利用更安全和效率更高的机器人代替人工对变电站绝缘子进行水冲洗作业是非常必要的。

国网智能科技股份有限公司（曾用名：山东鲁能智能技术有限公司）于 2014 年 9 月 10 日向中国国家知识产权局提交了名为“变电站带电水冲洗机器人系统及方法”的发明专利申请，解决了上述问题。该申请于 2017 年 2 月 15 日获得专利授权，授权公告号为 CN104998850B。该项专利权利主体于 2019 年 10 月 1 日由山东鲁能智能技术有限公司变更为国网智能科技股份有限公司。该专利获得第 21 届中国专利奖金奖。表 4.2 列出了 CN104998850B 专利附加信息，图 4.14 所示为 CN104998850B 摘要附图。

表 4.2　CN104998850B 专利附加信息

同族专利	WO2016037559A1　CN104998850A　PH12017500429A1
被引用文献	CN105214989A　CN107962015A　CN107962996A　CN107994490A

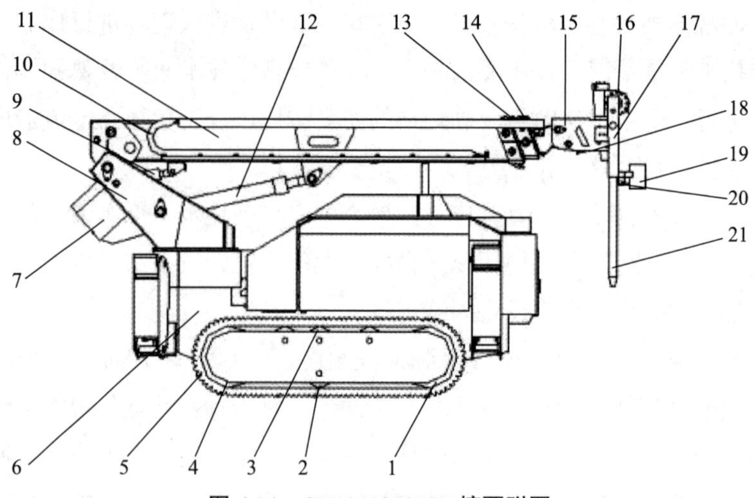

图 4.14　CN104998850B 摘要附图

该专利公开了变电站带电水冲洗机器人系统及方法，主冲洗机器人、辅助冲洗机器人、纯水制备装置；所述主冲洗机器人和辅助冲洗机器人分别与纯水制备装置通过高压管路连接；主冲洗机器人包括车体移动机构、升降机构和水枪冲洗机构；所述车体移动机构通过回转支承与升降机构的回转平台相连，升降机构的回转平台上安装有多节、多级伸缩臂，所述多节、多级伸缩臂通过调平油缸与水枪冲洗机构连接。该装置利用机器人代替人工完成变电站绝缘子冲洗作业，使操作人员位于安全区域内，保障了操作人员的安全，降低了劳动强度，提高了冲洗效率和自动化水平。

该专利权利要求 1 记载的内容：一种变电站带电水冲洗机器人系统，其特征包括主冲洗机器人、辅助冲洗机器人、纯水制备装置；所述主冲洗机器人和辅助冲洗机器人分别与纯水制备装置通过高压管路连接；所述主冲洗机器人包括车体移动机构、升降机构和水枪冲洗机构；所述车体移动机构通过回转支承与升降机构的回转平台相连，升降机构的回转平台上安装有多节、多级伸缩臂，所述多节、多级伸缩臂通过调平油缸与水枪冲洗机构连接；所述辅助冲洗机器人包括车体移动机构、垂直升降机构和水枪冲洗机构；辅助冲洗机器人的垂直升降机构与车体移动机构连接，垂直升降机构安装有多级伸缩臂，垂直升降机构通过多级伸缩臂与水枪冲洗机构连接。

国网智能科技股份有限公司主要专注于机器人相关人工智能产业的投资与开发，本节中该公司的专利技术难度较高，设计能力强，对于变电站绝缘子冲洗作业有一定的改进提升，创新程度高，同时能够对同行业竞争对手建立一定的专利壁垒，市场吸引力大。该专利 IPC 分类涉及 B08B3/02（用喷射力来清洁）、B08B13/00（一般用于清洁机器或设备的附件或零件）等，并且被多个后来专利所引用，可见其在该相关领域的技术前瞻性。

4.6.2　辽宁省关键性专利解读

随着电子、航天、军事和生物医药等工业的不断发展，现代工业产品和现代科学实验活动要求微型化、精密化、高纯度、高质量和高可靠性，要求半导体元器件在相当高的洁净度环境下加工。

用于半导体器件搬运的小型机器人，必须能够适应高洁净度且空间狭小的使用环境，同时满足结构简单紧凑、刚度高，运动灵活可靠，重复定位精度高和可靠性高的要求。

为了提高工作效率，通常将两组机械手臂安装在同一回转平台上，当一组手臂取片之后，另一组手臂可以放片。目前国内外最常见的用于洁净环境的双手臂搬运机器人主要有双臂独立驱动伸缩型机器人和双臂公用驱动伸缩型机器人。前者的每组手臂的伸缩各需要 1 个驱动器，每组手臂的回转公用 1 个驱动器，故共需 3 个驱动器，后者的两组手臂的伸缩公用 1 个驱动器，公用 1 个回转驱动器，共需 2 个驱动器。Kensington Laboratories 申请的专利 US5765444（图 4.15）公布了一种双臂独立驱动伸缩的手臂机构。日本 Daikin 公司的专利 US5857826（图 4.16）采用一种双臂伸缩共用一个驱动的机器人，其手臂部分在高度上分为两层，即大臂和小臂。公用驱动连杆和辅助连杆位于大臂和小臂之间。为了给公用驱动连杆和辅助连杆的运动留空间，大臂和小臂的部分厚度必须减薄，导致大小臂的刚度降低。Hosek Martin 申请的专利 WO2008124108（图 4.17）提出采用 Watt 六杆机构实现两组 SCARA（Selective Compliance Assembly Robot Arm，选择顺应性装配机器手臂）手臂的伸缩控制，其等腰三角形的公用驱动连杆与 SCARA 手臂的大臂转轴有明显的重叠区域。为避免运动干涉，公用驱动连杆和辅助连杆只能安装在 SCARA 手臂大臂上方，为节省空间，通常要求公用驱动连杆和辅助连杆的厚度不超过小臂的厚度，导致刚度降低。

1．**Kensington Laboratories** 申请的美国专利（数据来源：欧洲专利局）

Dual end effector， multiple link robot arm system with corner reacharound and extended reach capabilities –Abstract of US5765444

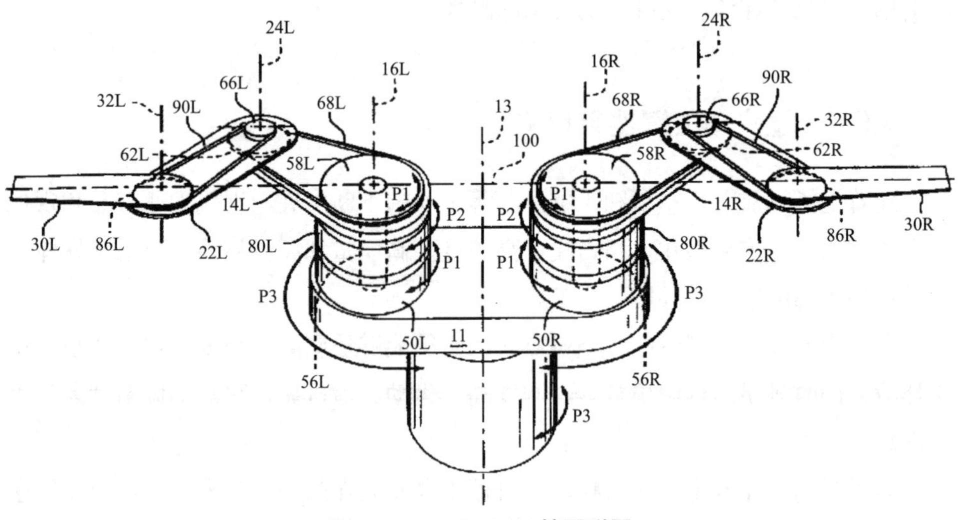

图 4.15 US5765444 摘要附图

A multiple link robot arm system has straight line motion, extended reach, corner reacharound, and continuous bidirectional rotation capabilities for transporting specimens to virtually any location in an available work space that is free of lockout spaces. Each of two embodiments includes two end effectors or hands. A first embodiment comprises two multiple link robot arm mechanisms mounted on a torso link that is capable of 360 degree rotation about a central axis. Each robot arm mechanism includes an end effector having a single hand. A second embodiment has only one of the robot arm mechanisms and has an end effector with two oppositely extending hands. Each robot arm mechanism uses two motors capable of synchronized operation to permit movement of the robot arm hand along a curvilinear path as the extension of the hand changes. A third motor rotates the torso link about the central axis and permits rotation of the torso link independent of the motion of the robot arm mechanism or mechanisms mounted to it. The presence of the rotatable torso link together with the independent robot arm motion provides a high speed, high throughput robot arm system that operates in a compact work space.

2. 日本 Daikin 公司的美国专利（数据来源：欧洲专利局）

Work transporting robot and semiconductor device manufacturing apparatus – Abstract of US5857826

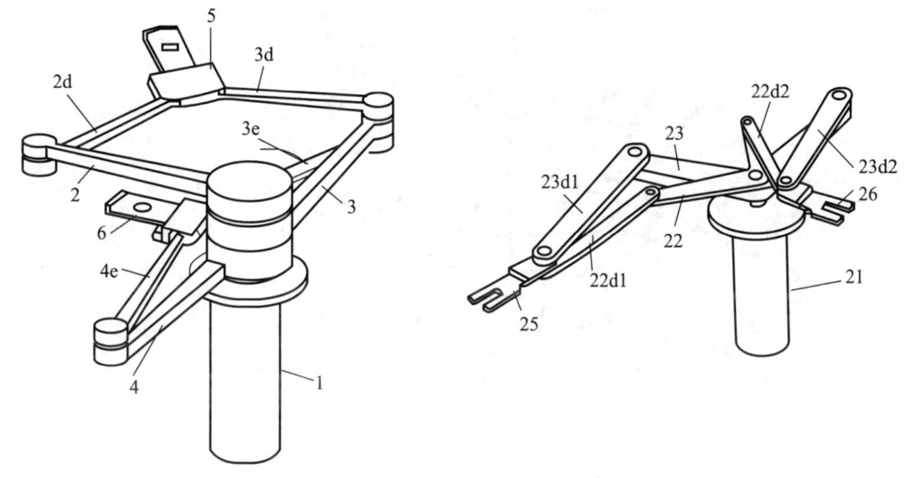

图 4.16　US5857826 摘要附图

A work transporting robot includes a first, second and third arms each of which is rotationally moved around a common axis by individual driving source within a plane, the plane being parallel to one another, a pair of first coupled arms each of which is rotatably connected its one end to a leading edge section of the second arm which is disposed intermediate position of the first and third arms, and a leading edge section of one of the first and third arms, a first work supporting table which is connected to the other end of the pair of first coupled arms, a pair of second coupled arms each of which is rotatably connected its one end to a leading edge section of the second arm which is disposed intermediate position of the first and third arms, and a leading edge section of the other of the first and third arms, and a second work supporting table which is connected to the other end of the pair of second coupled arms, and wherein the first and third arms are disposed in the same side to one another with respect to a plane which includes the axis and the second arm.

3．Hosek Martin 申请的美国专利（数据来源：欧洲专利局）

Substrate transport apparatus with multiple independently movable articulated arms−Abstract of WO2008124108

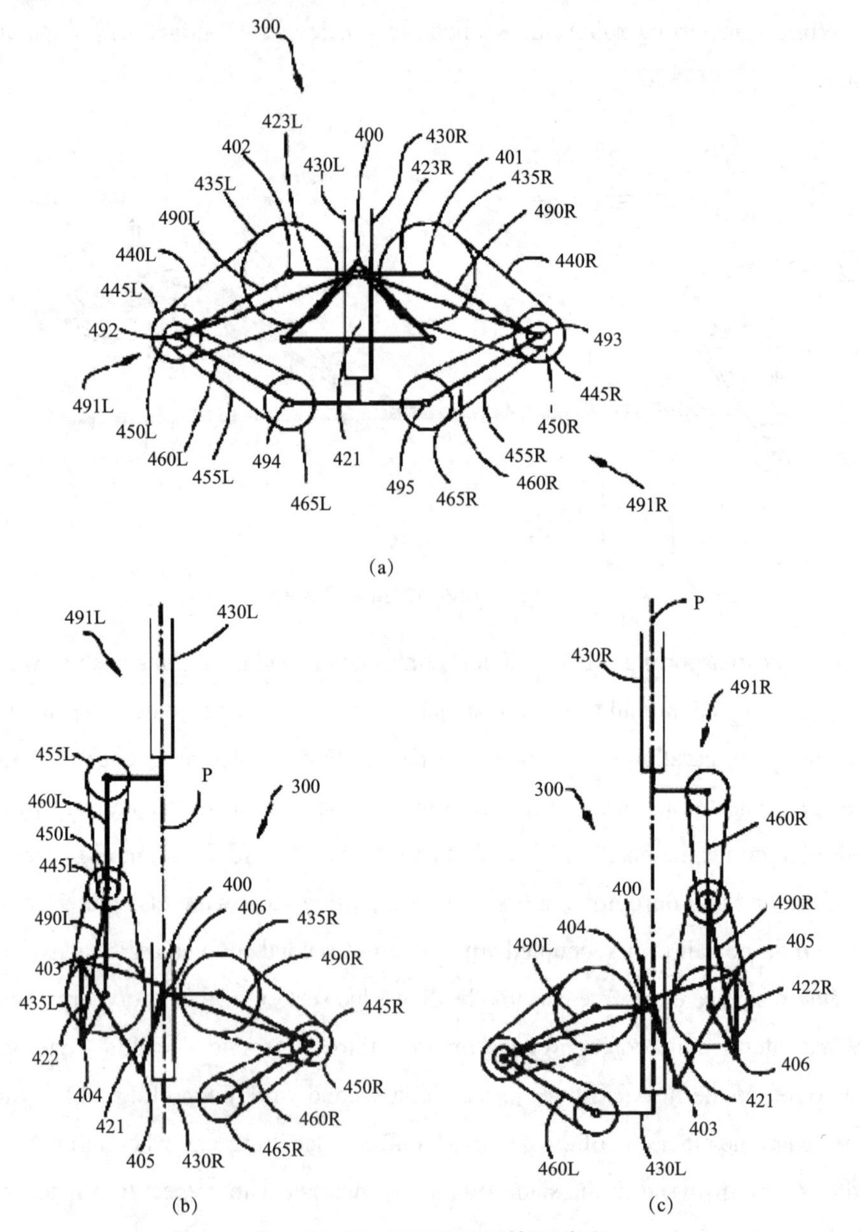

图 4.17　WO2008124108 摘要附图

A substrate transport apparatus including a drive section having at least one drive shaft and at least two scara arms operably coupled to the at least one drive shaft, the at least one drive shaft being a common drive shaft for the at least two scara arms effecting extension and retraction of the at least two scara arms, wherein the at least two scara arms are coupled to each other so that, with the at least one drive shaft coupled to the at least two scara arms, rotation of the drive shaft effects extension and retraction of one of the at least two scara arms substantially independent of motion of another of the at least two scara arms.

沈阳新松机器人自动化股份有限公司于 2010 年 11 月 30 日向中国国家知识产权局提交了名为“平面多关节型机器人手臂机构”的发明专利申请。该申请于 2014 年 6 月 18 日获得专利授权，授权公告号为 CN102476383B。该专利在 2019 年被授予第一届辽宁省专利奖二等奖。该授权专利公开了一种平面多关节型机器人手臂机构。表 4.3 所示为 CN102476383B 专利附加信息。图 4.18 所示为该授权专利的摘要附图。

表 4.3　CN102476383B 专利附加信息

同族专利	CN102476383A
引用文献	JP2000243809A　JPH0492446A　KR20070090419A CN1405839A　CN1617789A　CN1701432A CN1939674A　CN201881384U　CN2850850Y
被引用文献	CN104669277A　CN106476034A

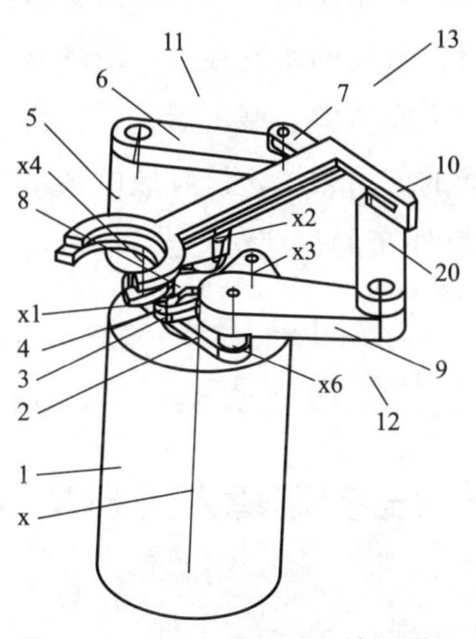

图 4.18　CN102476383B 摘要附图

该专利公开了一种平面多关节型机器人手臂机构，属于工业机器人技术领域，包括驱动单元、基座平台和双伸缩臂组件，所述驱动单元具有至少一个旋转轴——旋转轴内轴，内置旋转轴内轴的基座平台连接在驱动单元的升降机构上，双伸缩臂组件分别通过旋转关节相对于驱动单元的旋转轴线对称安装在基座平台上，旋转轴内轴与双伸缩臂组件的公用驱动连杆固接，所述升降机构的升降轴和旋转轴内轴分别通过电机与驱动单元的控制器连接。本发明采用七杆并联机构，既可实现双 SCARA 双臂组件的回转动作，又可实现伸缩动作；驱动单元内的升降机构，实现双 SCARA 双臂组件的升降运动，满足结构简单紧凑、刚度高，运动灵活可靠，重复定位精度高和可靠性高的要求。

该专利权利要求 1 记载的内容：一种平面多关节型机器人手臂机构，包括驱动单元、基座平台和双伸缩臂组件，其特征在于：所述驱动单元具有相互套装的两个旋转轴——旋转轴内轴和旋转轴外轴，内置两旋转轴的基座平台连接在驱动单元的升降机构上，双伸缩臂组件分别通过旋转关节相对于驱动单元的旋转轴线对称安装在基座平台上的旋转轴外轴上，旋转轴内轴与双伸缩臂组件的公用驱动连杆固接，所述升降机构的升降轴通过第一电机与驱动单元的控制器连接，所述旋转轴外轴通过第二电机与驱动单元的控制器连接，所述旋转轴内轴通过第三电机与驱动单元的控制器连接；驱动所述旋转轴内轴的第三电机安装在旋转轴外轴上。

新松公司致力于机器人等相关技术的研发，曾多次在国内外机器人相关的赛事获奖，在研发阶段投入较高的研发经费，对现有市场和潜在市场的影响力较大。本专利涉及的一种平面多关节型机器人手臂机构，机器人手臂机构的研究一直是工业机器人方面的前沿领域，该领域的技术突破将对行业提供启示。然而，新松公司专利的海外布局也应进一步加强，以期在国际市场占据优势地位。

4.7 主要申请人排名及分布

图 4.19 为全国机器人产业专利主要申请人排名。由图中可以看出，发那科

株式会社（发那科公司）的专利申请量居全国首位，显示了其在机器人领域内强劲的科技创新能力。发那科株式会社是一家日本企业，属于工业机器人龙头企业标杆的“四大家族”之一。根据前瞻产业研究院发布的 2018 年报告显示，目前国内机器人市场仍被“四大家族”掌控[17-18]。从图中的排名来看，日本安川电机株式会社在国内的申请量也位于前十，可见以上公司在国内的专利布局已经展开，专利申请量巨大。2016 年，FANUC（发那科）、YASKAWA（安川）、KUKA（库卡）、ABB 各占 18%、12%、14%、13.5% 的全球市场份额，而中国机器人企业仅争抢剩余 30% 的中低端机器人市场，高端机器人市场份额占比不到 5%，差距明显。因此，为了中国机器人产业行稳致远，我们除了努力奋进，还需格外保持一份清醒。

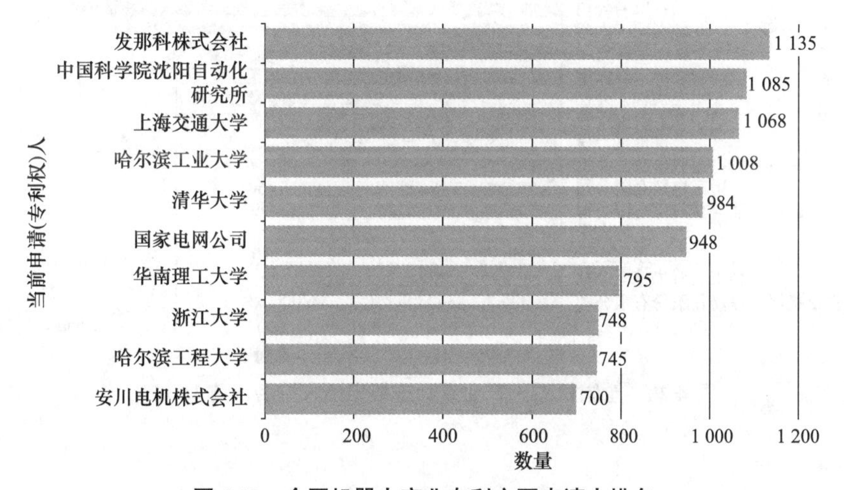

图 4.19　全国机器人产业专利主要申请人排名

另外，国内排名靠前的多是科研院所或大学，这是因为机器人产业最初的积累多是从这些地方起步，专利的积累也较为丰富。目前国内业界公认的中国工业机器人企业五强分别是沈阳新松机器人自动化股份有限公司（简称新松公司）、南京埃斯顿自动化股份有限公司（简称埃斯顿公司）、埃夫特智能装备股份有限公司（简称埃夫特公司）、上海新时达电气股份有限公司（简称新时达公司）、广州数控设备有限公司（简称广州数控公司），在图上却无一上榜。其原因可能有二：一是本节是对机器人整个产业的检索，包含了工业机器人、服务机器人和特种机器人，国内这五强主要针对的是工业机器人，可能排名上不占优势；二是国内机器人产业的研发实力和创新能力还有待提高，以上企业虽然在整体实力产量、销量上比较有优势，但是专利的申请量不多，在该技术上布局不多。

图 4.20 为全国机器人产业专利主要申请人排名（前 19 位），由图可知，新松公司的专利申请量在全国的排名在第 19 位，虽然也比较靠前，但仍有很大的创新和研发空间。

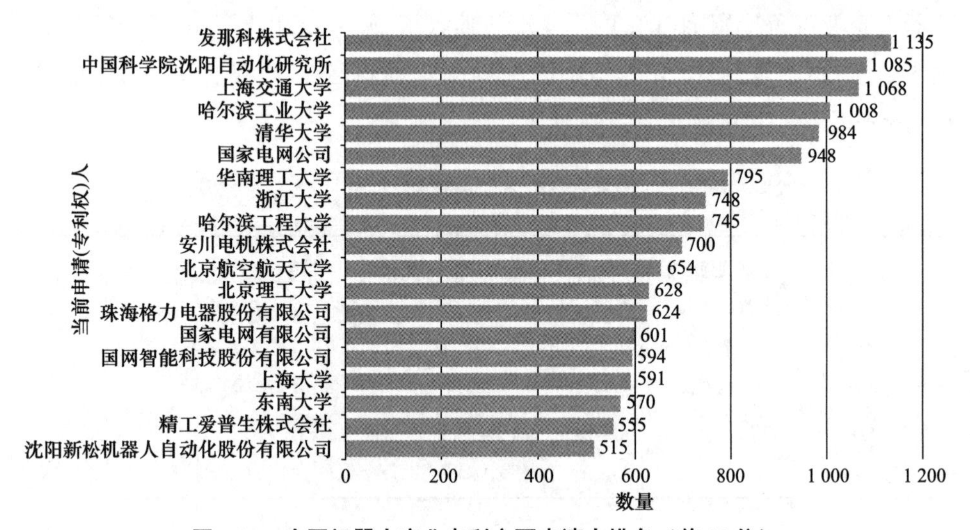

图 4.20　全国机器人产业专利主要申请人排名（前 19 位）

图 4.21 为辽宁省机器人产业主要申请人排名。由图可以看出，辽宁省专利申请排名前两名的分别是中国科学院沈阳自动化研究所和新松公司，而且在该产业申请量占比较大，创新优势明显。紧接着是几所高校，如东北大学、大连理工大学、沈阳工业大学等，其专利申请数量有限。这说明辽宁省在该领域的研发创新参差不齐，企业和个人的研发并不强，与全国形势类似，也多依赖于科研院所和高校团体，尚需进一步努力提高科研创新能力。同时，这种专利分布情况也从侧面反映了辽宁省机器人产业目前多以研发为主，专利成果转化的能力较弱。

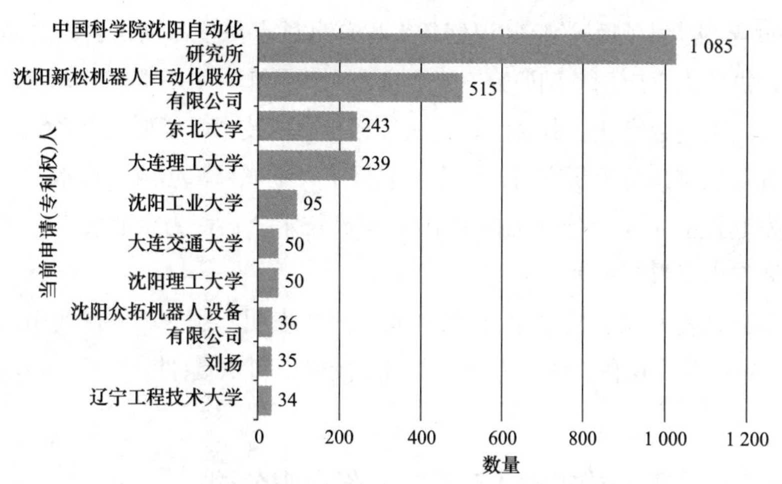

图 4.21 辽宁省机器人产业专利主要申请人排名

4.8 辽宁省相关重点企业介绍

4.8.1 中国科学院沈阳自动化研究所

中国科学院沈阳自动化研究所（简称沈阳自动化所）成立于 1958 年 11 月，是具有现代化科研与工作条件、具有一流科学家和科技队伍的国立科研机构，是“机器人技术国家工程研究中心”“机器人学国家重点实验室”等 9 个国家及省部级重点实验室和工程中心的依托单位，是“实验 1 号”科考船的船东单位，主办有中国科技核心刊物《机器人》和《信息与控制》，拥有 8 个硕士培养点、6 个博士培养点、2 个博士后科研流动站，目前单位拥有中国工程院院士 2 人，高级职称的技术人员近 400 人。

沈阳自动化所获得国家、中科院、各部委及地方奖励 300 余项，主要研究方向是机器人、工业自动化和光电信息处理技术。作为中国机器人事业的摇篮，在中国机器人事业发展历史上创造了 20 多个第一，引领中国机器人技术的研究发展。1999年成为中国科学院知识创新工程首批试点单位以来，在先进制造和智能机器、机器人学应用基础研究、工业机器人产业化、水下智能装备及系统、特种机器人、工业数字化控制系统、无线传感与通信技术、新型光电系统、大型数字化装备及控制系统等研究与开发方面取得了大批成果，形成了技术领先优势。研究所发起设立了4个分支机构和10余家高技术公司，为企业技术进步和国民经济发展作出了重要贡献。

沈阳自动化所现有授权专利1 221件，其中发明专利895件，实用新型专利321件，外观设计专利5件。另外，有国际授权专利30余件。

4.8.2 沈阳新松机器人自动化股份有限公司

沈阳新松机器人自动化股份有限公司（简称新松公司）成立于2000年，隶属中国科学院，是一家以机器人技术为核心的高科技上市公司。作为中国机器人领军企业及国家机器人产业化基地，新松公司拥有完整的机器人产品线及工业4.0整体解决方案。新松公司本部位于沈阳，在上海设有国际总部，在北京设有投资总部，在沈阳、上海、杭州、青岛建有产业园区，现已在全国六大区域构建了立体化的研发及服务网络。同时，积极布局国际市场，在新加坡、我国香港等区域设立了子公司。公司现拥有4 000余人的研发创新团队，形成了集自主核心技术、核心零部件、核心产品及行业系统解决方案于一体的完整全产业价值链。

作为中国机器人产业头雁，新松公司已创造了百余项行业第一，成功研制了具有自主知识产权的工业机器人、协作机器人、移动机器人、特种机器人、服务机器人五大系列百余种产品，面向智能工厂、智能装备、智能物流、半导体装备、智能交通，形成了十大产业方向，致力于打造数字化物联新模式。产品累计出口30多个国家和地区，为全球3 000余家国际企业提供产业升级服务。截至2019年年底，新松公司共申请专利1 484件，拥有有效专利377件，其中发明专利193件，实用新型专利103件，外观设计专利81件；拥有软件著作权109件。其中，“工业机器人主动柔顺控制方法与装置”成果获2017年度国家知识产权局颁发的中国专利优秀奖，“基于图像视觉的洁净机器人自动化标定方法”发明专利获第20届中国专利优秀奖（2018年），“工业机器人碰撞保护方法和装置”

发明专利获第 21 届中国专利优秀奖（2019 年），“平面多关节型机器人手臂机构”发明专利获辽宁省专利奖二等奖（2019 年）。

4.8.3　沈阳通用机器人技术股份有限公司

沈阳通用机器人技术股份有限公司成立于 2012 年，总部位于机器人研发制造中心——沈阳，在北京、深圳、苏州设有分支机构。公司已经发展成为专业从事智能机器人技术研发与应用的国家高新技术企业，拥有“辽宁省极端环境遥操作机器人工程技术研究中心”和“辽宁省医疗机器人专业技术平台”，专注于机器人本体研发、生产和销售，以及食品、药品、物流、焊接等领域的机器人应用和自动化解决方案。

沈阳通用机器人技术股份有限公司掌握力反馈、高精度定位、极端环境生存等核心技术，专注于多关节机器人、机器人应用及机器人新技术等方向的研发与商业化，被业界誉为“机器人行业具有发展潜力、具有科技创新精神的公司”。公司拥有自主研制开发的精密差动行星减速机、肿瘤手术机器人、立体停车机器人等，拥有数十件发明专利。

4.8.4　大连现代辅机开发制造有限公司

大连现代辅机开发制造有限公司位于大连市，注册成立于 2001 年。公司为“中国机器人产业创新联盟”的成员单位，“辽商总会”成员单位，“大连机械行业协会”成员单位。2003 年，企业自主研制的“柔性清洗机”产品获得大连市科技进步一等奖和辽宁省科技进步三等奖。2008 年，公司被大连市政府评为“高新技术企业”和“大连市企业技术中心”，其中“柔性清洗技术”获大连市科技进步一等奖。2011 年取得大连金州新区科技创新平台和技术研究开发机构资质。2015 年被辽宁省政府评为“辽宁省企业技术中心”。2018 年被认定为“大连市工程技术研究中心”。2019 年被认定为“大连市工业设计中心”。目前企业已获得专利授权 121 件，其中发明专利 10 件。

公司主导产品主要有“基于机器人智能清洗技术及装备”“基于数控和现场

总线技术的柔性清洗系统及装备”“柔性试漏机”“自动装配机”等，其中“基于数控和现场总线技术的柔性清洗系统及装备”属国家级重点项目；“柔性试漏机”“自动装配机”被列为国家级重点新产品计划。公司坚持实施“专精特新”与“产学研用”相结合的战略，一直寻求与高校和机械/清洗行业协会联合开发，努力拓新科研成果。2012年3月，公司与大连工业大学成立“大连现代辅机自动化装备技术研究院”，以项目引领对关键、共性技术攻关，力争创建国内一流辅机技术创新平台。近年来，公司通过自主开发和对外合作，研究开发工作已取得丰硕的成果。产品广泛应用于汽油、柴油发动机零部件生产企业的产品全域和汽车安全产品ESP本体，清洗并以高压水去毛刺。目标市场定位：以上海为“轴”，两大产品技术平台（汽油、柴油发动机机器人智能清洗技术及装备）做“两翼”，覆盖乘用车与商用车载汽、柴油发动机行业。主要客户有上海汽车、上柴股份、上海通用、上海大众、北汽、重庆长安、潍柴动力、一拖集团、锡柴股份、奇瑞汽车、长城汽车等企业，并携手美国通用汽车公司打入印度、北美市场。

第5章　重大成套装备产业专利分析

5.1　概述

成套装备是指为生产某些产品或完成一定任务及功能所必需的整套设备，按照实现的功能不同可分为输变电成套装备、石化成套装备、工程机械成套装备、节能环保成套装备、冶金成套装备等。

成套装备制造业是为国民经济各行业提供技术装备的战略性产业，产业关联度高、吸纳就业能力强、技术资金密集，是各行业产业升级、技术进步的重要保障，是装备制造业实力与水平的集中展示，甚至是国家综合实力的集中体现。只能制造单机或其中某部分机组，而不具备成套的能力，就谈不上是一个有竞争力的装备制造业。重大技术装备的技术水平，是现代高新技术应用的充分体现，也直接关联到相关产业的发展。

重大成套装备制造业发达国家的钢铁业、电力设备工业、汽车工业等均已达到相当高的水平，为提高市场竞争力，它们的发展战略已从简单的能力扩充，转向技术经济的重组和兼并，把企业做大做强，向大集团方向发展，增强自身的竞争力是当今世界重大成套装备制造行业的发展趋势。整合后的重大成套装备制造业，创造的经济指标在国民经济中的比例已显得不十分重要，装备制造业发达国家已经把重大成套装备制造业塑造为代表国力形象的“大制造业”之一，作为避免受制于其他国家的装备制造能力，以及保障国家对外政治地位、对内经济安全实力的象征。

5.1.1 国际发展概述

目前，德国、美国、日本等工业发达国家是重大成套装备制造业强国。德国在20世纪60—90年代，是世界上重型成套机械制造强国，尤其以出口大型成套矿山设备和冶金设备著称，但在20世纪末期，开始向“大制造业”方向发展。美国在推进知识经济过程中，认为重型机械制造业属于高技术密集型的制造业，也是高能耗、劳动密集型产业，故美国最早将重型制造业转移到其他国家。日本在过去的几年内，首先将重型机械制造业两个巨头——三菱重工与日立整合为“三菱日立金属机械公司”，川崎重工与JSP（JP Steel Plantech）公司也已达成协议，进行整合。可以说，在20世纪80—90年代一度称雄的日本重型机械制造业，也在向“大制造业”方向整合。韩国成套装备在国家的支持下，以低价位在中国参与竞争。韩国成套装备是从炼钢生产铸锻件到设计制造发电设备（火电、核电、水电、燃气轮机）、冶金设备、水泥设备、石化设备、起重设备、土建钢结构、大型柴油机等设备，以及承建工程项目的国有大型综合性企业公司，是国际上强劲的竞争对手。

在重大成套装备领域，输变电成套装备中德国的西门子公司、瑞士的ABB公司，节能环保成套装备中日本的川崎重工及三菱重工，冶金成套装备中韩国的浦项制铁等在国际上具有较强的竞争力。凭借其在各自领域的技术实力，拥有多项核心专利。近年来，这些公司也纷纷进入中国市场，并积极开展在华专利布局，以保持竞争优势。以德国西门子公司为例，图5.1显示了其在华专利申请的重点技术主题分布情况。

作为全球五大输配电设备供应商之一，西门子公司提供高压输电系统、中低压和配电网级别的设施和系统、智能电网解决方案，服务于电力、工业等领域。西门子一贯重视中国市场，也是最早进入中国的外国企业之一，并在1994年成立了西门子（中国）有限公司，旗下能源管理集团主要负责输变电成套装备在中国市场的业务。从图5.1可以看出，西门子公司在华专利申请数量排名靠前的技术主题包括：H01F27/36（电或磁的屏蔽或遮蔽）、H01F27/38（辅助的磁芯构件、辅助线圈或绕组）、H01F27/28（线圈；绕组；导电连接）、H01F27/42（改进或补偿变压器、电抗器或扼流圈的电性能的专用电路）、

H01F27/04（把导体或轴引穿过外壳，例如用于抽头切换装置）、H01F27/30（把线圈、绕组或其部件固定或夹紧在一起；线圈或绕组在磁芯、外壳或其他支架上的固定或安装）、H01F27/32（线圈、绕组或其部件的绝缘）。总体来看，以上小组均来自 H01F27（变压器或电感器的一般零部件）大组，显示出西门子公司在变压器线圈、绕组及安全技术改进等方向的研发创新较为活跃，这与西门子公司在中国市场的主营业务一致。

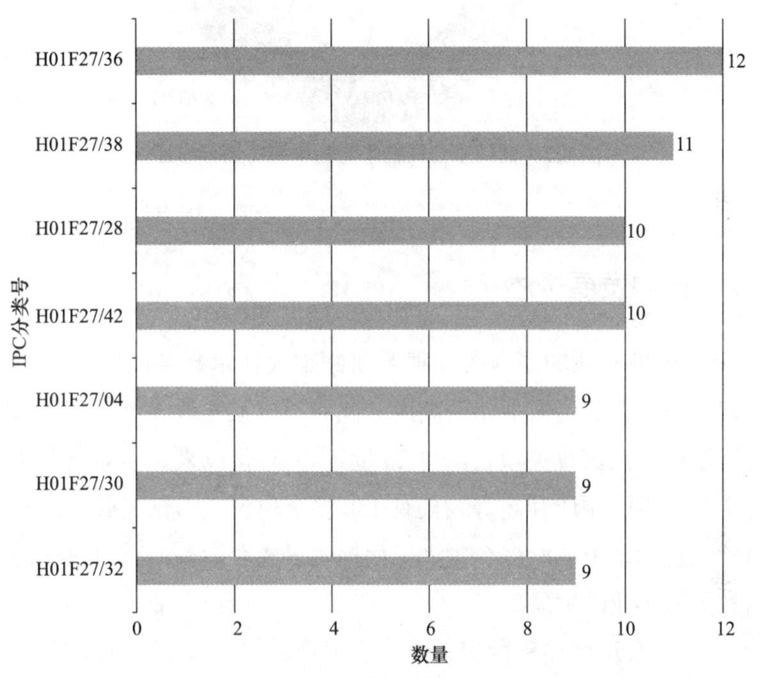

图 5.1　西门子公司在华专利申请的技术主题分布图

图 5.2 为西门子公司在华专利申请类型分布图，从专利类型来看，发明专利占 78.0%，实用新型专利占 21.5%，外观设计专利占 0.5%。经过具体分析，西门子公司的实用新型专利几乎全部为同一主题发明专利的同日申请。由于实用新型专利较发明专利的审查周期短，授权较快，说明西门子公司在这些技术领域的战略是先通过实用新型专利保护科技成果抢占中国市场，再通过发明专利的授权进一步维护该领域专利的稳定性。

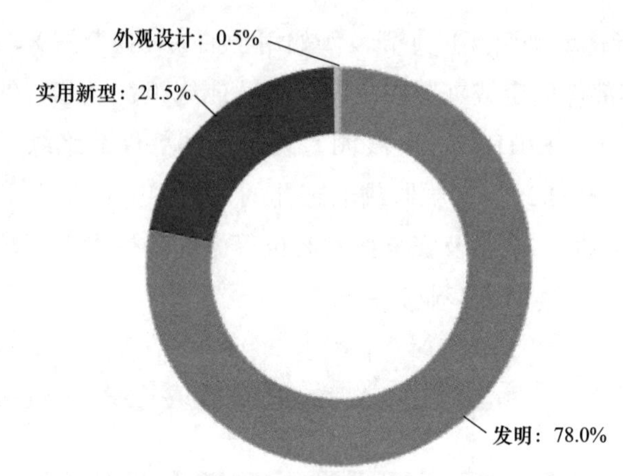

图 5.2　西门子公司在华专利申请类型分布图

5.1.2　国内发展概述

1983 年，国务院颁布了《关于抓紧研制重大技术装备的决定》，中国重大技术装备发展被提升到国家战略的高度。此后，国家连续 3 个五年计划都将重大技术装备研制列入国家攻关项目。自 20 世纪 80 年代以来，参与重大技术装备攻关的制造企业、科研院所和高等院校有 150 多个单位，不仅完成了 120 多项重大研究项目，而且为国家 200 多个重大工程提供了成套设备，有力地支持了国民经济各部门和国防事业的发展。

1998 年，国家经贸委和国家计委联合发布的《“九五”国家重大技术装备研制和国产化工作的规划方案》（国经贸技〔1998〕78 号）指出：结合中国能源、交通、原材料基础设施和基础工业以及支柱产业发展需要，通过引进技术、合作设计、合作制造、吸收创新等形式，组织并完成一批重大成套设备研制和国产化任务，并选择大型压水堆核电站成套设备、60 万千瓦超临界和空冷火电机组成套设备、大型煤化工成套设备等 10 项急需研制的重大成套设备和重大关键设备，确定为“九五”重大技术装备国产化研制项目，列入“九五”国家重大技术装备研制和国产化规划。

2006 年，国务院发布了《国务院关于加快振兴装备制造业的若干意见》（国发〔2006〕8 号），提出了在特高压输变电成套设备和关键设备制造技术、大型乙烯等化工成套设备、大型煤化工成套设备、大型环保装备等 16 个领域的重点突破计划。同年，党中央、国务院发布了《国家中长期科学和技术发展规划纲要（2006—2020 年）》，提出以促进企业技术创新为突破口，通过技术攻关，基本实现高档数控机床、工作母机、重大成套技术装备、关键材料与关键零部件的自主设计制造。这对成套装备产业的国产化提出了更高要求，以满足国民经济的需求。

5.1.3　辽宁省发展概述

辽宁省正处于工业化推进的关键时期，主要任务是从一个工业大省转变为工业强省，在这一过程中，成套装备制造业将发挥重要作用。《辽宁省建设具有国际竞争力的先进装备制造业基地工程实施方案》将输变电成套设备、核电装备、石化成套装备、工程机械成套装备、节能环保成套装备、冶金成套装备、矿山成套装备等列为重大成套装备发展重点。

辽宁作为中国重工业基地之一，在中国重大成套装备产业中有着非常重要的地位。目前，辽宁省的成套产业主要集中在沈阳和大连，以特变电工沈阳变压器集团有限公司、北方重工集团有限公司等知名企业为代表的沈阳成套装备产业已经走在中国前列，成为中国重型装备出口的重要力量。

根据辽宁省重大成套装备重点技术研发方向及在建重点项目情况，本章重点选取了输变电成套装备及节能环保成套装备两个产业进行专利分析。

5.2　历年专利申请量分析

图 5.3 为全国输变电成套装备产业历年专利申请量趋势图。2000—2019 年，全国输变电成套装备共计申请专利 168 409 件。由图可以看出，随着中国经济发展及生产生活对用电需求的不断提高，中国输变电成套装备专利申请量总体保持增长态势，尤其在 2011—2015 年增长率较快，专利申请量年平均增长率达

18.8%，并在此期间分别突破了专利年申请量 10 000、15 000 大关。2010 年，中国发布了《中华人民共和国国民经济和社会发展第十二个五年规划纲要》（简称《纲要》），按照《纲要》要求，电力行业也出台了《电力行业“十二五”规划》，要求加快科技创新和装备能力提升，重点推进特高压、西电东送等技术及其设备的开发应用，注重具有自主知识产权技术的开发及产业化。同时，全国各省（市、自治区）也按照《纲要》编制了符合本省（市、自治区）及行业实际的地区规划，对本地区的发展重点提出了要求。“十二五”期间，各重点企业响应国家、地区及行业规划要求，加大研发投资力度，重视科技创新人才培养，注重自主研发并提高了自主知识产权保护意识，促进了中国输变电成套装备的创新发展。

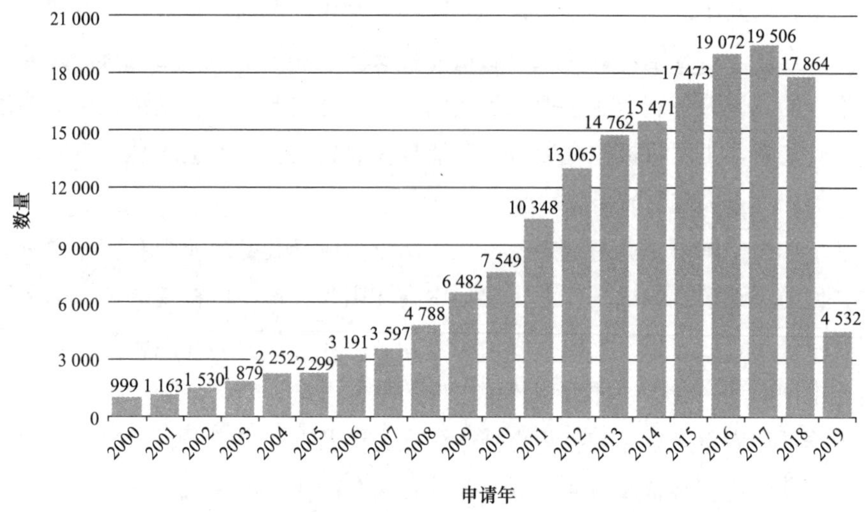

图 5.3　全国输变电成套装备产业历年专利申请量趋势图

图 5.4 为辽宁省输变电成套装备产业历年专利申请量趋势图。从图中可以看出，辽宁省输变电成套装备行业专利申请量在 2000—2013 年总体呈增长趋势，尤其在 2008—2012 年增长较快，年平均增长率接近 22.2%。2007 年，国家发展和改革委员会、国务院振兴东北地区等老工业基地领导小组办公室依据《中共中央 国务院关于实施东北地区等老工业基地振兴战略的若干意见》和《中华人民

共和国国民经济和社会发展第十一个五年规划纲要》颁布了《东北地区振兴规划》，要求将东北地区建设成为国家发电和输变电设备研发与制造基地，并将超特高压输变电设备、大型发电设备等作为装备制造业振兴重点之一，重点发展 500 kV 交直流和 750 kV 交流输变电成套设备，加快开发 1 000 kV 特高压交流、±800 kV 级直流输变电设备。在政府一系列政策支持下，辽宁省重点企业在研发创新方面加大投入，研发创新能力提升，专利申请量连年快速增长。2013—2018 年，受东北地区整体经济环境影响，辽宁省输变电成套设备企业面临市场形势严峻、经营利润下降、人才流失等问题，影响了企业的创新发展，致使专利申请量也出现了波动。

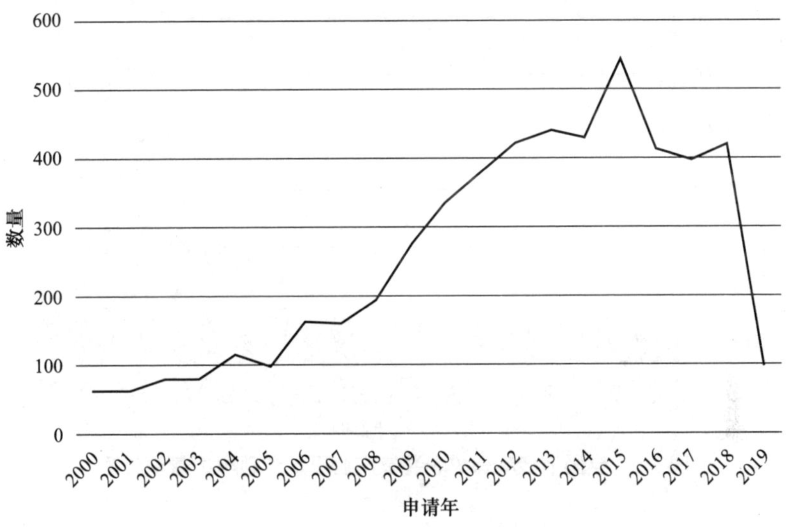

图 5.4　辽宁省输变电成套装备产业历年专利申请量趋势图

图 5.5 为全国节能环保成套装备产业历年专利申请量趋势图。2000—2019 年，全国节能环保成套装备共计申请专利 15 735 件。由图可以看出，申请量总体保持增长态势，尤其在 2013—2017 年增长较快，专利申请量年平均增速达 29.2%，并在此期间陆续突破了专利年申请量 1 000 件、2 000 件大关。2013 年，国务院发布了《国务院关于加快发展节能环保产业的意见》，明确要求提升环保技术装备水平，推动垃圾处理技术装备成套化，大力推广垃圾处理先进技术和装

备；重点发展大型垃圾焚烧设施炉排及其传动系统焚烧烟气净化技术和垃圾渗滤液处理技术等，重点推广 300 t/d 以上生活垃圾焚烧炉等成套装备；发展资源循环利用技术装备，推动再生资源清洁化回收、规模化利用和产业化发展；推广大型废钢破碎剪切、报废汽车和废旧电器破碎分选等技术；深化废弃物综合利用，开发利用产业废物生产新型建材等大型化、精细化、成套化技术装备等。同时，强化企业技术创新主体地位，鼓励企业加大研发投入，并且加大中央预算内投资和中央财政节能减排专项资金对节能环保产业的投入。在国家政策和资金的大力支持下，各重点企业加强研发创新，提升了我国节能环保成套装备行业的创新活力。

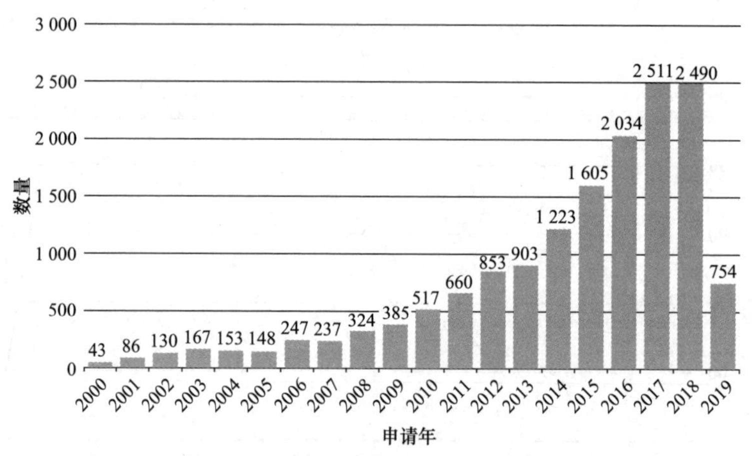

图 5.5　全国节能环保成套装备产业历年专利申请量趋势图

图 5.6 为辽宁省节能环保成套装备产业历年专利申请量趋势图。总体来看，辽宁省在节能环保成套装备行业专利申请量较少且不稳定，历年专利申请量均在 50 件以下。可以看出，辽宁省节能环保成套装备领域未来发展尚有很大空间，各企业应提高创新意识，提升技术研发能力。

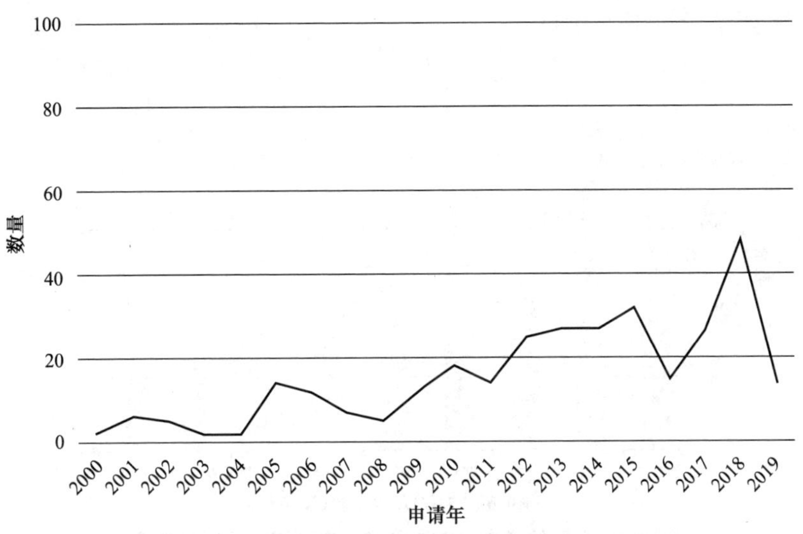

图 5.6　辽宁省节能环保成套装备产业历年专利申请量趋势图

5.3　专利申请区域分布分析

图 5.7 为全国输变电成套装备产业专利申请区域分布图。可以看出，我国输变电成套装备行业技术研发能力较强的省份主要集中在东部地区，西北及东北地区有待加强。辽宁省专利申请数量居全国第 10 位，表明辽宁省在输变电成套装备行业的科研能力尚属国内上游，但与江苏、广东、北京、浙江、山东等省（市）相比，科研实力差距仍然较大。

图 5.8 为全国节能环保成套装备产业专利申请区域分布图。可以看出，我国节能环保成套装备行业技术研发能力较强的省份主要集中在东部及部分中部地区，东北、西北、西南等地区均偏弱。辽宁省专利申请数量居全国第 16 位，处于中游水平。这也反映出辽宁省在节能环保成套装备方面的科研能力与东部、中部等先进省市差距较大，有较大提升空间。

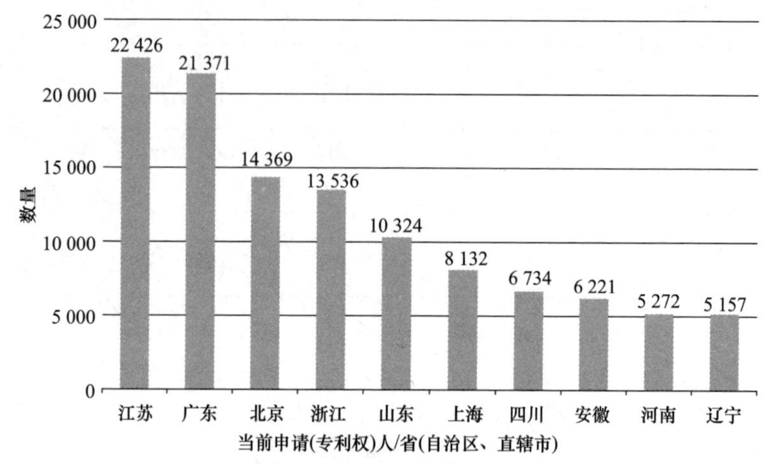

图 5.7　全国输变电成套装备产业专利申请区域分布图

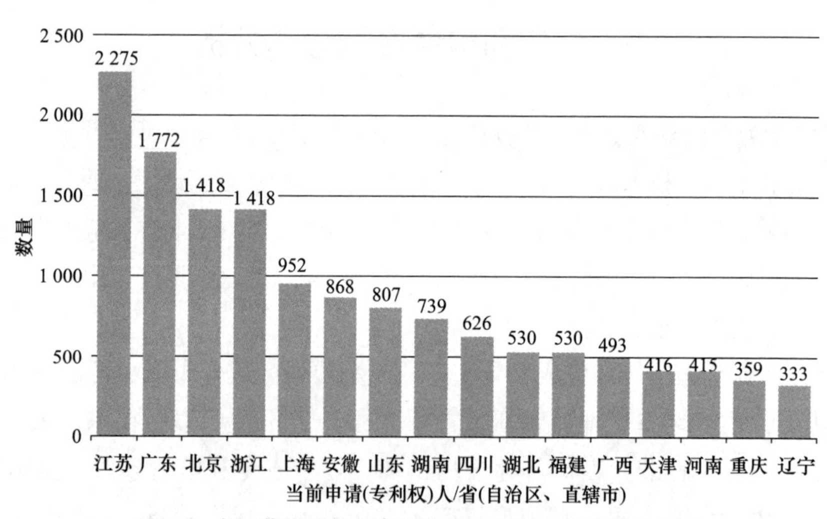

图 5.8　全国节能环保成套装备产业专利申请区域分布图

5.4　技术主题分布分析

图 5.9 为全国输变电成套装备产业专利申请 IPC 分布图。从 IPC 分类排名来看，H01F27/28（线圈；绕组；导电连接）、H01F27/30（把线圈、绕组或其部件固定或夹紧在一起；线圈或绕组在磁芯、外壳或其他支架上的固定或安装）这两个组的专利申请数量较多，显示出中国输变电成套装备领域的研发重点是成套设备的核心部件——变压器或电感器中的线圈、绕组及其固定、安装技术的改进，而在大容量换流阀等特高压设备及高压套管、避雷器等关键零部件还主要依赖技术引进。关键核心零部件的国产化是目前中国输变电成套装备领域研发的主要任务。

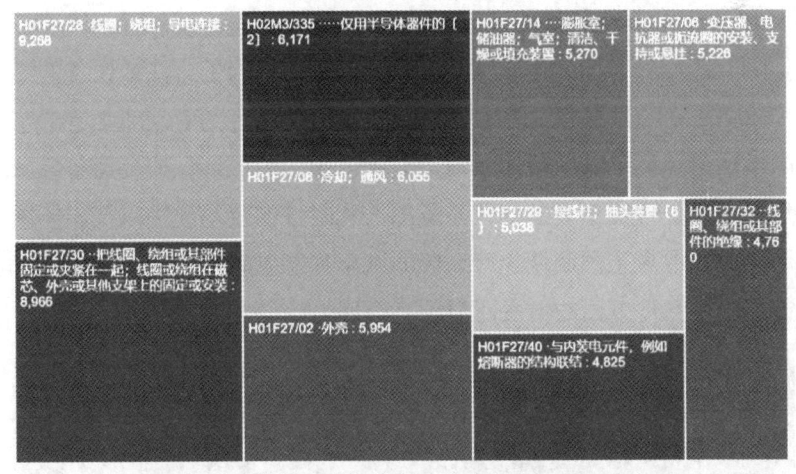

图 5.9　全国输变电成套装备产业专利申请 IPC 分布图

图 5.10 为辽宁省输变电成套装备产业专利申请 IPC 分布图。从 IPC 分类排名来看，辽宁省在 H01F27/14（膨胀室；储油器；气室；清洁、干燥或填充装置）及 H01F27/28（线圈；绕组；导电连接）两个技术主题方面所占比重较高，原因是辽宁省输变电成套装备行业龙头企业——特变电工沈阳变压器集团有限公司在变压器及电抗器中关键零部件的技术改进方面具有较强的科研能力，其专利申请类别多在这两个组别。其他组别中，辽宁省研发机构的研发重点也集中在变压器的线圈、磁芯的安装固定等技术改进方面。

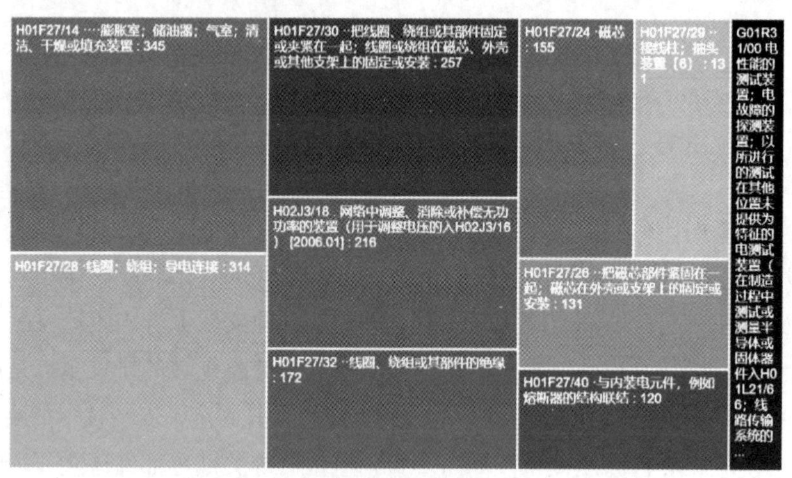

图 5.10　辽宁省输变电成套装备产业专利申请 IPC 分布图

图 5.11 为全国节能环保成套装备产业专利申请 IPC 分布图。从 IPC 分类排名来看，F23G5/44（专门适用于焚烧废物或低品位燃料的方法或设备的零部件、附件）、B09B3/00（固体废物的破坏或将固体废物转变为有用或无害的东西）这两个组的申请量远高于其他技术领域，显示出中国节能环保成套装备领域的研发重点是垃圾焚烧处理成套装备的核心零部件和附件的技术改进以及固体废物的资源化利用，而在混凝土预制件生产、废旧汽车和家电破碎、分选利用等成套装备及其关键配套零部件方面的研发能力还有待加强。

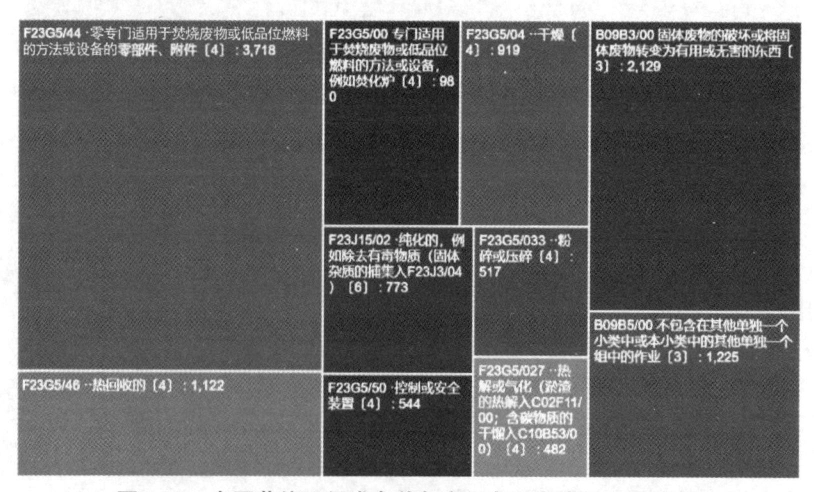

图 5.11　全国节能环保成套装备产业专利申请 IPC 分布图

图 5.12 为辽宁省节能环保成套装备产业专利申请 IPC 分布图。从 IPC 分类排名来看，辽宁省节能环保成套装备研发方向与国家基本一致，均以 F23G5/44（专门适用于焚烧废物或低品位燃料的方法或设备的零部件、附件）、B09B3/00（固体废物的破坏或将固体废物转变为有用或无害的东西）为研发重点方向。在其他组中，也是集中在垃圾焚烧处理方向。辽宁省在混凝土预制件生产、废旧汽车和家电破碎、分选利用等成套装备及其关键配套零部件方面的研发能力同样有所欠缺。

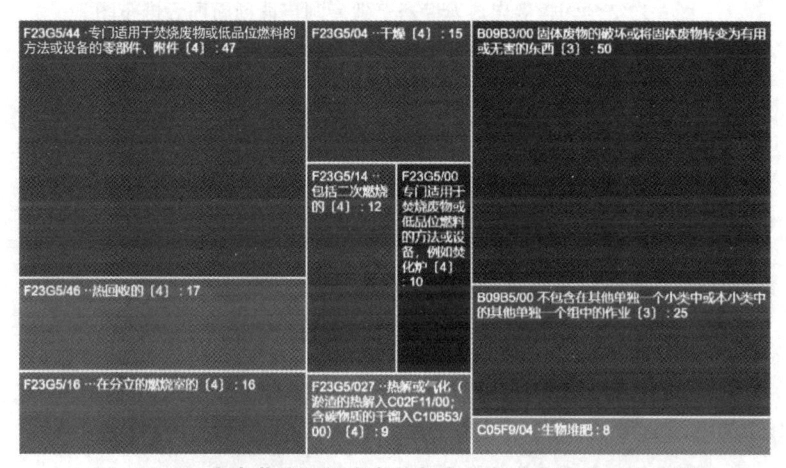

图 5.12　辽宁省节能环保成套装备产业专利申请 IPC 分布图

5.5　关键技术发展方向

图 5.13 为全国输变电成套装备产业专利申请创新词云排布图。从图中可以看到，我国输变电成套装备领域的研发主题主要是固定连接、输出端、变换器、滤波电路等。这表明我国在该领域的重点研发方向是变压器中关键配套零部件的技术改进及安装连接，与目前的 IPC 分类中的技术主题分布基本一致。

图 5.14 为全国输变电成套装备产业专利申请关键词旭日图。图中的一级关键词与创新词云显示的高频词汇基本一致，均为固定连接、输出端、变换器、滤波电路等。旭日图中将一级关键词进一步细分为二级，如将固定连接细分为变压

器本体、支撑板等，以达到对该领域技术研发热点的深入了解。

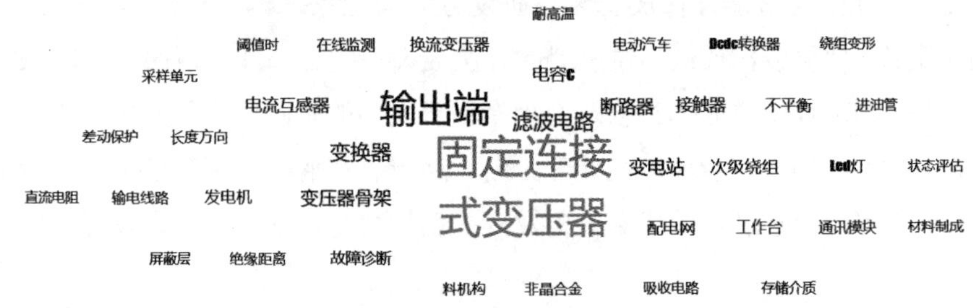

图 5.13 全国输变电成套装备产业专利申请创新词云排布图

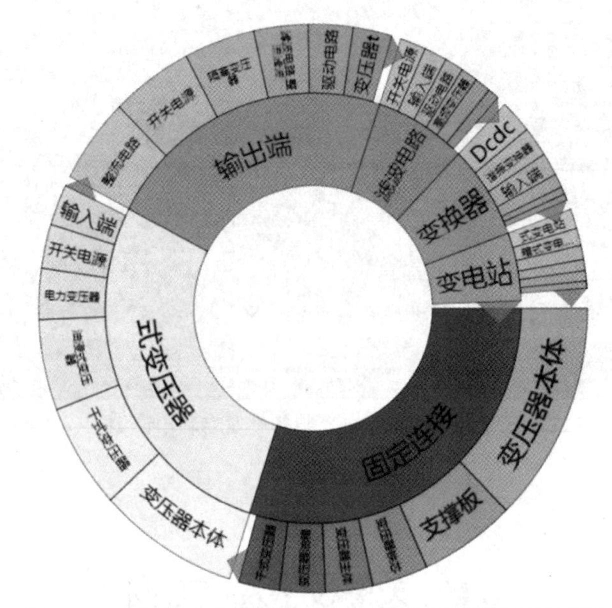

图 5.14 全国输变电成套装备产业专利申请关键词旭日图

图 5.15 为辽宁省输变电成套装备产业专利申请创新词云排布图。从图中可以看出，辽宁省输变电成套装备的研发方向主要是变压器油、输出端、控制电路、电力变压器等。对比图 5.13 和图 5.15 可以发现，辽宁省的重点研发方向与国家总体方向略有差异，变压器油出现的频次较高。变压器油的作用主要是绝缘、散热、消弧等，可以看出辽宁省各研发机构对于输变电成套设备中关键配套零部件的安全性能方面关注较多，另外，变压器控制电路的技术改进也是辽宁省重点研发方向之一。

正弦波　方便快捷　在线监测　金属波纹　导线　接收模块　平波电抗器
Led灯　电磁阀　功率单元　输出端　控制电路　发电机　电动机　电源插　电场分布
总线隔离变压器　支撑架　电力变压器　变压器油　变电站　无功补偿　开口铁芯　位移传感器
接触器
差动保护　电源插头　绝缘筒　分接开关　断路器　低压线圈　中性点　驱动机构　左右两侧
支撑板
立体卷铁芯　嵌入式　空心电抗器　技术难题　保护的外观

图 5.15　辽宁省输变电成套装备产业专利申请创新词云排布图

图 5.16 为辽宁省输变电成套装备产业专利申请关键词旭日图。由图中可以看出，辽宁省的研发热点词汇与上述专利申请创新词云基本相同，也是变压器油、输出端、控制电路、电力变压器等，只是旭日图更加细化。辽宁省与全国的研发关键词对比，区别在于变压器控制电路、电力变压器方面占比较高。细化到二级关键词，还包括全密封、金属波纹、低压线圈、驱动电路等。

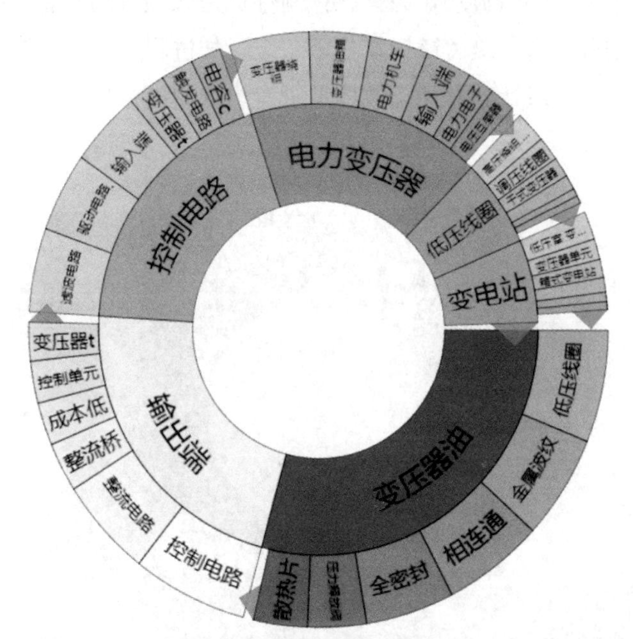

图 5.16　辽宁省输变电成套装备产业专利申请关键词旭日图

图 5.17 为全国节能环保成套装备产业专利申请创新词云排布图。从图中可以看到，我国节能环保成套装备领域的研发主题主要是垃圾焚烧炉、生活垃圾、建筑垃圾、资源化、垃圾焚烧锅炉、焚烧箱等。由此可见，我国节能环保成套装

备领域的重点研发方向是垃圾焚烧处理及垃圾资源化利用方面，与目前的 IPC 分类中技术主题分布基本一致。

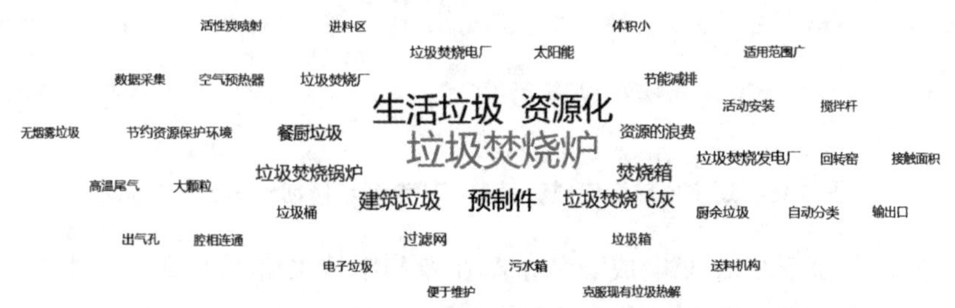

图 5.17　全国节能环保成套装备产业专利申请创新词云排布图

图 5.18 为全国节能环保成套装备产业专利申请关键词旭日图。图中的一级关键词与创新词云中显示的高频词汇基本一致，均为垃圾焚烧炉、生活垃圾、建筑垃圾、焚烧箱等，同时显示资源化、预制件也是该领域的专利高频词汇之一。经过旭日图的细分，将一级关键词扩充至二级，如进料口、燃烧室、生活垃圾焚烧炉、垃圾焚烧等，以达到对该领域技术研发热点的进一步了解。

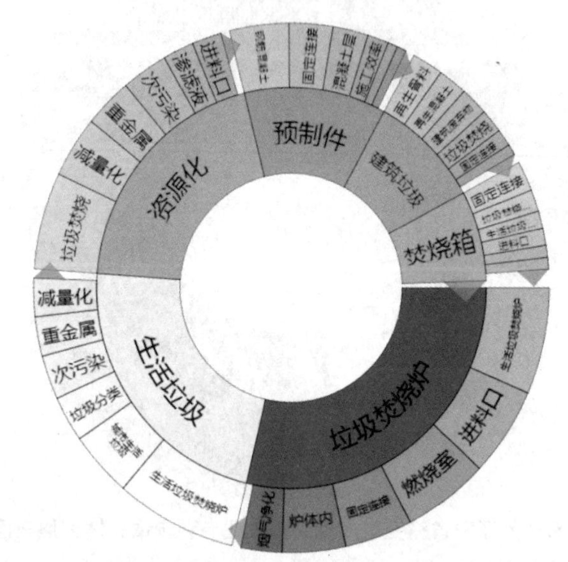

图 5.18　全国节能环保成套装备产业专利申请关键词旭日图

图 5.19 为辽宁省节能环保成套装备产业专利申请创新词云排布图。从图中可以看出，辽宁省节能环保成套装备的研发方向主要是资源化、垃圾焚烧炉、生

活垃圾、建筑垃圾、预制件、燃烧室等。对比图 5.16 和图 5.18 可以发现，辽宁省的重点研发方向与国家总体方向基本相同，均是垃圾焚烧处理方面。数据显示辽宁省在垃圾及废弃物的资源化利用技术改进方面研发比重较高。另外，预制件生产也是辽宁省的研发重点之一。

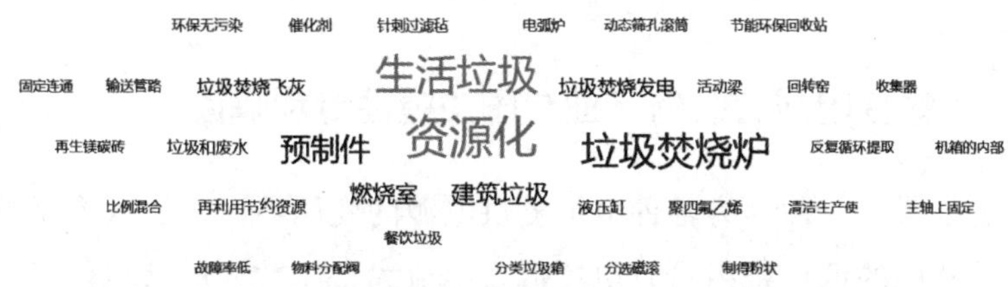

图 5.19　辽宁省节能环保成套装备产业专利申请创新词云排布图

图 5.20 为辽宁省节能环保成套装备产业专利申请关键词旭日图。从图中可以看出，辽宁省的研发热点词汇与专利申请创新词云基本相同，即资源化、垃圾焚烧炉、生活垃圾、建筑垃圾、预制件等，与全国的研发关键词基本一致。细化到二级关键词，还包括城市生活垃圾、燃烧室、垃圾焚烧等，说明辽宁省专利比较集中在生活垃圾资源化利用及混凝土预制件生产方面。

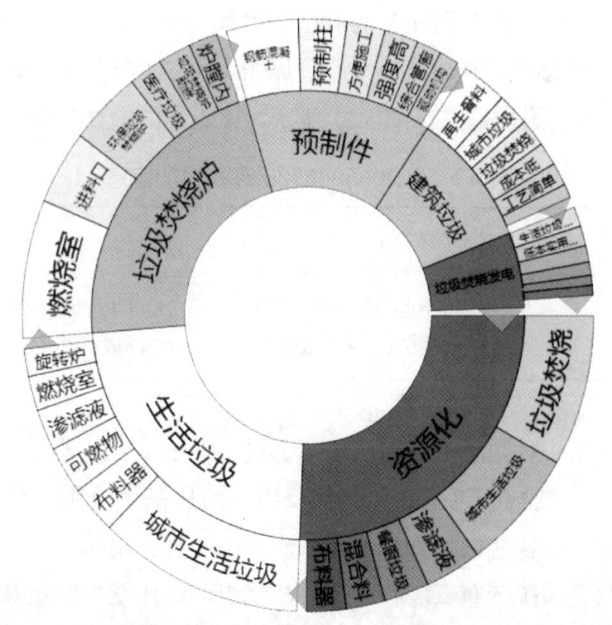

图 5.20　辽宁省节能环保成套装备产业专利申请关键词旭日图

5.6 关键性专利解读

5.6.1 输变电成套装备产业全国关键性专利解读

电炉变压器是一种专为各种电炉提供电源的变压器，对于大容量的电炉变压器，变压器中的低压绕组具有电压低、电流大、匝数少的特点，工作过程中变压器中的低压绕组容易在绕组端部出现局部过热的现象，绕组长时间出现过热不仅会影响变压器本身的特性，同时会损坏变压器，甚至发生爆炸产生危险。

为解决上述技术问题，保定天威集团特变电气有限公司于 2016 年 12 月 19 日向国家知识产权局提交了名为“一种防止变压器绕组局部过热的电炉变压器器身结构”的发明专利申请，该申请于 2017 年 3 月 15 日获得专利授权，授权公告号为 CN106504872B。该专利涉及的 IPC 分类号为 H01F27/28（线圈；绕组；导电连接）及 H01F27/08（冷却；通风），属于本书 5.4 节分析的热门技术领域。表 5.1 所示为该专利附加信息，图 5.21 所示为该专利的摘要附图。

表 5.1 CN106504872B 专利附加信息

同族专利	CN106504872A
引用文献	US2015109081A1 CN102403102A CN201060719Y CN202816595U CN202977137U CN206282701U

该专利公开了一种防止变压器绕组局部过热的电炉变压器器身结构，涉及变压器结构设计技术领域，包括高压移相绕组、高压基本绕组、低压绕组、铁芯和绝缘散热系统；由铁芯向外安装顺序依次为高压移相绕组、高压基本绕组和低压绕组；绝缘散热系统分布安装在高压移相绕组、高压基本绕组和低压绕组的周围；低压绕组位于变压器器身的最外侧，低压绕组接触变压器器身靠近外侧的绝

缘油，由于变压器器身外侧的绝缘油温度较低，更有利于热量交换和散发，及时将低压绕组产生的热量散发，防止低压绕组出现过热的现象，低压绕组采用多路并联双饼式结构，低压绕组产生电流的密度均匀，防止出现由于电流分布不均匀产生低压绕组局部过热现象。

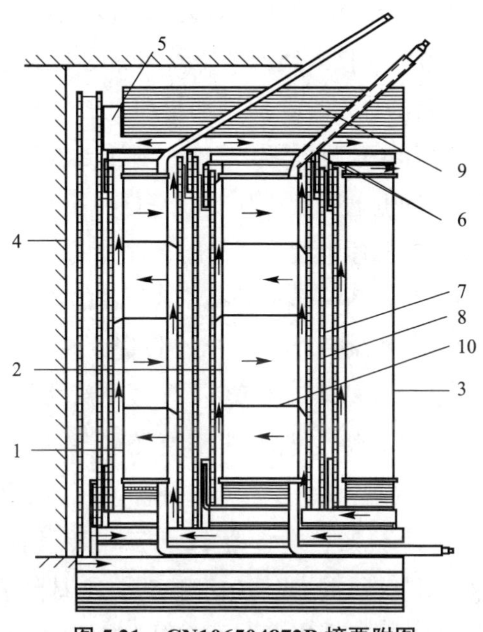

图 5.21　CN106504872B 摘要附图

该专利权利要求 1 记载的内容：一种防止变压器绕组局部过热的电炉变压器器身结构，包括高压移相绕组、高压基本绕组、铁芯和绝缘散热系统，其包括低压绕组，由铁芯向外安装顺序依次为高压移相绕组、高压基本绕组和低压绕组；绝缘散热系统分布安装在高压移相绕组、高压基本绕组和低压绕组的周围；低压绕组采用多路并联双饼式结构；所述低压绕组的并联支路个数为 20 ～ 40 个；所述低压绕组两端的第 1 个并联支路所使用的导线轴向高度为低压绕组使用正常导线轴向高度的 1.4 ～ 2.0 倍；低压绕组两端的第 2、3、4 个并联支路所使用的导线轴向高度为低压绕组使用正常导线轴向高度的 70% ～ 90%；低压绕组其余并联支路导线均使用正常导线。

5.6.2 输变电成套装备产业辽宁省关键性专利解读

以往直流工程网侧电压等级最高为500 kV。在哈密—郑州 ±800 kV 直流输电工程中，发送端哈密换流站网侧电压等级为750 kV 电网，由于工期紧张，为了在有限的时间内不提高换流变压器的设计开发难度，采用了750 kV/500 kV 联络变压器进行了一个过渡，使接入换流变压器网侧的电压仍保持为500 kV。联络变压器保证了哈密项目的稳定性，但增加了项目占地面积、增加了设备以及对设备的控制和维护，增加了项目投资。宁东—浙江 ±800 kV 直流输电工程发送端仍位于西北电网区域，网侧电压等级为750 kV 电网。为了优化系统设计，降低工程造价，提高经济效益，国家电网公司提出了省去联络变压器，直接将750 kV 电网接入换流变压器的方案，进一步提升换流变压器的技术水平，以减小占地面积、减少设备以及对设备的控制和维护，减小投资。该网侧接入750 kV 换流变压器在国内外换流变压器领域是全新的等级，需要全新的换流变压器技术支持。

为解决上述技术问题，特变电工沈阳变压器集团有限公司于2015年9月14日向国家知识产权局提交了名为“一种网侧接入750 kV 换流变压器”的发明专利申请，该申请于2017年3月22日获得专利授权，授权公告号为CN106531421B。该项专利权利主体于2018年5月18日分别由特变电工沈阳变压器集团有限公司、特变电工股份有限公司变更为特变电工沈阳变压器集团有限公司、特变电工股份有限公司、国网浙江省电力有限公司。该专利涉及的IPC分类号为H01F27/30（把线圈、绕组或其部件固定或夹紧在一起；线圈或绕组在磁芯、外壳或其他支架上的固定或安装）、H01F27/14（膨胀室；储油器；气室；清洁、干燥或填充装置）、H01F27/24（磁芯）等，属本书5.4节分析的热门技术领域。该专利于2019年获得首届辽宁省专利奖。表5.2所示为该专利的附加信息，图5.22所示为该专利的摘要附图。

表 5.2 CN106531421B 专利附加信息

同族专利	CN106531421A
引用文献	CN102543390A CN102706526A CN104485210A CN201054299Y CN204102693U CN205542342U

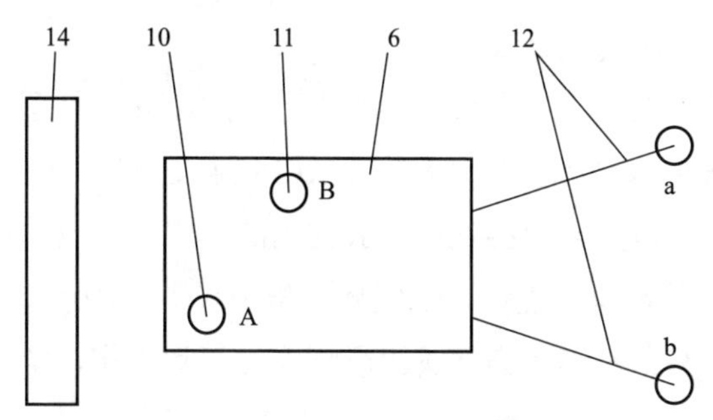

图 5.22　CN106531421B 摘要附图

该专利公开了一种网侧接入 750 kV 换流变压器，换流变压器线圈排列方式采用从铁芯开始依次为阀线圈—750 kV 网线圈—调压线圈结构，750 kV 引出线由网线圈上端部辐向水平引出，在油箱内引至器身旁柱外侧，再经箱盖垂直引出；阀套管布置在油箱短轴一侧；冷却器组布置在油箱短轴另一侧。本发明将电压等级高的 750 kV 网线圈放在阀线圈外部，端部辐向出线，可以避免 750 kV 引出线穿过压板对换流变压器的压板等上部绝缘零件造成结构上的破坏，保证了压板的机械强度和耐受短路能力，提高了产品的安全可靠性。

该专利权利要求 1 记载的内容：一种网侧接入 750 kV 换流变压器，其特征在于：换流变压器线圈排列方式采用从铁芯开始依次为阀线圈—750 kV 网线圈—调压线圈结构，750 kV 引出线由网线圈上端部辐向水平引出，在油箱内引至器身旁柱外侧，再经箱盖垂直引出；阀套管布置在油箱短轴一侧；冷却器组布置在油箱短轴另一侧；调压线圈中部为线饼，下部由端圈支撑，上部由绝缘筒支撑，绝缘筒上部设有用于 750 kV 端绝缘屏障通过的开孔。

5.6.3　节能环保成套装备产业全国关键性专利解读

中国经济高速发展，带来了一系列的环境问题，包括废弃物及噪声污染。目前，废弃物一般采用焚烧发电的方式进行无害化、减量化、资源化处理，以减轻污染问题。但是，废弃物焚烧后的灰渣仍为危险废弃物，含有大量重金属、二噁英等有害物质。而且灰渣的填埋处理，易造成二次污染，且无害化转运及填埋费用巨大，并非最终处置方式，而通过危废等离子炉处理后得到的熔融玻璃化渣也面临同样的处置问题困境。

此外，随着城市的扩大，原修建于城市远郊的废弃物处理工厂，离居民点越来越近，虽然烟气处理技术已经达到欧盟 2018 排放标准，但在噪声控制方面还需进一步加强措施，以达到包括噪声排放在内的“广义排放”指标的环保“新时代”的要求。据生态环境部统计，全国环境噪声投诉 2016 年达 52.2 万件，占环境投诉总量的 43.9%。噪声污染已成为影响人民正常工作、学习、生活的重要污染之一。

因此，实现危险废弃物处置后产物的一体化循环再利用，是缓解困局的方法之一。

为解决上述技术问题，光大环保技术研究院（南京）有限公司、光大环境科技（中国）有限公司、光大环保技术研究院（深圳）有限公司于 2018 年 5 月 4 日向国家知识产权局提交了名为“一种危险废弃物再利用装置及方法”的发明专利申请，该申请于 2019 年 11 月 15 日获得专利授权，授权公告号为 CN108662586B。该专利涉及的 IPC 分类号为 F23G5/00（专门适用于焚烧废物或低品位燃料的方法或设备）、F23G5/44（专门适用于焚烧废物或低品位燃料的方法或设备的零部件、附件）、F23G5/50（控制或安全装置）等，属本书 5.4 节分析的热门技术领域。表 5.3 所示为该专利附加信息，图 5.23 所示为该专利的摘要附图。

表 5.3 CN108662586B 专利附加信息

同族专利	CN108662586A
引用文献	KR101757727B1　CN102753659A　CN103897789A CN1329949A　AU2012327194B2

该专利公开了一种危险废弃物再利用装置和方法，所述装置包括危险废弃物处理单元，用于对危险废弃物进行熔融处理以形成熔融玻璃化渣；熔融玻璃化渣微成型单元，用于利用熔融玻璃化渣制备玻璃微珠；MR 智能复合材料制备单元，用于形成包括基体、玻璃微珠和 CI 颗粒聚集体的 MR 智能复合材料；MR 细粒混杂复合材料微结构构型单元，用于通过外部激励磁场调节 CI 颗粒聚集体

在 MR 智能复合材料中的空间位置，以形成 MR 细粒混杂复合材料；降噪减振装置制备单元，用于利用 MR 细粒混杂复合材料基于声子晶体技术制备降噪减振装置。根据本发明的危险废弃物再利用装置和方法，实现了焚烧电厂内部产物的循环再利用，降低了焚烧电厂的运营成本。

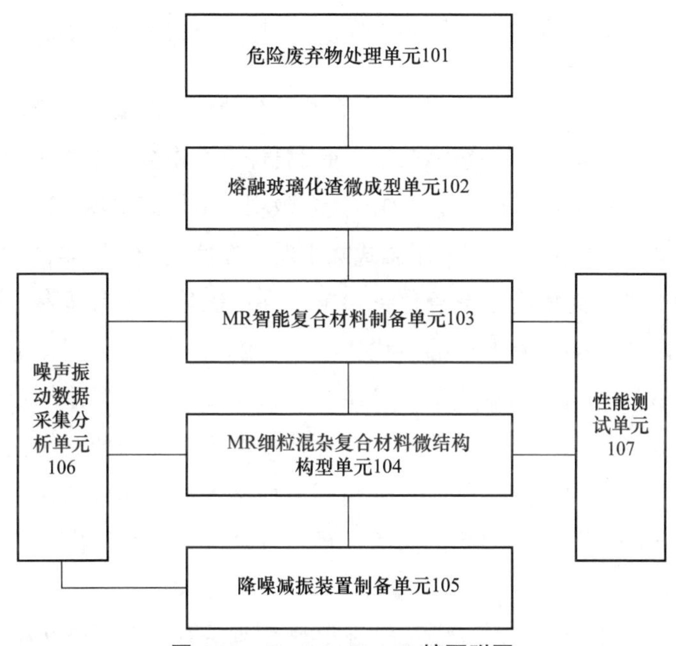

图 5.23 CN108662586B 摘要附图

该专利权利要求 1 记载的内容：一种危险废弃物再利用装置，其所述装置包括危险废弃物处理单元，所述危险废弃物处理单元用于对危险废弃物进行熔融处理以形成熔融玻璃化渣；熔融玻璃化渣微成型单元，所述熔融玻璃化渣微成型单元用于利用所述危险废弃物处理单元形成的熔融玻璃化渣和来自焚烧发电厂的含硫反应气体制备玻璃微珠；MR 智能复合材料制备单元，所述 MR 智能复合材料制备单元用于对基体和所述玻璃微珠进行预混，形成 MR 基体相，并将软磁性颗粒掺混至所述 MR 基体相，通过外部激励磁场使所述软磁性颗粒形成软磁性颗粒聚集体，从而形成具有三相物质的 MR 智能复合材料；MR 细粒混杂复合材料微结构构型单元，所述 MR 细粒混杂复合材料微结构构型单元用于通过外部激励磁场调节所述软磁性颗粒聚集体在所述 MR 智能复合材料中的空间位置，以形成具有一定三维空间分布形式的MR细粒混杂复合材料；降噪减振装置制备单元，所述降噪减振装置制备单元用于利用所述MR细粒混杂复合材料基于声子晶体技术制备降噪减振装置。

5.6.4 节能环保成套装备产业辽宁省关键性专利解读

炼钢电炉、炼铁炉、矿热电炉、电解铝等都使用大截面的石墨电极。该石墨电极都必须经阴极或阳极焙烧炉焙烧，而在焙烧过程中会产生大量的有害气体和粉尘，尤其是大量的沥青烟成分。国内大多数阴极电极焙烧烟气净化系统采用电捕焦油器，也有极少部分铝厂采用袋式除尘器，在使用袋式除尘器时，在除尘器前端设置喷淋塔，向塔内喷淋氧化铝粉末，利用氧化铝吸附沥青，通过袋式除尘器净化，净化下来含有沥青的氧化铝送入电解槽内二次利用。电解中产生的烟气中也含有沥青，从而造成了污染源的转移，没有达到根治的目的。利用电捕焦油器存在的问题：处理后的烟气经常造成电除尘器内的极板被沥青粘死，电阻增加、吸附能力下降，排放浓度超标，捕集下来的沥青粘在电捕焦油器内壁，造成设备排灰不畅。因此，如何处理这种烟气一直是国内外努力攻克的难题之一。

为解决上述技术问题，辽宁环宇环保科技股份有限公司于2012年12月25日向国家知识产权局提交了名为“阴极电极焙烧窑烟气净化及固体废弃物回收再利用系统和方法”的发明专利申请，该申请于2015年3月25日获得专利授权，授权公告号为CN103007683B。该专利涉及的IPC分类号主要为B09B3/00（固体废物的破坏或将固体废物转变为有用或无害的东西）。表5.4所示为该专利附加信息，图5.24所示为该专利的摘要附图。

表5.4 CN103007683B专利附加信息

同族专利	CN103007683A
引用文献	CN101062458A　CN1935397A　CN203030151U
被引用文献	CN106731451A

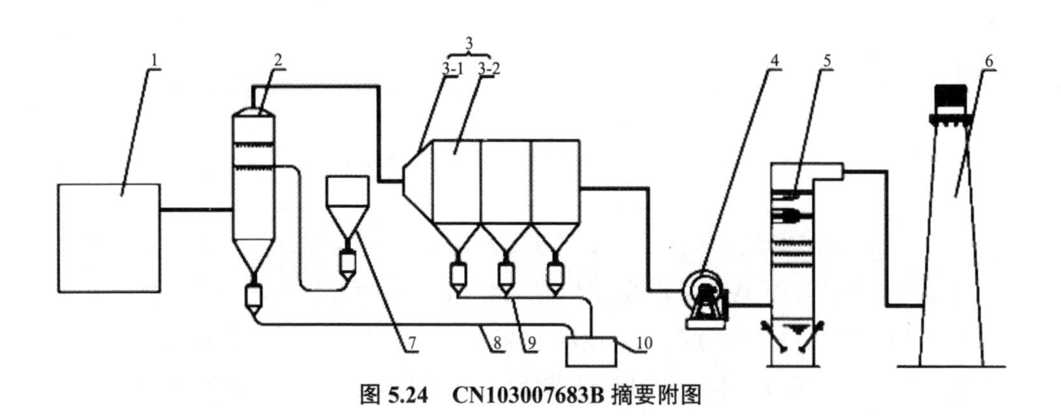

图 5.24　CN103007683B 摘要附图

该专利公开了一种阴极电极焙烧窑烟气净化及固体废弃物回收再利用系统和方法。采用的技术方案：阴极电极焙烧窑出口连接雾化冷却吸附塔，雾化冷却吸附塔出口与电袋复合式除尘器连接，电袋复合式除尘器出口与引风机连接，引风机与脱硫塔进口连接，脱硫塔出口与烟囱连接；石墨碳粉混合粉仓与雾化冷却吸附塔连接，雾化冷却吸附塔下端经输送装置Ⅰ与电极配料仓连接；电袋复合式除尘器经输送装置Ⅱ与电极配料仓连接。本发明净化过滤下来的固体废弃物可二次利用，不产生污染源的二次转移，投资少，操作简单，故障率低，处理后的烟气排放达到国家标准要求。

该专利权利要求 1 记载的内容：阴极电极焙烧窑烟气净化及固体废弃物回收再利用系统，包括阴极电极焙烧窑，其特征在于：阴极电极焙烧窑出口连接雾化冷却吸附塔，雾化冷却吸附塔内设有吸附层，雾化冷却吸附塔出口与电袋复合式除尘器连接，所述的电袋复合式除尘器由电除尘器和若干布袋除尘器构成；电袋复合式除尘器出口与引风机连接，引风机与脱硫塔进口连接，脱硫塔出口与烟囱连接；石墨碳粉混合粉仓与雾化冷却吸附塔连接，雾化冷却吸附塔下端经输送装置Ⅰ与电极配料仓连接；电袋复合式除尘器经输送装置Ⅱ与电极配料仓连接。

5.7 主要申请人排名及分布

图 5.25 为全国输变电成套装备产业专利主要申请人排名。可以看出，国家电网公司在中国输变电成套装备领域研发能力上具有绝对优势，历年专利申请数量累计 10 000 余件，远远高于其他申请人，显示了其在中国输变电成套装备领域的龙头地位。另外，各高校和科研院所也是中国输变电成套装备领域科技创新的主力军。地方企业中，保定天威保变电气股份有限公司、江苏省电力公司也具有较强的技术创新能力。但是，全国排名前列的研发机构中，目前还没有辽宁省企业。

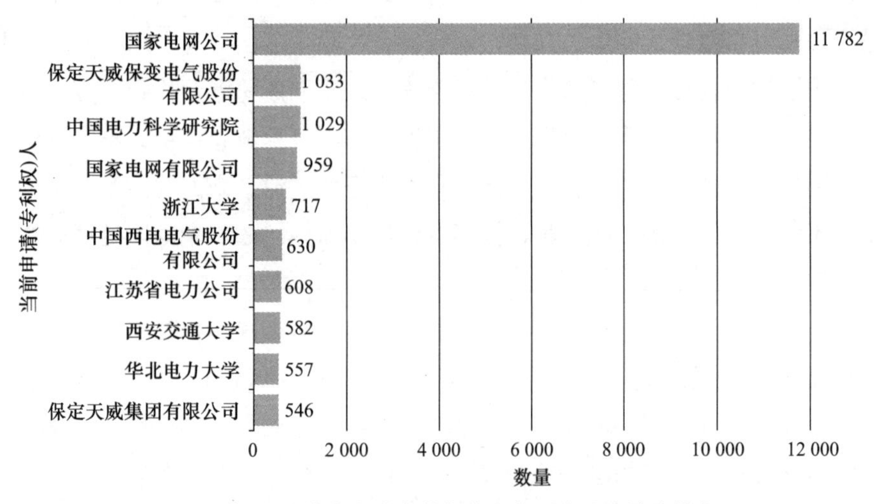

图 5.25 全国输变电成套装备产业专利主要申请人排名

对比图 5.25 和图 5.26 可以看出，从申请数量上看，辽宁省各研发单位较全国顶尖研发单位还有差距，除国家电网公司辽宁分公司外，特变电工沈阳变压器集团有限公司目前是辽宁省输变电成套装备的龙头企业，凭借其在变压器、电抗器领域的技术优势，多次获得国家及辽宁省专利奖。另外，沈阳工业大学、航天长峰朝阳电源有限公司等企事业单位也具有较强的科技创新能力。

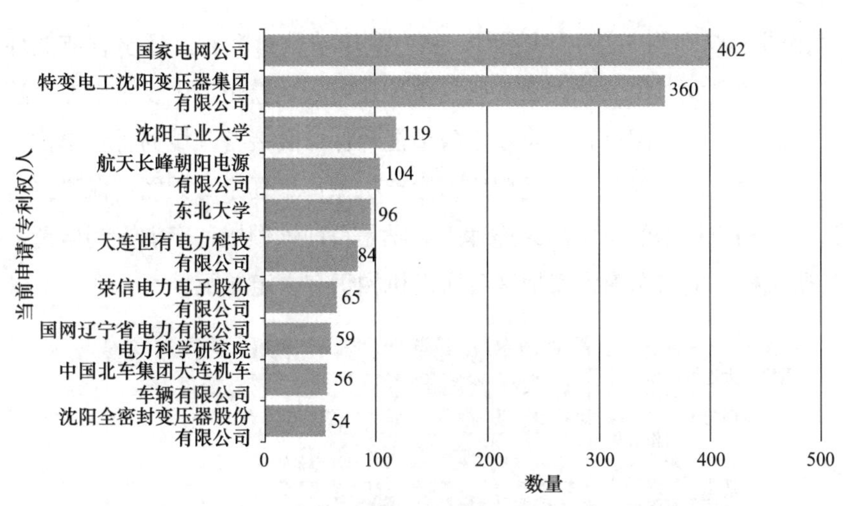

图 5.26　辽宁省输变电成套装备产业专利主要申请人排名

图 5.27 为全国节能环保成套装备产业专利主要申请人排名。可以看出，从专利申请数量上看，目前节能环保成套装备研发创新能力较强的机构集中在东南沿海地区，显示出该地区具有较强的节能环保意识，其中，南通天蓝环保能源成套设备有限公司、上海康恒环境股份有限公司具有很强的科研能力，另外，浙江大学、同济大学、华南理工大学等高等院校也是中国节能环保成套装备行业研发创新的主要力量。但是，全国排名前列的研发机构中，目前还没有辽宁省企业。

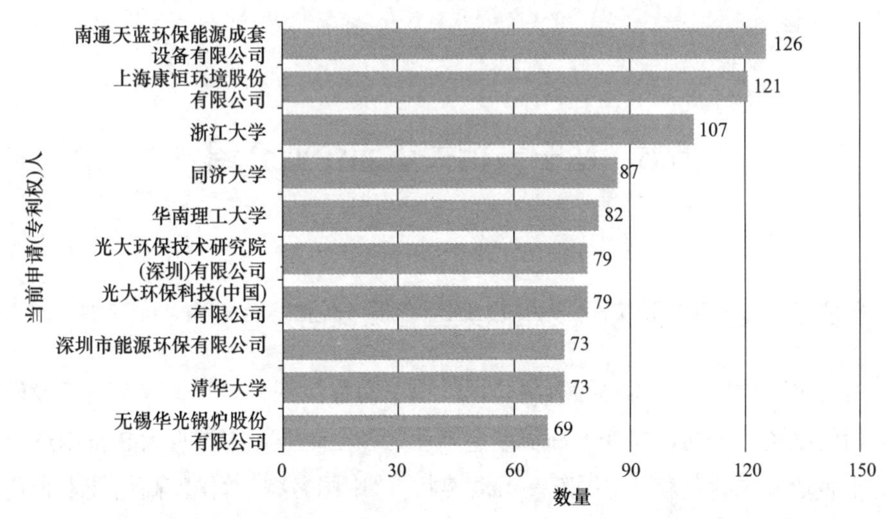

图 5.27　全国节能环保成套装备产业专利主要申请人排名

对比图 5.27 和图 5.28 可以看出，从专利申请数量上看，辽宁省节能环保成套装备产业各研发单位较全国顶尖研发单位还有较大差距，主要集中在大连市和沈阳市，高等院校及国有企业是辽宁省节能环保成套装备领域的骨干单位，大连华锐重工集团股份有限公司、瓦房店市永宁机械厂、辽宁海天阁环保科技有限公司也进行了相应技术的研发。大连理工大学是目前该领域辽宁省专利申请数量最多的科研机构，但与东南沿海地区各研发机构仍有一定差距。

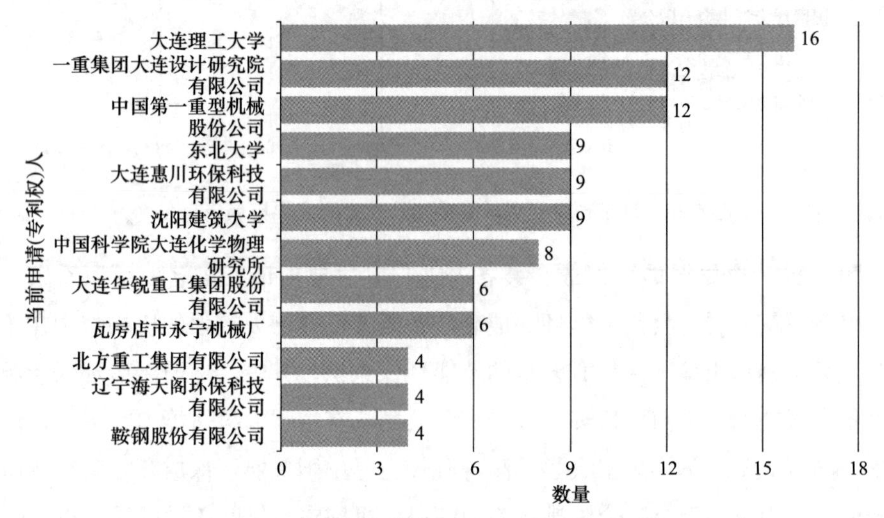

图 5.28　辽宁省节能环保成套装备产业专利主要申请人排名

5.8　辽宁省相关重点企业介绍

5.8.1　特变电工沈阳变压器集团有限公司

特变电工沈阳变压器集团有限公司（以下简称沈变公司）是特变电工股份有限公司的全资子公司，输变电高端制造产业的核心企业，中国重大装备制造业核心骨干企业，先后荣获“全国五一劳动奖状”“中国名牌”“国家高新技术企业”等至高荣誉。

沈变公司始建于 1938 年，是中国变压器行业历史最长、规模最大、技术实力最强的研发、制造和出口基地。公司拥有中国变压器行业唯一国家工程实验室，全面掌握火电、水电、核电产品核心技术，对推动中国能源转型与绿色发展、保障电力供应、提升电网安全水平、拉动中国经济高质量增长等方面作出了巨大贡献。近 10 年来，公司持续加大自主创新投入力度，不断增强自主创新能力，成为特高压交直流、百万千瓦大型火电、水电、核电领域变压器产品研制技术的引领者，承接了 150 余项国家重大装备制造业振兴国产首台（套）产品的研制重任。特高压交直流技术先后荣获国家科技进步特等奖 2 项，国家科技进步一等奖 2 项、二等奖 1 项，累计获得国家级奖项 20 余项，省部级奖项近 200 项，拥有专利 289 件，其中发明专利 76 件，PCT 专利 6 件，认定技术秘密专利 27 件，专利实施率达 90% 以上。2019 年，沈变公司研制的 ±1 100 kV 换流变压器顺利投运，开启了世界特高压输变电领域的新纪元，进一步奠定了我国世界电力发展引领者的地位，成为引领世界节能绿色输变电技术发展的先行者。

沈变公司在特高压输变电理论、技术、标准、装备及工程建设等领域累积了一系列的原始创新，获得了众多专利成果并实现了有效转化，创造了巨大的经济效益，进一步提升了科技创新水平及核心竞争力。党的十八大以来，在以习近平同志为核心的党中央坚强领导下，全国上下贯彻新发展理念，沈变公司深入实施创新驱动发展战略，获得 5 项中国专利优秀奖，先后被授予国家知识产权优势企业、国家知识产权示范企业、辽宁省知识产权优势企业、工业企业知识产权运用试点等荣誉称号，并凭借“一种网侧接入 750 kV 换流变压器”技术摘得首届辽宁省专利奖一等奖桂冠。

5.8.2　北方重工集团有限公司

北方重工集团有限公司（以下简称北方重工）是辽宁方大集团实业有限公司旗下的一家大型跨国重型机械制造公司。公司历史悠久，人才众多，在国际、国内重型机械制造行业有着重要的地位，是国家高新技术企业，中国制造业 500 强、中国机械工业百强企业，素有“中国机械工业摇篮”的美誉，产品辐射全球市场，并通过并购美国 Robbins 公司实现了企业跨国经营。公司通过了 ISO9001 质量管理体系、ISO14001 环境管理体系、GB/T-28001 职业健康安全管理体系和 ISO10012 测量管理体系四项“一体化”认证。

北方重工主导产品包括隧道工程装备、电力装备、建材装备、冶金装备、矿山装备、煤炭机械、石油压裂装备、散料输送与装卸装备、环保装备、现代建筑装备、锻造装备、传动机械、汽车电器及工程总包项目装备。

北方重工拥有完整的设计、试验、检测和计量手段及研发制造体系，拥有 200 余件专利和专有技术、200 余台（套）新产品填补国家空白，100 余项产品和技术获国家各级科技奖励。北方重工是国家技术创新示范企业，拥有国家级技术中心，全断面掘进机国家重点实验室、院士工作站、博士后工作站。研制了填补国家空白的新产品 180 台（套），承担了国家重大专项 8 项，获国家、省、市科技奖项 200 余项。拥有一批能够承担系统集成设计、生产线工艺设计和工程设计的专业工程技术人员。北方重工现拥有有效专利 79 件，其中发明专利 69 件。2010 年“自定位快速抓取管片机械手”（ZL200710159134.8）获中国专利优秀奖。

北方重工具有较宽的产品服务领域，能够设计和制造隧道施工、电站、水泥、矿山、冶金、锻造、煤炭、港口、林业、环保、军工和石油等 10 多个国民经济重点行业的众多重大产品和技术装备。同时，具有较强的设备成套和工程总包能力，即在其所涉及的领域内具备系统集成、设备成套和工程总包能力，包括全断面掘进机、新型干法水泥成套装备、冶金矿山成套装备、散料装卸和输送成套装备、环保成套装备、特种轧制成套装备、煤炭综采综掘成套装备、人造板成套装备等。

5.8.3 一重集团大连工程技术有限公司

一重集团大连工程技术有限公司（原名为一重集团大连设计研究院有限公司）始创于 1957 年，是央管企业中国第一重型机械集团公司上市公司中国第一重型机械股份公司的全资子公司。

作为国家高新技术企业，公司始终致力于为用户提供高端重型成套装备设计制造、技术集成、设备成套、工程总承包服务等全面系统解决方案。面向重型成套装备行业的能源、矿山、交通、冶金、核电、石化等领域，具备自主设计研发、工程咨询、工程设计、工程建设、项目管理和服务能力。

经过 60 多年的发展，一重集团大连工程技术有限公司具备了大型冶金成套、石化容器、锻压、矿山、核电等设备的设计研发能力，已形成了强大的设计制造体系和完善的设计标准，拥有为冶金、锻压、矿山等重型装备配套流体传动系统和为冶金与锻压等设备配套电气自动化系统的能力，具有完成大型环保工程、石油化工、煤化工和催化剂产品的研发、工程设计以及咨询业务能力，并具有化工、冶金领域丰富的国内外工程总包管理经验。

一重集团大连工程技术有限公司通过了 ISO9000 质量管理体系、ISO14000 环境管理体系、ISO45000 职业健康管理体系、压力容器质量体系、ASME 压力容器质量体系、ASME 核质量保证体系认证，取得了脱硫脱硝除尘活性焦生产方法的专利，具有化工工程专业乙级设计资质，压力管道特种设备设计资质，中华人民共和国特种设备设计许可证规定的 A1、A2、A3、SAD 级压力容器设计资质，在中国一重 ASME U、U2 和 ASME N 证书工作范围内进行设计的资质。公司主持、参与起草制定国家标准 17 项、行业标准 41 项。

公司已累计获得各类知识产权 260 项，其中发明专利 100 项、实用新型专利 134 项、外观设计专利 1 项、软件著作权 25 项。

第 6 章　新能源汽车产业专利分析

6.1　概述

新能源汽车是指采用新型动力系统，完全或主要依靠新型能源驱动，技术原理先进，具有新技术、新结构的汽车。

根据《新能源汽车生产企业及产品准入管理规定》的分类标准，本书将新能源汽车分为纯电动汽车（EV或BEV）、插电式混合动力（含增程式）汽车（PHEV）和燃料电池汽车（FCV）等。

纯电动汽车是指由电动机驱动，且驱动电能来源于车载可充蓄电池或其他能量储存装置的汽车，有一部分车辆把电动机装在发动机舱内，也有一部分直接以车轮作为4台电动机的转子，其难点在于电力储存技术。代表车型有国内的江淮汽车iEV6S，国外的特斯拉Model S、Model 3等。中国新能源汽车以纯电动汽车为主。

插电式混合动力汽车是指具有可外接充电功能，且有一定纯电驱动模式续驶里程的混合动力汽车，采用传统燃料同时配以电动机/发动机来改善低速动力输出和燃油消耗的车型，包括增程式电动汽车。代表车型有上汽荣威eRX5。

燃料电池汽车是指以氢气、甲醇等为燃料，通过化学反应产生电流，依靠电动机驱动的汽车。其中，氢燃料电池的能量通过氢气和氧气的化学作用直接变成电能，而不经过燃烧。由于燃料电池的化学反应过程不会产生有害物质，且能量转换效率比内燃机要高2～3倍，因此从能源的利用和环境保护方面，燃料电池汽车是一种理想的无污染车辆。代表车型有丰田的氢燃料电池车Mirai。

6.1.1　国际发展概述

近年来，随着国际能源供应日趋紧张，新能源汽车逐渐成为各国研发热点。关于新能源汽车，欧美各国在 19 世纪中期就已经开始关注，并进行了相关探索，在氢燃料、生物燃料等技术方面也已经有产品推出。当出现经济危机时，节能环保新能源成为各个国家的战略选择。

在新能源汽车模块体系和平台架构中，整车控制器（VCU）、电动机控制器（MCU）及电池包和电池管理系统（BMS）是最重要的核心技术，对整车的动力性、经济性、可靠性和安全性有着重要影响。

新能源汽车属于新兴行业，产业链长，涉及多个行业的发展。新能源汽车产业链上游涉及矿产资源、生产用设备等行业；中游涉及电池、电动机及控制系统等行业；下游涉及整车生产、充电、维护及服务等行业。与传统汽车行业不同，“三电”（电池、电动机和电控）取代“三大件”（发动机、变速箱和底盘）成为新能源汽车行业关键零部件（图 6.1）。“三电”成本占比超过 60%，电池在新能源汽车上扮演了更为重要的角色，成本占到整车的 42% 左右（其中正负极决定核心性能，成本占比高达 30% ～ 40%），电动机、电控成本分别约占整车的 10%。

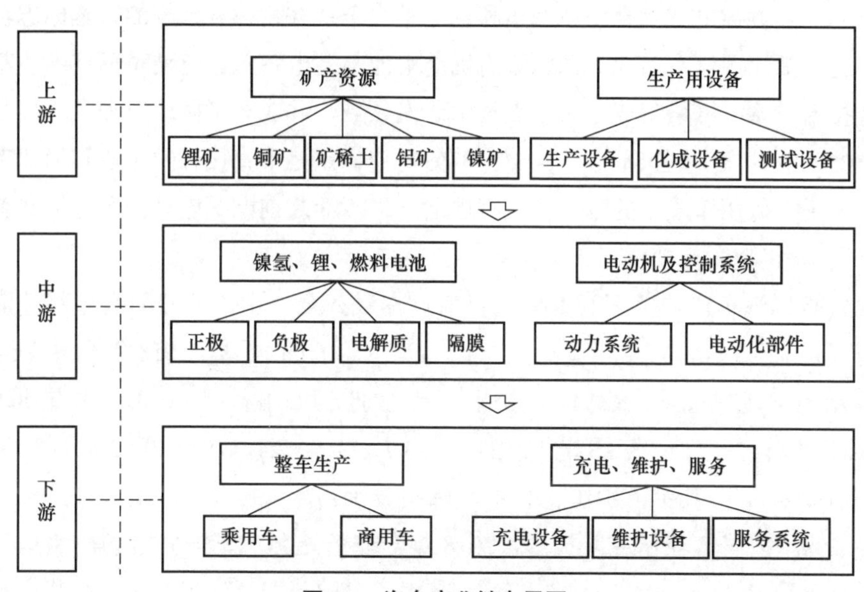

图 6.1　汽车产业链布局图

在政策规划上，近年来，美、日、德等汽车工业强国先后发布了关于推动包括混合动力汽车在内的新能源汽车产业发展的国家计划。

美国是能源消费大国，为了完成能源消费减量战略，美国政府通过立法支持新能源汽车技术发展，并将政府采购作为支持新能源汽车产业的重要手段。另外，在美国购买充电式混合动力车的车主，可以享受 7 500 美元的税收抵扣，同时美国政府投入 4 亿美元支持充电站等基础设施建设。

日本实施“绿色税制”，适用对象包括纯电动汽车、混合动力车、清洁柴油车、天然气汽车，前三类车被日本政府定义为“下一代汽车”，购买这类车可免除 100% 的重量税和取得税，个别车辆还有 50% 自动车税的减免，这还不包括补助金的优惠。日本把发展新能源汽车作为“低碳革命”的核心内容，并计划到 2020 年普及包括混合动力汽车在内的“下一代汽车”达到 1 350 万辆。日本在《新一代汽车战略 2010》中提到，计划在 2020 年前在日本境内建成 200 万座普通充电站和 5 000 座快速充电站。

欧盟从 1991 年开始就不断地调整能源政策，强调节约能源和可再生能源的使用与推广工作。欧盟经济体中举足轻重的德国在新能源汽车发展方面一向比较审慎，走“先研发、后市场”的道路。德国政府在 2008 年 11 月提出未来 10 年普及 100 万辆插电式混合动力汽车和纯电动汽车，并宣称该计划的实施标志着德国将进入新能源汽车时代。德国政府确立电池与蓄电装置、电动车辆技术、基础设施技术与系统网络集成三大重点技术研发领域，并成立了由政府和工业界共同组成的“电动汽车国家平台”。德国的另一个特点是不直接补贴企业和消费者，而是采用降低用车成本的政策。政府规定，2015 年之前购买电动汽车的消费者，可享受 10 年免缴行驶税。

新能源汽车产业链配套方面，目前日本最齐全，中国部分关键零部件依赖进口，欧盟、美国电池环节缺失。据 SNE Research 披露，2018 年全球 TOP10 企业动力电池装机量，CATL、松下、比亚迪、LG 化学、AESC、三星 SDI、Farasis、国轩、力神、亿纬分别为 21.3、20.7、11.6、7.4、3.7、3.0、3.3、3.2、2.8、1.9（GW · h）；其中，中国、日本、韩国分别占比 49.2%、21.4%、10.7%，合计 81.3%。前瞻产业研究院披露，2018 年全球新能源汽车电机市场，美国、日本、德国分别占比 34%、16%、13%；其中，中国新能源汽车车用电机基本实现国产替代。电控 IGBT 是新能源汽车电控系统核心零部件，据英飞凌年报披露，2018 年全球 IGBT 领域，英飞凌、三菱、富士电机、安森美、赛美控分别占比 28.6%、15.2%、9.7%、7.2%、5.7%；按国籍分，德国占 34.3%、美国占 7.2%、日本占 24.9%；2018 年中国电控 IGBT 领域进口依存度约为 90%[19]。

2019 年 10 月，清华大学全球产业研究院发布《新能源汽车全球专利观察》报告指出，到 2019 年 7 月，全球各国在 BEV 车型方向专利件数占比分别为：日本 26%、中国 25%、韩国 20%、美国 18%、德国 4%、法国 1%；HEV 车型方向专利件数占比分别为：日本 52%、中国 4%、韩国 6%、美国 16%、德国 12%、法国 4%；FCV 车型方向专利件数占比分别为：日本 54%、中国 2%、韩国 8%、美国 19%、德国 7%、法国 3%。综合来看，BEV 专利中美日韩合占近九成，HEV、FCV 专利日本一家独大。

据 EV Sales 披露，2019 年 1—11 月全球新能源乘用车 TOP20 对应销量为：中国 75.51 万辆、美国 33.65 万辆、日本 17.50 万辆、欧盟 23.26 万辆、韩国 11.65 万辆；TOP20 对应市占率为：中国 38.88%、美国 17.32%、日本 9.01%、欧盟 11.97%、韩国 5.96%；车企销量从高到低依次为：特斯拉、比亚迪、北汽、上汽、宝马、日产、吉利、大众、现代、丰田、起亚、三菱、雷诺、奇瑞、长城、沃尔沃、广汽、长安、江淮和雪佛兰，其中中国 10 家、美国 2 家、日本 3 家、欧盟 3 家、韩国 2 家。

其中，特斯拉可以说是全球新能源电动汽车领域内的龙头品牌。特斯拉是一家美国电动车及能源公司，产销电动车、太阳能板及储能设备。2014 年 6 月份，特斯拉公司总裁埃隆 · 马斯克宣布开放特斯拉所有专利，免费供竞争对手使用，一时间赚足了关注度，有人认为这是特斯拉公司的情怀，也有人分析这是特斯拉公司的商业策略，让更多人采用特斯拉的技术，共同进步，还有人认为这是想通过共同进步引领技术标准，将自身专利形成标准必要专利等。按照一般逻辑，放开专利免费供竞争对手使用，申请专利也就失去意义了，因为专利权的本质是排他性。可特斯拉公司从 2014 年马斯克宣布共享专利之后，依然申请专利，而且在多个国家进行了布局。

下面以特斯拉为例，简要分析其新能源汽车密切相关的专利在我国的布局和发展情况。特斯拉公司自 2000 年以来的约 20 年间，与新能源汽车密切相关的专利在我国申请数了约 100 余件，数量虽不大，但也说明特斯拉已经在中国市场展开了专利布局。图 6.2 显示了特斯拉公司在华专利申请的技术主题分布图。从图中可知，申请较多的种类分别为：B60L11/18（使用初级电池、二次电池或燃料电池供电的）、H02J7/00（用于电池组的充电或去极化或用于由电池组向负载供电的装置）、H01M2/10（安装架；悬挂装置；减震器；搬运或输送装置；保持装置）、G01R31/36［用于测试、测量或监测蓄电池或电池的电气状况的设备，如用于测试容量或充电状态（SOC）的仪器］。从专利申请的技术主题方面分析，特斯拉公司在中国的专利布局还是倾向于新能源电池领域，这无疑也是新能源汽车最核心的部分，如果能在该领域取得突破，也将基本上占领新能源汽车市场。然而从 2013 年起，特斯拉公司旗下车辆发生了多起汽车和工厂起火事故，为新能源汽车的安全性问题拉响了警铃，其他新能源汽车企业也不乏相关事故。如何能在安全和续航方面取得平衡，新能源汽车的未来之路任重而道远。

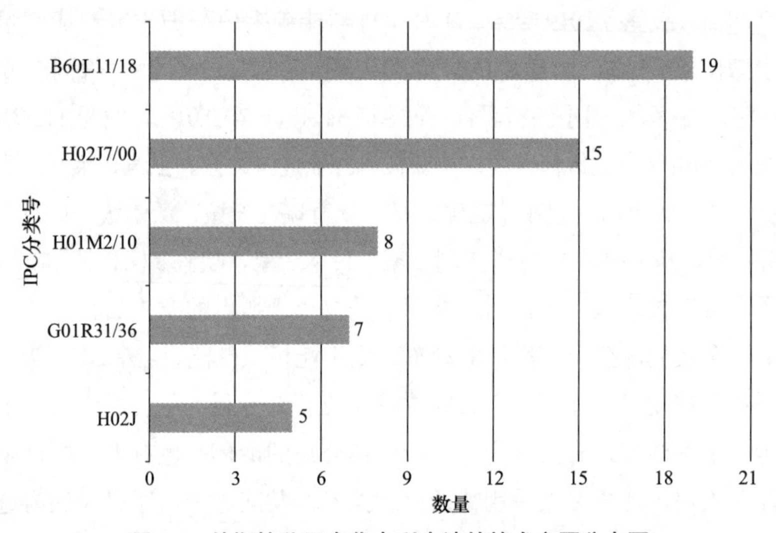

图 6.2　特斯拉公司在华专利申请的技术主题分布图

图 6.3 为特斯拉公司在华专利申请类型分布图。特斯拉公司虽然申请的与新能源汽车密切相关的专利数量不多，但也涉及多个专利类型，并且发明专利占据绝大部分，这一点说明中国也是其在世界范围内专利紧密布局的一部分。2019 年年初，特斯拉的总裁埃隆 · 马斯克亲自动身来中国参加特斯拉公司在上海创厂的开工仪式，标志着特斯拉公司正式进军中国市场。结合近年来特斯拉在中国的一系列举动，也能看出它对中国市场的青睐。

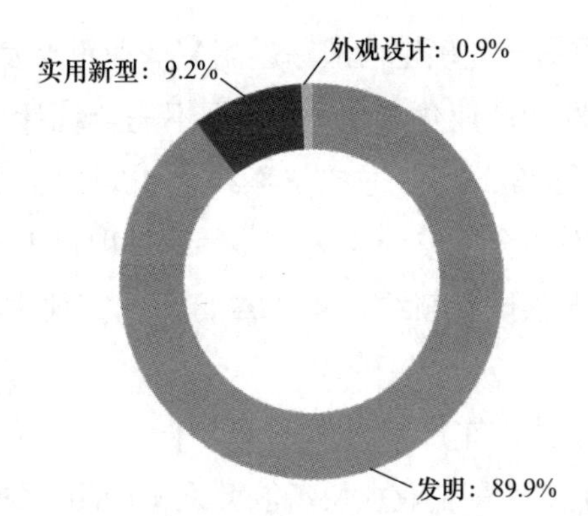

图 6.3　特斯拉公司在华专利申请类型分布图

6.1.2　国内发展概述

中国新能源汽车产业始于 21 世纪初。2006 年，科技部召开“十五”电动汽车重大科技专项验收会后，出台了《新能源汽车生产准入管理规则》，宣告新能源汽车行业正式进入规模化发展阶段。其后，国家在主要发展路线、补贴政策制定、企业准入管理等方面进行了多次调整。直至 2010 年，新能源汽车被国务院确定为七大战略性新兴产业之一，主要发展方向确定为插电式混合动力和纯电动汽车。进入规模化快速发展的第二阶段则是在 2014 年，此时国内多数主机厂开始加大新能源领域的研发和市场投入，陆续成立独立的新能源公司。同时，资本市场也盯上了这一热门行业，一时间市场上新能源汽车企业超过 200 家[20]。

目前，中国新能源汽车整车和部分核心零部件关键技术尚未完全突破，产品成本和技术性能还不能完全满足市场需求，社会配套体系不够完善，产业化和市场化发展依然受到诸多制约。加快新能源汽车持续创新，推进中国汽车产业技术转型升级，是中国科技发展的重大战略需求。

从区域分布来看，得益于相对良好的传统汽车制造业和工业基础，江苏省的新能源汽车项目数量最多，江苏省也是最受外资车企欢迎的省份，紧跟其后的是广东、湖北和浙江，而中部省份以湖北和河南较为突出。从大区域看，长三角最受车企青睐，江浙两省合计获得 930 亿元的投资额，几乎占据了年内新能源汽车投资的半壁江山，这意味着江浙两省的新能源汽车集聚效应在继续扩大。

中国已将新能源汽车产业确定为战略性新兴产业重点发展的方向之一，超前部署新能源汽车的研发和产业化工作[21]。据不完全统计，2017 年来，50 多个新能源汽车项目确定了投资选址，总投资额约合 2 500 亿元。其中，整车类项目 32 个，已披露总投资额约合 1 955.54 亿元；零部件项目 13 个，大部分围绕新型电池和新材料，已披露总投资额约合 420.03 亿元；其他类型项目 5 个，已披露总投资额约合 59.2 亿元。

2019 年，我国新能源汽车产销出现了大力推广 10 年来的首次负增长，目前仍在低谷徘徊。随着更多外资企业加快新能源汽车产品在华投放力度，中国的本土企业面临更大挑战。当前，恰逢中国新能源汽车产业从补贴时代向市场化时代过渡的关键时期，本土车企能否守住新能源先发优势并借势突围，是中国汽车产业共同面对的课题。值得肯定的是，随着我国新能源汽车自主研发和创新能力的不断提升，电池、电动机、电控等核心技术取得了一系列突破。但是，车规级芯片被国外厂商垄断，国产汽车前端采样芯片无论是在产品开发还是在市场应用方面还是一片空白，是我国新能源汽车行业发展最明显的短板。

6.1.3 辽宁省发展趋势

辽宁省在链基础雄厚，集聚了相当一部分资源，潜力无限。上游资源丰富、中游新生力量厚积薄发、整车企业实力雄厚，为新旧动能转换奠定了坚实基础。《辽宁省人民政府办公厅关于加快新能源汽车推广应用的实施意见》提出，到 2020 年全省新能源汽车推广应用达到 2 万辆以上，公共领域普遍应用新能源汽车，截至 2017 年 12 月底保有量 1.29 万辆。2018 年大连市公布的《关于加快新能源汽车产业创新发展的指导意见》指出，将在 2020 年前，市区公交运营线路全部淘汰传统燃油汽车；2025 年前，实现全市网约车全部采用新能源汽车。

辽宁新能源汽车产业链主要分布在沈阳、大连、丹东、鞍山、朝阳等地区，华晨汽车集团、华晨宝马汽车有限公司等新能源汽车整车生产企业在研发设计、示范推广应用等方面走在辽宁省前列，辽宁省已形成了产学研用相结合的新能源汽车产业研发生产体系。截至 2017 年年底，辽宁省共有新能源汽车整车生产企业 13 家，新能源汽车产量 6 718 辆（其中，整车 4 386 辆，专用车 2 332 辆）。其中，纯电动汽车 2 741 辆，占整车产量的 58%；插电式混合动力汽车 1 942 辆，占整车产量的 41.2%；燃料电池汽车 40 辆，占 0.8%。辽宁省共有公用充电站 208 座，充电桩 1 442 个，充电量 45 万 kW · h。2017 年当年新建充电桩 48 个。有 5 个节能与新能源汽车投融资项目进行，分别是辽宁雷风新能源科技有限公司充电站项目、大连中比动力电池有限公司年产 2 亿 Ah 高能动力锂离子电池建设项目、沈阳妙盛汽车电源有限公司高功率型锂离子电池产业化建设项目、华晨宝马新研发中心项目、华晨宝马高压电池中心项目。

从新能源汽车专利情况来看，新能源汽车的全国专利数量较高，并呈现逐年增长的强劲趋势，辽宁省新能源汽车的专利量与全国的总体水平还有一定的差距，创新能力有待进一步提高。在新能源汽车领域，辽宁省的研究方向与全国基本保持一致，部分研发比重稍有不同，但区域优势不明显。

6.2　历年专利申请量分析

图 6.4 为全国新能源汽车产业专利申请量趋势图。从图中可以看出，2000 年至 2008 年专利申请量平稳增长，年增长量大约为 100 件。这表明该时期为新能源汽车的萌芽和探索阶段，这与中国当时的国情相符合。2001 年，新能源汽车研究项目被列入国家“十五”期间的“863 计划”重大科技课题，并规划了以汽油车为起点，向氢动力车目标挺进的战略。“十一五”以来，中国提出“节能和新能源汽车”战略，政府高度关注新能源汽车的研发和产业化。2001 年，“863 计划”电动汽车重大专项确定三纵三横战略。以纯电动、混合动力和燃料电池汽车为三纵，以多能源动力总成控制、驱动电动机、动力蓄电池为三横。2005 年，国家“863 计划”节能与新能源汽车重大项目确定北京、武汉等 6 个城市为电动汽车示范运营城市；2007 年，“863 计划”规划对新能源汽车投入 20 亿元研究经费。2007 年，《新能源汽车生产准入管理规则》定义了新能源汽车的范围；产业结构调整指导目录（2007 年本），新能源汽车正式进入国家发展和改革委员会的鼓励产业目录。

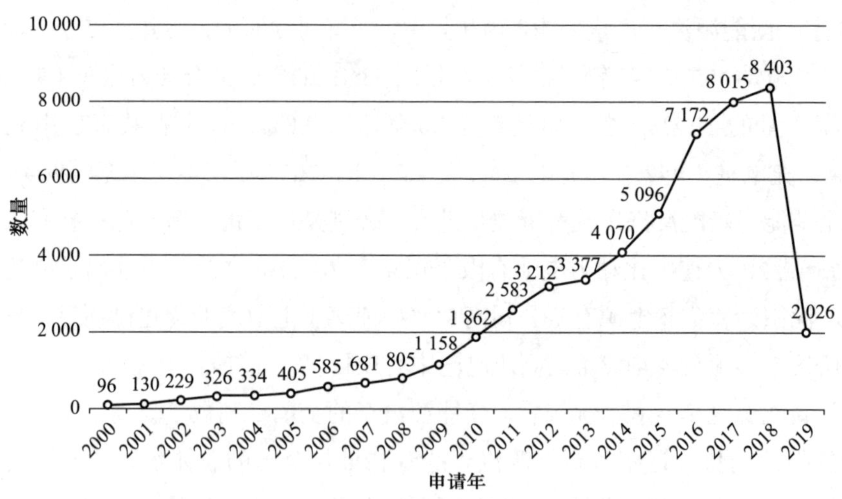

图 6.4　全国新能源汽车产业历年专利申请量趋势图

2008 年 3 月 31 日，首届中国绿色能源汽车发展高峰论坛上，科技部提出新能源汽车发展的明确目标：到 2012 年，国内 10% 新生产的汽车是节能与新能源汽车。自此，2008 年成为中国新能源汽车元年，新能源汽车在国内呈全面出击之势，专利申请量急剧增长。2009 年，在“十城千辆”工程、《关于开展节能与新能源汽车示范推广试点工作的通知》《汽车产业调整和振兴规划》《汽车产业发展政策》等密集的扶持政策出台背景下，中国新能源汽车驶入快速发展轨道，专利申请量迅速增长，2009 年专利申请量首次超过 1 000 件。

虽然新能源汽车在中国汽车市场的比重依然较小，但它在中国商用车市场上的增长潜力已开始释放。2009 年 1—11 月，新能源商用车（主要是液化石油气客车、液化天然气客车、混合动力客车等）销量同比增长 178.98%，达到 4 034 辆。这说明新能源汽车在中国商用车市场已开始迅猛增长。

2009 年以后，中国加大对新能源汽车的扶持力度；2010 年，新能源汽车成为低碳概念中唯一入选政府工作报告的子行业；2011 年，《中华人民共和国车船税法实施条例》规定：对节约能源、使用新能源的车船可以减征或者免征车船税。纯电动汽车、燃料电池汽车和插电式混合动力汽车免征车船税，其他混合动力汽车按照同类车辆适用税额减半征税。《节能与新能源汽车产业发展规划（2012—2020 年）》指出，新能源汽车产业发展以纯电驱动为新能源汽车发展和汽车工业转型的主要战略取向，当前重点推进纯电动汽车和插电式混合动力汽车产业化。由此，新能源汽车正式进入全面政策扶持阶段。受以上政策影响，新能源汽车产业专利申请量继续大幅增加，在 2009—2012 年，专利申请的年增长量约 700 件。

2012—2015 年开始进入产业化阶段，在全社会推广新能源城市客车、混合动力轿车、小型电动车。正是产业化阶段的积累，2014—2016 年的专利申请量的年增长量已经为 1 000 ～ 2 000 件。2016—2019 年，中国进一步普及新能源汽车、多能源混合动力车，插电式电动轿车 / 氢燃料电池轿车逐步进入普通家庭，新能源汽车产业专利申请量也迅速增加。

图 6.5 为辽宁省新能源汽车产业专利申请量趋势图。总体看来，辽宁省新能源汽车产业专利申请量也是呈上升趋势，但不同年份会有微小波动。辽宁省各年度的申请量与全国的申请量相比，差距较大。2009 年国务院出台了《国务院关于进一步实施东北地区等老工业基地振兴战略的若干意见》，在政策支持下，重点企业在研发创新方面加大投入，研发创新能力显著提高。同时，辽宁省先后推出多项关于新能源汽车的扶持政策，推动了该产业的发展。因此，从 2009 年起，该领域的专利申请量增速较快，其间虽有波动，但总体上升趋势明显，年申请量基本在 100 件左右，2016 年呈现峰值。在新能源汽车领域，虽然辽宁省已经形成了一定的专利储备，但数量与全国还是存在一定差距，创新能力有待进一步提升。

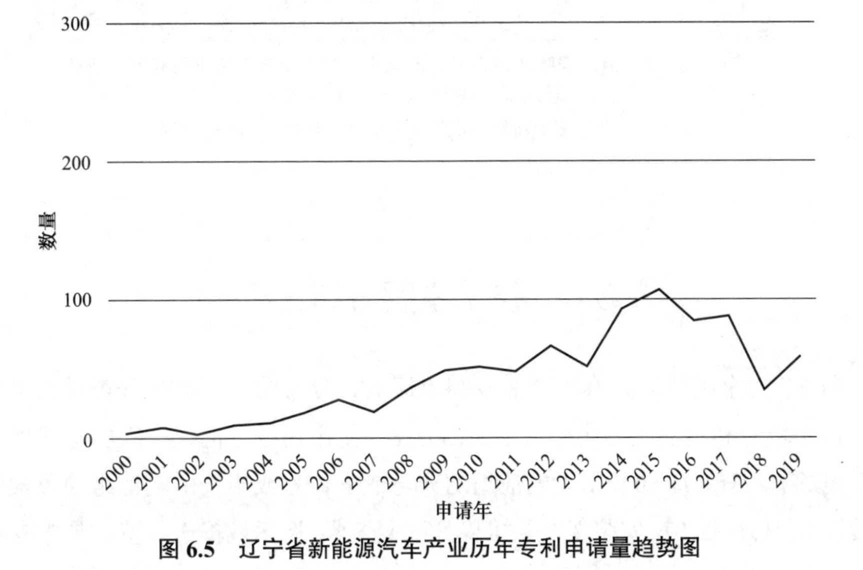

图 6.5　辽宁省新能源汽车产业历年专利申请量趋势图

6.3 专利申请区域分布分析

图 6.6 为全国新能源汽车产业专利申请区域分布图。从新能源汽车专利数量上分析，广东以 6 605 件专利排在第 1 位，成为全国新能源汽车相关技术发展最快的省。江苏以 6 404 件专利排在第 2 位。北京以 5 005 件专利排在第 3 位。辽宁专利申请量排名位于第二梯队，说明辽宁在新能源汽车领域提升空间较大，今后一段时间需加强该领域的创新发展。

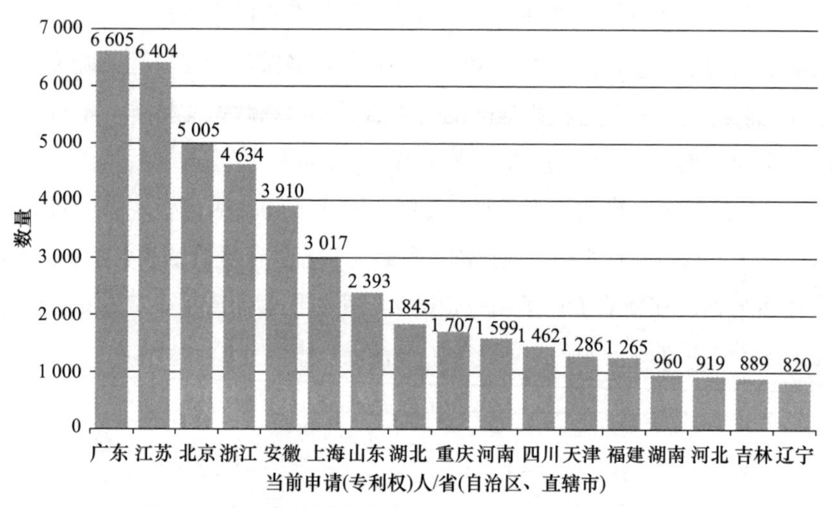

图 6.6　全国新能源汽车产业历年专利申请区域分布图

6.4 技术主题分布分析

图 6.7 为全国新能源汽车产业专利申请 IPC 分布图。从 IPC 分类排名可以看出，该领域专利热点主要集中在 B60L11/18（使用初级电池、二次电池或燃料电池供电的）、H02J7/00（用于电池组的充电或去极化或用于由电池组向负载供电的装置）、H01M2/10（安装架；悬挂装置；减震器；搬运或输送装置；保持装置）、

H01M10/625（车辆）和 H01M10/613（冷却或保持低温）几个组，说明目前新能源汽车领域与电池组、电控相关的研究仍然是发展热点。

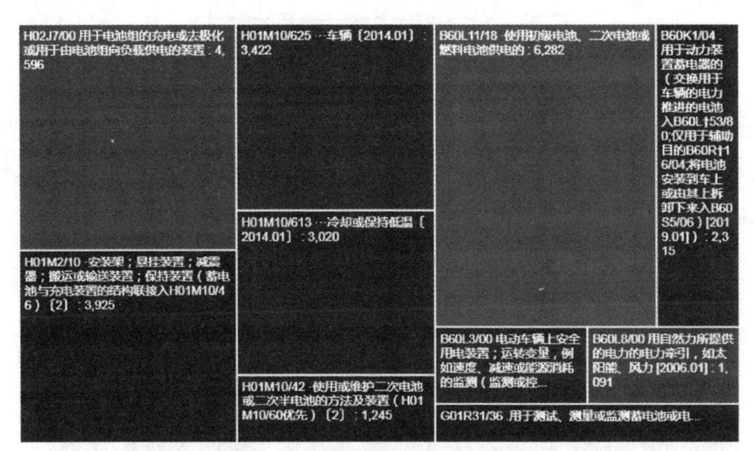

图 6.7　全国新能源汽车产业专利申请 IPC 分布图

图 6.8 为辽宁省新能源汽车产业专利申请 IPC 分布图。从 IPC 分类排名可以看出，辽宁省该领域专利热点也主要集中在 B60L11/18（使用初级电池、二次电池或燃料电池供电的）、H02J7/00（用于电池组的充电或去极化或用于由电池组向负载供电的装置）、H01M2/10（安装架；悬挂装置；减震器；搬运或输送装置；保持装置）、H01M10/625（车辆）和 H01M10/613（冷却或保持低温）这几个组，说明辽宁省研究发展方向与国家完全一致。

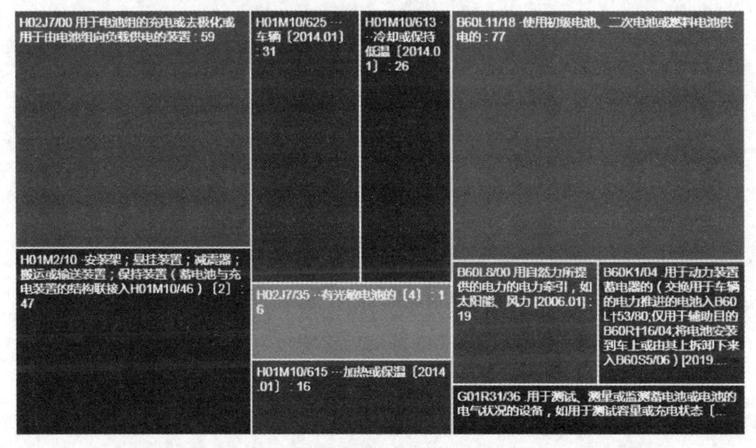

图 6.8　辽宁省新能源汽车产业专利申请 IPC 分布图

6.5　关键技术发展方向

图 6.9 为全国新能源汽车产业专利申请创新词云排布图。从图中可以看到，我国新能源汽车的研发主题主要是动力电池、电池箱、电池包等，与之前 IPC 分类中获取的信息一致。

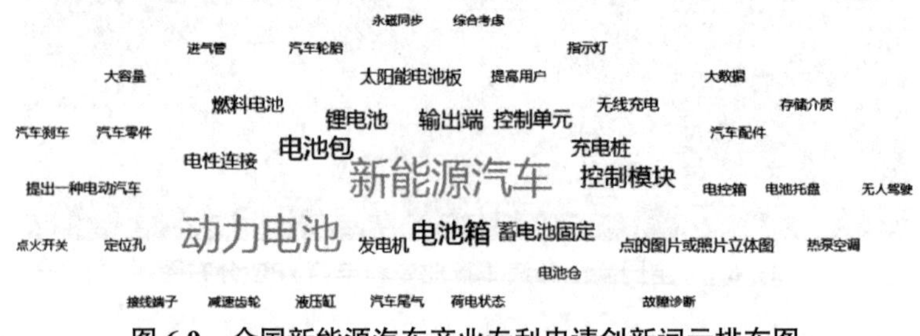

图 6.9　全国新能源汽车产业专利申请创新词云排布图

图 6.10 为全国新能源汽车产业专利申请关键词旭日图。从图中可以看出，该领域涉及的关键词也包括了电池箱、电池包、控制模块、输出端等。根据进一步细分，还涉及电动汽车、固定连接、电驱动、电池模组等二级关键词，以达到对该领域的进一步了解，此处不再赘述。

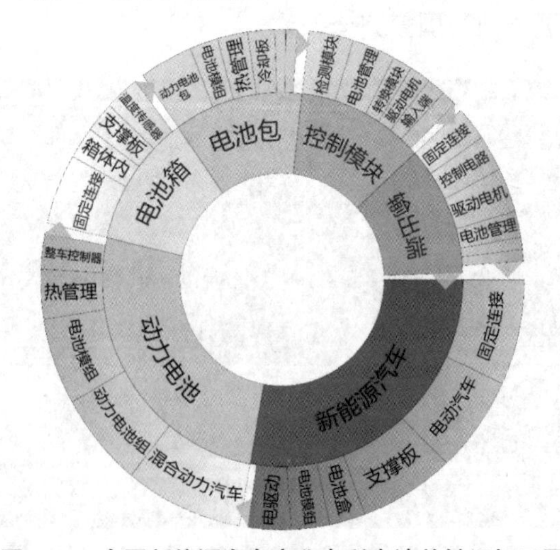

图 6.10　全国新能源汽车产业专利申请关键词旭日图

图 6.11 为辽宁省新能源汽车产业专利申请创新词云排布图。从图中可以看到，辽宁省新能源汽车的研发主题主要是动力电池、发电机、控制电路、电池箱等，其中动力电池、电池箱与全国的创新词云基本重合，代表辽宁省与国内发展方向基本相同。但在发电机、控制电路等方面，辽宁研发所占比重更大。

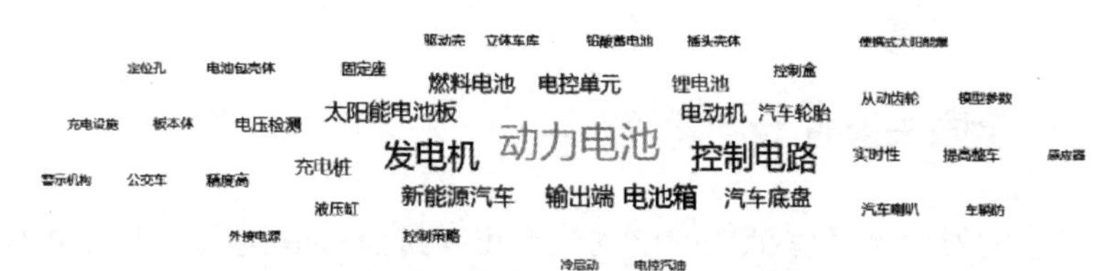

图 6.11　辽宁省新能源汽车产业专利申请创新词云排布图

图 6.12 为辽宁省新能源汽车产业专利申请关键词旭日图。新能源汽车一级关键词主要是动力电池、发电机、控制电路、电池箱、输出端等。与全国该领域提到的关键词相比，主要区别点在于发电机和控制电路方面。辽宁省发电机方面包含的二级关键词为电动汽车、蓄电池组、控制电路、混合动力等，控制电路方面包含的二级关键词为电动汽车、输入端等，说明辽宁省新能源汽车产业专利在发电机、控制电控制路方面的创新较多。

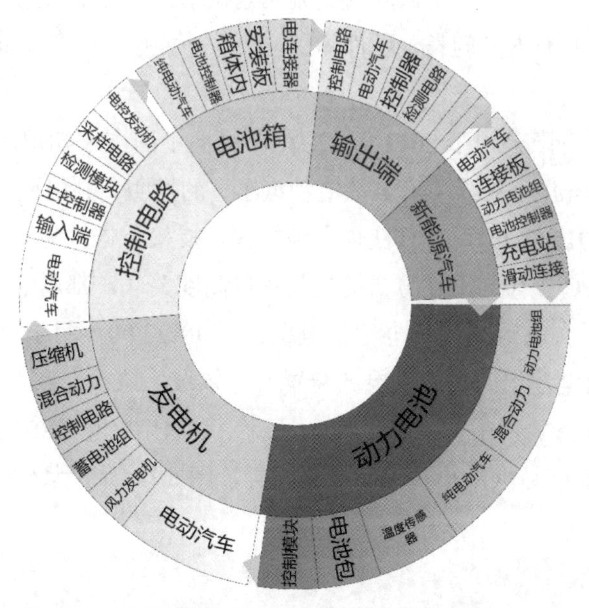

图 6.12　辽宁省新能源汽车产业专利申请关键词旭日图

6.6 关键性专利解读

6.6.1 全国关键性专利解读

随着科技的发展，环保节能的电动汽车正在扮演着取代燃汽车的角色，然而电动汽车的普及还面临着一些问题，其中高续航里程和快捷的充电技术，已成为电动汽车推广的一大难题。

目前，电动汽车大多采用大容量的电池，虽然可以提高电动汽车的续航能力，但大容量的电池又带来了充电时间过长的问题。虽然专业的直流充电站可以快速地为电池进行充电，但高额的成本和较大占地面积等问题使得这种基础设施的普及面临着一定的难度，同时由于车辆的空间有限，车载充电器受到体积的制约而无法满足充电功率。

总的来说，目前市场上所采取的交流充电技术大多为单项充电技术，该技术存在充电功率小、充电时间长、硬件体积较大、功能单一、受不同地区电网的电压等级限制等缺点。

比亚迪股份有限公司于 2012 年 12 月 31 日向中国国家知识产权局提交了名为“电动汽车的充电系统及具有其的电动汽车”的发明专利申请，解决了上述问题。该申请于 2015 年 6 月 24 日获得专利授权，授权公告号为 CN103187758B。该专利涉及的 IPC 领域与上述分析的热门领域高度关联，都属于 B60L11/18（使用初级电池、二次电池或燃料电池供电的）、H02J7/00（用于电池组的充电或去极化或用于由电池组向负载供电的装置）等领域，该项专利在 2019 年入选第 21 届中国专利优秀奖预获奖项目。表 6.1 显示了 CN103187758B 专利附加信息，图 6.13 所示为该专利 PCT 申请国际检索报告，图 6.14 所示为 CN103187758B 的摘要附图。

表 6.1　CN103187758B 专利附加信息

同族专利	US10086716B2	US10173545B2	US2014354195A1
	US2014354240A1	US2014368170A1	US2014369431A1
	US2015006008A1	US2015008850A1	US2015008866A1
	US2015015207A1	US2015035459A1	US2015042277A1
	US2015137754A1	US9260022B2	US9272629B2
	US9290105B2	US9493088B2	US9604545B2
	US9718373B2	US9718374B2	US9796287B2
	US9969290B2	WO2013097797A1	WO2013097798A1
	WO2013097801A1	WO2013097803A1	WO2013097807A1
	WO2013097808A1	WO2013097810A1	WO2013097811A1
	WO2013097814A1	WO2013097815A1	WO2013097816A1
	WO2013097818A1	WO2013097819A1	WO2013097820A1
	WO2013097821A1	WO2013097823A1	WO2013097824A1
	WO2013097825A1	WO2013097828A1	WO2013097829A1
	WO2013097830A1	WO2013182064A1	WO2014000649A1
	EP2800226A1	EP2800226A4	EP2800226B1
	EP2800227A1	EP2800227A4	EP2800227B1
	EP2800228A1	EP2800228A4	EP2800228B1
	EP2800231A1	EP2800231A4	EP2800231B1
	EP2800232A1	EP2800232A4	EP2800232B1
	EP2800284A1	EP2800284A4	EP2802055A1
	EP2802055A4	EP2802055B1	EP2802056A1
	EP2802056A4	EP2802056B1	EP2802057A1
	EP2802057A4	EP2802057B1	EP2802058A1
	EP2802058A4	EP2867975A1	EP2867975A4
	CN103182948A	CN103182948B	CN103182950A
	CN103182950B	CN103182951A	CN103182951B
	CN103186109A	CN103186109B	CN103187758A
	CN103187759A	CN103187759B	CN103187760A
	CN103187760B	CN103187761A	CN103187761B
	CN103187762A	CN103187762B	CN103187763A
	CN103187763B	CN103187764A	CN103187764B
	CN103187765A	CN103187765B	CN103187766A
	CN103187766B		

续表

引用文献	US2004145338A1	US2009066291A1	US2009096424A1
	US2010063675A1	US2010079004A1	US2010181829A1
	US2011055037A1	US2011115425A1	US4920475A
	US5642270A	US6147473A	US6466002B1
	US6879132B2	US7489106B1	WO02087068A1
	WO2010050038A1	WO2011019855A1	WO2011086697A1
	EP0985570A2	EP2039560A1	JP2008109840A
	JP2009071989A	JP2009118658A	JP2010063198A
	JP2010193691A	JP2010252520A	JP2010288391A
	JP2011097825A	JPH06141488A	JPH09322313A
	JPH10312832A	CN101210944A	CN101388560A
	CN101803142A	CN101803143A	CN101931228A
	CN101976864A	CN101997336A	CN102009595A
	CN102025182A	CN102055226A	CN102069715A
	CN102163856A	CN102177046A	CN102185343A
	CN102185375A	CN102195504A	CN102196940A
	CN102222928A	CN102237705A	CN102275508A
	CN102290852A	CN102416882A	CN102673422A
	CN102709972A	CN102774284A	CN102832663A
	CN1470415A	CN1618645A	CN1625014A
	CN1634725A	CN1815248A	CN1877473A
	CN201594757U	CN201839022U	CN201876720U
	CN201877856U	CN201881915U	CN201898359U
	CN202006766U	CN202276163U	CN202435108U
	CN202455130U		

续表

被引用文献	US10059210B2	US10150373B2	US10166877B2
	US10173543B2	US10181742B2	US10411486B2
	US9845021B2	WO2014206373A1	WO2014206374A1
	WO2014206375A1	WO2016026435A1	WO2018059416A1
	EP3014729A4	CN103448556A	CN103674569A
	CN103684202A	CN103730439A	CN103762392A
	CN103779625A	CN103779890A	CN104022547A
	CN104097530A	CN104201736A	CN104228586A
	CN104249630A	CN104253464A	CN104253465A
	CN104283485A	CN104407266A	CN104442444A
	CN104578303A	CN104626996A	CN104679052A
	CN104753090A	CN104779667A	CN104827928A
	CN104993531A	CN105024433A	CN105098270A
	CN105109354A	CN105109361A	CN105216650A
	CN105270195A	CN105305580A	CN105391111A
	CN105429238A	CN105489951A	CN105539189A
	CN105552972A	CN105564260A	CN105593055A
	CN105644373A	CN105656147A	CN105703419A
	CN105703420A	CN105774592A	CN105799533A
	CN105934864A	CN105939887A	CN106042972A
	CN106143182A	CN106169783A	CN106253267A
	CN106253382A	CN106374592A	CN106452269A
	CN106532860A	CN106561004A	CN106585397A
	CN106585401A	CN106685034A	CN106740195A
	CN106740213A	CN106882068A	CN106976409A
	CN107031406A	CN107046362A	CN107112748A
	CN107139748A	CN107147176A	CN107176050A
	CN107187319A	CN107264309A	CN107294098A
	CN107336629A	CN107415723A	CN107437806A
	CN107482700A	CN107757388A	CN108128176A
	CN108437824A	CN108462231A	CN108638897A
	CN108839588A	CN109189047A	CN109435751A
	CN109484221A		

INTERNATIONAL SEARCH REPORT

International application No. PCT/CN2012/088094

A. CLASSIFICATION OF SUBJECT MATTER

See the extra sheet

According to International Patent Classification (IPC) or to both national classification and IPC

B. FIELDS SEARCHED

Minimum documentation searched (classification system followed by classification symbols)

IPC: H02J 7, H02M 3

Documentation searched other than minimum documentation to the extent that such documents are included in the fields searched

Electronic data base consulted during the international search (name of data base and, where practicable, search terms used)

CNPAT, WPI, EPODOC, CNKI: DC/DC, bidirectional, conversion, grid, battery, cell, charge, discharge, vehicle, electromobile

C. DOCUMENTS CONSIDERED TO BE RELEVANT

Category*	Citation of document, with indication, where appropriate, of the relevant passages	Relevant to claim No.
P, Y	CN 202455130 U (BYD COMPANY LIMTED), 26 September 2012 (26.09.2012), see description, paragraphs [0054]-[0094], and figures 1-5	1-3, 6, 13, 14, 15-17, 20, 27, 28
P, Y	CN 202435108 U (BYD COMPANY LIMTED), 12 September 2012 (12.09.2012), see description, paragraph [0022], and figure 1	4, 5, 12, 18, 19, 26
Y	CN 102055226 A (BYD COMPANY LIMTED), 11 May 2011 (11.05.2011), see description, paragraphs [0057]-[0120], and figure 1	1-30
Y	CN 201594757 U (BYD COMPANY LIMTED), 29 September 2010 (29.09.2010), see description, paragraphs [0023]-[0075], and figure 1	1-30
Y	CN 102195504 A (DENSO CORPORATION), 21 September 2011 (21.09.2011), see description, paragraphs [0023]-[0075], and figure 1	4, 5
A	US 2007/0075661 A1 (UT BATTELLE LLC), 05 April 2007 (05.04.2007), see description, paragraph [0056], and figure 14	1-30

☐ Further documents are listed in the continuation of Box C. ☒ See patent family annex.

* Special categories of cited documents:

"A" document defining the general state of the art which is not considered to be of particular relevance

"E" earlier application or patent but published on or after the international filing date

"L" document which may throw doubts on priority claim(s) or which is cited to establish the publication date of another citation or other special reason (as specified)

"O" document referring to an oral disclosure, use, exhibition or other means

"P" document published prior to the international filing date but later than the priority date claimed

"T" later document published after the international filing date or priority date and not in conflict with the application but cited to understand the principle or theory underlying the invention

"X" document of particular relevance; the claimed invention cannot be considered novel or cannot be considered to involve an inventive step when the document is taken alone

"Y" document of particular relevance; the claimed invention cannot be considered to involve an inventive step when the document is combined with one or more other such documents, such combination being obvious to a person skilled in the art

"&" document member of the same patent family

Date of the actual completion of the international search	Date of mailing of the international search report
15 March 2013 (15.03.2013)	18 April 2013 (18.04.2013)

Name and mailing address of the ISA/CN:	Authorized officer
State Intellectual Property Office of the P. R. China No. 6, Xitucheng Road, Jimenqiao Haidian District, Beijing 100088, China Facsimile No.: (86-10) 62019451	LI, Chengcheng Telephone No.: (86-10) 62411762

Form PCT/ISA/210 (second sheet) (July 2009)

图 6.13 CN103187758B PCT 申请国际检索报告

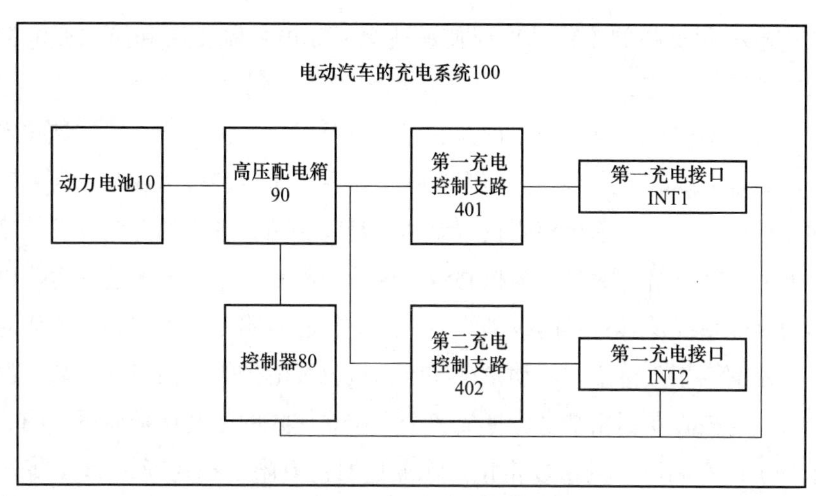

图 6.14　CN103187758B 摘要附图

该专利公开了一种电动汽车的充电系统，包括动力电池：第一和第二充电接口，第一和第二充电接口与外部电源相连；第一和第二充电控制支路，第一充电控制支路连接在动力电池和第一充电接口之间，第二充电控制支路连接在动力电池和第二充电接口之间；控制器：控制器与第一和第二充电接口相连。该充电系统能够实现使用民用或工业交流电网对电动汽车进行大功率交流充电，使用户可以随时随地高效、快捷地充电，并且适用电池工作电压范围宽，节省空间和成本。另外，该专利公开了一种应用了该充电系统的电动汽车。

该专利权利要求 1 记载的内容：一种电动汽车的充电系统，其特征在于，包括动力电池：第一充电接口和第二充电接口，所述第一充电接口和第二充电接口与外部电源相连；第一充电控制支路和第二充电控制支路，所述第一充电控制支路连接在所述动力电池和所述第一充电接口之间，所述第二充电控制支路连接在所述动力电池和所述第二充电接口之间；控制器：所述控制器与所述第一充电接口和第二充电接口相连，在进行充电时，所述控制器控制所述第一充电控制支路启动以建立所述动力电池与所述第一充电接口之间的充电通路直至所述第一充电控制支路进入半载工作状态，所述控制器控制所述第二充电控制支路启动以建立所述动力电池与所述第二充电接口之间的充电通路直至所述第二充电控制支路进入半载工作状态，所述控制器调整所述第一充电控制支路和第二充电控制支路的工作功率以使所述第一充电控制支路和第二充电控制支路进入满载工作状态。

专利布局不仅是对自身技术创新的保护以及对自身将来能够实施该技术的权益保护，更是从战略高度考虑如何限制竞争对手实施专利技术以及如何突破竞争对手的专利技术壁垒。选择核心技术专利只是以产品为中心的专利开发策略的第一步，下一步就是筑高篱笆，为核心专利申请外围专利。基于上述理念，以“电动汽车的充电系统及具有其的电动汽车”这一核心发明专利为中心，比亚迪股份有限公司还围绕相关整车、驱动系统、电动机以及电控等方面提交了数百件中国专利申请，与核心专利相结合，形成了全方位立体式的专利保护体系。同时，按照企业对于该专利产品的市场定位，比亚迪股份有限公司还通过 PCT 等途径进行了相应的海外专利布局。

6.6.2 辽宁省关键性专利解读

动力电池是新能源汽车中的关键部件，使用动力电池最大问题是其寿命和工作性能，因动力电池工作温度要求比较高（10℃～45℃）。当实际工作温度超出 10℃～45℃范围时会严重影响电池的使用寿命和工作性能。现阶段国内新能源汽车所使用的动力电池均采用风冷散热系统，通过强制对流使环境中的空气流过锂电池的电芯并带走其热量，保证电池在一定温度范围内工作。其缺点是空气温度取决于外界的环境温度，当环境温度发生变化时（如季节交换），电池的冷却效果也随之发生变化，导致电池工作温度及热负荷的均匀性不稳定，从而影响电池的工作性能和使用寿命。

华晨汽车集团控股有限公司于 2010 年 12 月 28 日向中国国家知识产权局提交了名为“带有空调系统的机动车动力电池”的发明专利申请，解决了上述问题。该申请于 2012 年 12 月 12 日获得专利授权，授权公告号为 CN102088108B。该专利涉及 H01M10/052、H01M10/50、B60L11/18、H01M10/617、H01M10/625、H01M10/637、H01M10/6555、H01M10/6556、H01M10/6563、H01M10/6568、H01M10/66、H01M10/663 等多个 IPC 领域。表 6.2 所示为 CN102088108B 专利附加信息，图 6.15 所示为 CN102088108B 摘要附图。

表 6.2　CN102088108B 专利附加信息

同族专利	CN102088108A
引用文献	US2002043413A1　JP2008126917A　CN101522447A CN101551175A　CN101574923A　CN101633306A
被引用文献	CN102501744A　CN104300187A　CN104364933A CN104821418A　CN105644381A　CN108767358A

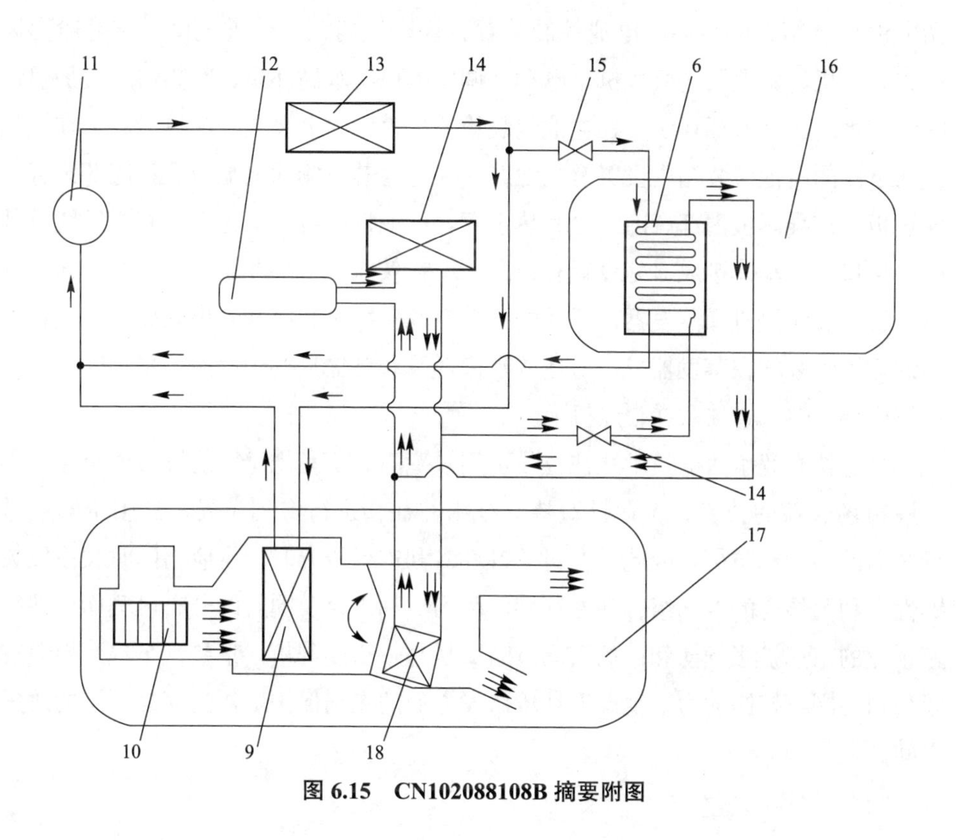

图 6.15　CN102088108B 摘要附图

该专利公开了一种带有空调系统的机动车动力电池，其技术要点在于：在电池包装箱的顶盖内面上设置换热风扇，在换热风扇下侧的电池包装箱内设置电池芯，在电池芯下侧的电池包装箱底部设置导热板，在导热板内部有冷媒管和热水管，电池控制装置上设置高压线及低压线接口；在车体进风口处设置鼓风机，在鼓风机与乘客舱出风口之间通风管路上设置暖风机和蒸发器，电动空调压缩机和冷凝器串联后与导热板内部的冷媒管并联在蒸发器上，水循环泵和带加热器的储液水罐串联后与导热板内部的热水管并联在暖风机上。该发明采用水冷和风冷并存的方式。为了保证锂电池的工作性能和使用寿命，空调将电池热量带走或者进行升温，通过风扇产生强制对流，保证电池的热均衡性。

该专利权利要求 1 记载的内容：一种带有空调系统的机动车动力电池，它包括电池包装箱、电池芯、电池控制装置、换热风扇、车体进风口、乘客舱出风口、暖风机、蒸发器、鼓风机、电动空调压缩机、水循环泵、冷凝器、带加热器的储液水罐。其特征在于：在电池包装箱的顶盖内面上设置有换热风扇，在换热风扇下侧的电池包装箱内设置有电池芯，在电池芯下侧的电池包装箱底部设置有导热板，在导热板内部有冷媒管和热水管，电池控制装置上还设置有高压线及低压线接口；在车体进风口处设置有鼓风机，在鼓风机与乘客舱出风口之间通风管路上设置有暖风机和蒸发器，所述的电动空调压缩机和冷凝器串联后与导热板内部的冷媒管并联在蒸发器上，所述的水循环泵和带加热器的储液水罐串联后与导热板内部的热水管并联在暖风机上。

具有核心竞争力的技术往往也是运用效率高、不易规避、能够帮助企业获得丰厚市场收益的技术。企业针对核心技术往往会进行专利布局，从多个角度进行全面的保护和防御。因此，在对关键性专利进行研究时，也应当同时关注以关键性专利为核心的专利组合和专利族，因为专利组合及同族的分布可侧面反映一家企业的市场扩张倾向和市场布局策略。从这一角度分析，华晨汽车集团控股有限公司在围绕控制动力电池温度环境研发方面的专利保护工作尚存在一定的改进空间。

6.7 主要申请人排名及分布

图 6.16 为全国新能源汽车产业专利主要申请人排名。由图中可以看出，北

京新能源汽车股份有限公司（简称北汽新能源）的专利申请量居于全国首位，紧随其后的是比亚迪股份有限公司，显示了它们在该领域的实力。另外，国家电网公司、浙江吉利控股集团有限公司、奇瑞汽车股份有限公司等在该领域也具有较强的技术创新能力。其中，东北地区排进前十的仅有一个机构，即吉林大学，目前暂居第八名。辽宁省企业和高校无一上榜。这说明辽宁省乃至东北三省在该领域的研发实力还较弱，创新能力有待提高。

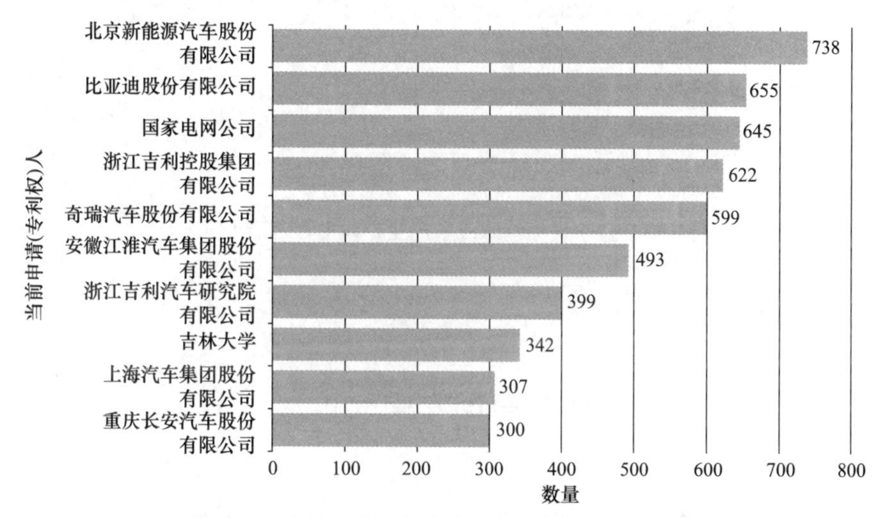

图 6.16　全国新能源汽车产业专利主要申请人排名

图 6.17 为辽宁省新能源汽车产业专利主要申请人排名。由图中可以看出，辽宁省排名前十的机构中，国有企业和高校具有明显优势。其中，华晨汽车集团控股有限公司排名第一，远高于其他企业和高校，东软集团股份有限公司、大连理工大学、东北大学在该领域实力较强。另外，申请人排名中出现了东软睿驰汽车技术（上海）有限公司，应该是东软睿驰汽车技术（上海）有限公司在沈阳进行的申报。从总体上看，辽宁省排名前十的机构申请量都不大，在全国所占比重较小，说明辽宁省在该领域与其他省市还存在很大差距，应提高科研创新能力。

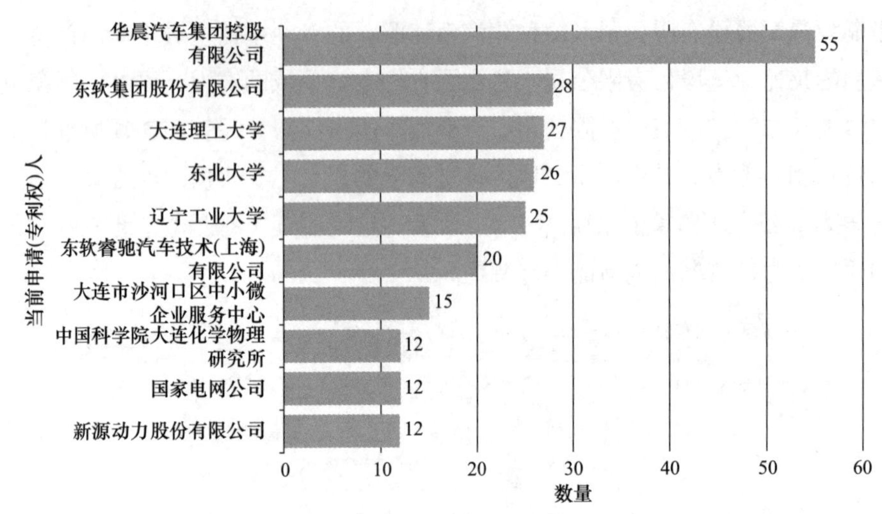

图 6.17　辽宁省新能源汽车产业专利主要申请人排名

6.8　辽宁省相关重点企业介绍

6.8.1　华晨汽车集团控股有限公司

华晨汽车集团控股有限公司（简称华晨集团）是隶属于辽宁省国资委的重点国有企业，是中国汽车产业的主力军，总部坐落于辽宁省沈阳市。华晨集团在辽宁、四川和重庆建有 6 家整车生产企业，3 家发动机生产企业和多家零部件生产企业；拥有 4 家上市公司（华晨中国汽车控股有限公司、上海申华控股股份有限公司、金杯汽车股份有限公司、新晨中国动力控股有限公司），100 余家全资、控股和参股公司，在多个“一带一路”沿线国家建立海外工厂。

华晨集团发展新能源汽车起步较早，自 2004 年起，开始连续承接多个国家“863 计划”科研项目和国家“十五”“十一五”“十二五”等专项课题，在微混、纯电动、增程式插电混动、动力电池低温应用等技术领域积累了丰富的研发、推广经验。华晨拥有尊驰 ISG（2008）、国内首款启停量产车型骏捷 FSV 启停（2010）、国内首款低温运行车辆第一代 H230EV（2013 年全运会实现示范运行）、大海狮 EV（2013 年沈阳交警系统示范运行）、国内首款增程式混合动力车型 H530 增程式（2015）、量产版 H230EV 等新能源车型，并且开展了“电动汽车智能辅助驾驶技术研发及产业化”“电动自动驾驶汽车关键技术研究及示范运行”等国家重点研发计划项目，实现了电动化和智能化的融合应用。同时，依托集团产品多元化的优势，近几年华晨也推出了多款纯电动物流车及纯电动公交车。例如，领顺微卡系列、骐运轻卡系列、运盈轻卡系列、韩森云豆（合资车型）等纯电动物流车，以及纯电动客车——10.5 m 城市公交系列。

截至 2019 年，华晨集团累计申报各类专利 2 493 件，累计获得专利授权 1 610 件，其中发明专利 72 件，实用新型专利 1 093 件，外观设计专利 445 件，并且多项专利荣获了各级知识产权奖项，其中中华骏捷获得中国专利金奖，中华 FRV 获得中国外观设计优秀奖，中华 V5 获得中国第 16 届外观设计奖，华颂 7 获得中国第 19 届外观设计奖。

6.8.2　东软集团股份有限公司

东软集团股份有限公司（简称东软）创立于 1991 年，是中国第一家上市的软件公司，致力于以软件的创新，赋能新生活，推动社会发展。目前，东软在全球拥有近 20 000 名员工，在中国建立了覆盖 60 多个城市的研发、销售及服务网络，在美国、日本、欧洲等地设有子公司。东软以软件技术为核心，业务覆盖智慧城市、医疗健康、智能汽车互联三大领域。东软集团建立了与众多国内、国际车厂的长期合作，在全球前 30 大汽车厂商中，85% 使用了东软的软件与服务。东软是国家汽车电子安全国标牵头制定单位，东软也是唯一参与联合国国际汽车信息安全标准法规提案建设的中国企业。

2015 年，东软集团被确定为辽宁省第一批知识产权贯标评价验收合格企业，2020 年 4 月通过了 GB/T 29490—2013 企业知识产权管理体系认证。同时，东软也是第一批被评定的国家知识产权示范企业。截至2019年年底，公司总计申请专利2 000多件，其中海外专利申请近百件，申请国家包括美国、德国、日本等，目前已有700多件专利获得授权，且有多件专利多次荣获全国专利优秀奖。

东软旗下的东软睿驰汽车技术有限公司（简称东软睿驰）参与电池管理系统功能安全国家标准、电动车互联互通国家标准的制定。在新能源汽车领域，东软睿驰持续优化和完善智能充电产品、动力电池包、动力电池管理系统等产品，以“智能化硬件＋服务”的形式，持续加强与大型车厂的互动与合作，与吉利、长城等车厂基于电池管理系统BMS的业务合作持续深入；面向东风本田、广汽本田的电池包PACK产品研发完成，于2019年下半年进入量产供货阶段；与广汽研究院设立“SDV联合创新中心”，基于软件定义汽车（SDV）概念，共同推动汽车产业前瞻技术的研发与应用。

6.8.3 新源动力股份有限公司

新源动力股份有限公司（简称新源动力）是中国第一家致力于燃料电池产业化的股份制企业。公司成立于2001年4月，2006年获国家发改委授牌并承建“燃料电池及氢源技术国家工程研究中心”，同年获国家人事部授牌“博士后科研工作站”，也是国家级高新技术企业、国家级知识产权示范企业。公司集科研开发、工程转化、产品生产、人才培养于一体，主要从事氢燃料电池电堆模块、系统及相关测试装置的设计开发和生产销售，2019年入选国家专利500强企业并名列第286位。

新源动力累计申请专利493件，其中国际专利4件，涵盖了质子交换膜燃料电池发动机系统关键材料、关键部件、电堆、系统各个层面。公司拥有自主知识产权的质子交换膜燃料电池技术，部分关键技术达到国际一流水平。公司始终坚持自主创新，逐渐建立健全了产品开发体系、测试评价体系、生产管理体系、售后服务体系，掌握了燃料电池电堆及零部件正向开发、批量制造工艺的核心技术，是中国氢燃料电池技术商业化实践的引领者，是国家燃料电池技术标准制定的副主任委员单位。2016年获中国专利优秀奖、2019年《道路车辆用质子交换膜燃料电池模块》（GB/T 33978—2017）项目获得大连市标准化资助奖金，燃料电池汽车关键技术研发及其产业化项目荣获中国汽车工业科学技术进步特等奖，燃料电池电堆荣获2019高工金球奖—创新技术产品奖—燃料电池电堆金球奖。

第 7 章　先进轨道交通装备产业专利分析

7.1　概述

轨道交通是指运营车辆需要在特定轨道上行驶的一类交通工具或运输系统。常见的轨道交通有传统铁路（国家铁路、城际铁路和市域铁路）、地铁、轻轨和有轨电车。轨道交通装备是铁路、高铁和城市轨道交通运输所需各类装备的总称，主要涵盖了机车车辆、工程及养路机械、通信信号、牵引供电、安全保障、运营管理等各种机电装备。

当今社会，世界各国都将发展安全、高效、绿色、智能的新型轨道交通作为未来公共交通发展的主导方向，发展模式也由传统模式向互联互通、可持续、多模式运输发展转化。全球正出现以信息网络、智能制造、新能源和新材料为代表的新一轮技术创新浪潮，全球轨道交通装备领域孕育新一轮全方位的变革。

轨道交通是一个大型的系列工程，其建设包含众多的相关行业与产业，轨道交通装备上游是原材料、基础建筑，中游是机械设备、电气设备，下游是公用事业、运输服务等（图 7.1）。

伴随全球轨道交通行业技术创新更迭，全球轨道交通装备市场呈现出强劲的增长态势。据统计，2015—2020 年，全球轨道交通车辆需求为 530 亿～ 610 亿欧元，年复合增长率为 3.30%，预计 2021—2025 年需求为 630 亿～ 730 亿欧元，年复合增长率为 3.75%。

轨道交通运输是国民经济的大动脉，轨道交通装备制造业是我国高端装备制造领域自主创新程度最高、国际创新竞争力最强、产业带动效应最明显的行业之一。因此，轨道交通装备制造业的现代化是铁路运输现代化的主要标志，是国家经济技术实力的重要体现。

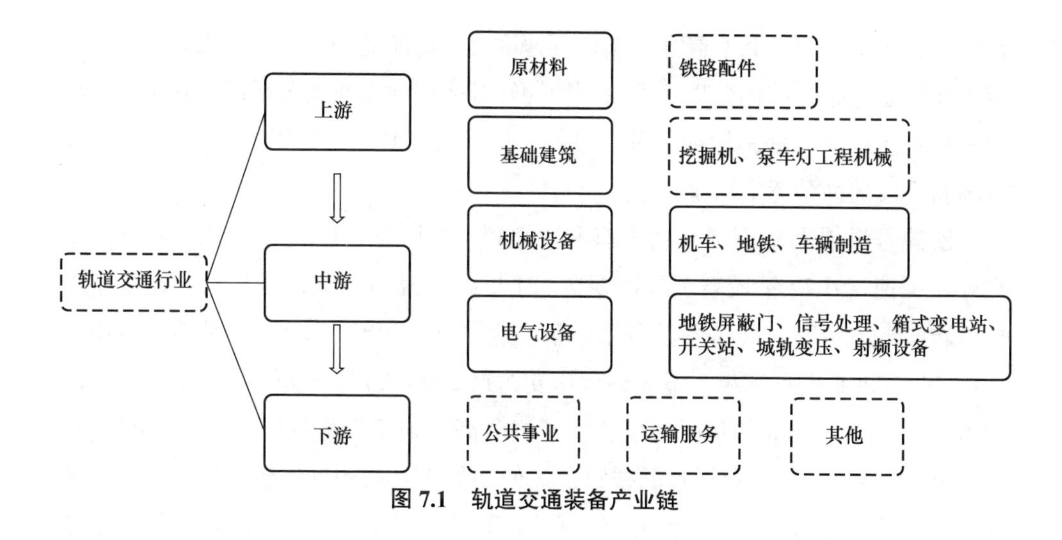

图 7.1　轨道交通装备产业链

7.1.1　国际发展概况

1863 年 1 月 10 日，世界上第一条地下铁道于伦敦建成，采用蒸汽机车牵引。1881 年，第一辆有轨电车在德国柏林工业博览会上展示。1888 年，美国弗吉尼亚州里士满市世界上第一条有轨电车系统投入运行。

在世界范围内，高速铁路的发展经历了三次浪潮。

第一阶段：20 世纪 60 年代至 80 年代，为高速铁路发展初期，日本、法国、意大利、德国等国家相继建成高速铁路近 3 000 km；

第二阶段：20 世纪 80 年代末至 90 年代中期，欧洲形成修建高速铁路的热潮，修建高速铁路的国家扩展到英国、西班牙、比利时、荷兰、瑞典等国，这一时期建成高速铁路约 1 500 km；

第三阶段：20 世纪 90 年代后期至今，为高速铁路发展的第三次浪潮，正在修建和规划修建高速铁路的国家和地区有 20 多个，亚洲、美洲、大洋洲等地掀起了世界范围内建设高速铁路的热潮，多国政府制定了全国性的整体修建规划[22-23]。

目前，德国、法国和日本的轨道交通技术代表着世界先进水平。

德国是世界上研究高速列车最为成功的国家之一。1970 年，原联邦德国就开始对未来长途运输系统新技术进行研究，探讨了磁悬浮技术与轮轨技术在高速铁路上的运用。德国 ICE 高速列车以其速度高、功能完备、技术等级高、性能稳定、车辆总体布置结构合理、运用维护性好等诸多优点而闻名于世，其中的多项技术被许多国家广为引用或借鉴。目前，德国的 ICE 已经发展成为法国 TGV 和日本新干线的强劲竞争对手。

法国是世界上从事提高列车速度研究较早的国家。1966 年，法国即开始研究列车提速，1972 年最高试验速度达 381 km/h；随后，法国开始将高速动车组技术转向电力牵引。1983 年法国第一条高速铁路——巴黎东南新干线投入运用，采用 TGV-PSE 电动车组，最高运行速度达到 270 km/h。1990 年，TGVA（大西洋号）以 515.3 km/h 的运行速度创下了当时高速列车的世界纪录。2007 年，法国高铁 TGV 在一条商业运行的线路上又创下了 574.8 km/h 的轮轨技术列车的世界纪录。欧洲之星于 1993 年投入运营，最高运行速度为 300 km/h。此外，还包括 TGV-PBA（国际高速列车），最高时速为 320 km。法国 TGV 高速列车均采用了铰接式转向架，使列车重量和性能显著优化。

新干线是连接日本全国的高速铁路系统。1964 年 10 月，日本第一条新干线开通，该线路也是全世界第一条投入商业营运的高速铁路系统。至今，新干线仍是世界上最先进的高速铁路系统之一。新干线以“子弹列车”闻名，列车载客运行车速可达到 240 ～ 320 km/h，空车试验速度已高达 603 km/h。新干线的稳定运行全靠日本成熟的高铁调度控制技术，是世界上屈指可数的几种适合大量运输的高速铁路系统之一。除此之外，由于列车均采用动力分散式设计，新干线也是世界上行驶最为平稳的列车之一。随着半导体技术的迅速发展和应用，新干线列车的制动系统由空气制动改为电—空联合制动与再生制动，使用再生制动的列车在制动时会将电机的接线反接，将列车制动时的巨大动能转化为电能，从而节省能源。同时，列车的电气控制系统由 GTO 控制（逆变器控制）转向了更先进的 VVVF 控制（交流电变频控制），进一步提高了运行效率，节省了耗电。

在轨道交通装备领域，德国的西门子、加拿大的庞巴迪、法国的阿尔斯通、日本的川崎重工及日立等企业在国际市场上占据主导地位，并已经开始注重在海外包括中国市场的专利布局。以川崎重工为例，图 7.2 显示了其在华专利申请的重点技术主题分布情况。

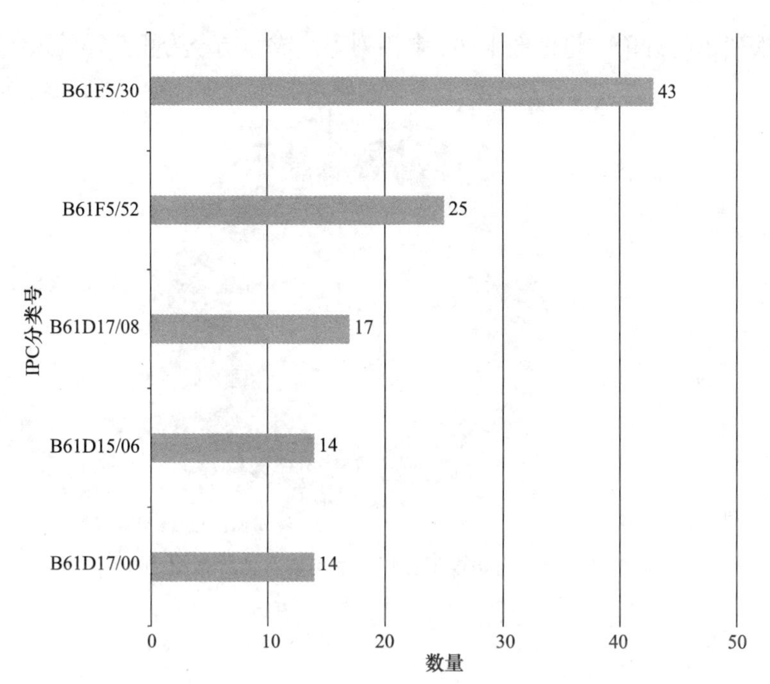

图 7.2　川崎重工在华专利申请的技术主题分布图

川崎重工成立于日本明治维新时代，历史悠久，早在 1906 年即开始生产铁路车辆，其主要产品包括高速铁路车辆、单轨电车等，其海外输出有 C151 型电车、C751B 型电车等。由图中可以看出，川崎重工在 B61F5/30（轴箱安装在用弹簧控制其位移的车辆中或转向架底架上）、B61F5/52（转向架构架）两个技术方向专利申请数量明显高于其他技术主题；此外，在 B61D17/08（车体侧壁）、B61D15/06（缓冲车；在碰撞中起保护作用的铁路车辆的设置或结构）、B61D17/00（车体结构部件）方向专利申请数量也较多，显示了川崎重工在车体及转向架两个比较核心的技术方面具有领先优势。川崎重工通过专利，限制后来者的跟随和超越，以保持其在中国市场的竞争力。

图 7.3 显示了川崎重工各类别专利所占比重。川崎重工在华专利申请由发明专利和实用新型专利构成，其中发明专利的占比高达 91.1%。可见，川崎重工在中国市场的布局更加注重专利的质量及专利权的稳定性，希望最大限度地发挥专利武器在企业竞争中的作用。川崎重工因为它的专利和技术优势，被誉为世界高铁之王。2018 年年初，川跨重工从美国纽约市交通局获得了总额达 37 亿美元的

生产地铁列车的订单，将生产 1 600 多辆列车，成为迄今为止获得的最大订单。

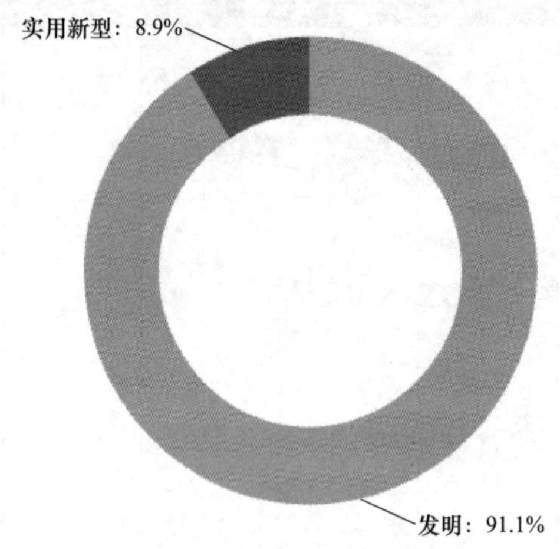

图 7.3　川崎重工在华专利申请类型分布图

7.1.2　国内发展概况

党的十九大提出建设交通强国，这是以习近平同志为核心的党中央立足国情、着眼全局、面向未来作出的重大战略决策，也是党中央深刻把握新时代我国社会主义现代化建设强国总要求，对交通发展的再定位。现代社会与交通密切相关，国家要强盛，交通须先行。

轨道交通装备制造业是保证国民经济安全运行、推动我国工业化进程的骨干行业。目前，国家大力推进轨道交通装备现代化和国产化水平，发展满足不同需求的城轨和干线车辆，大大促进了轨道交通装备制造业的发展[24]。

早在 1908 年，中国第一条有轨电车就在上海建成通车。1969 年，中国第一条地铁——北京地铁一期工程于当年 10 月建成。经过多年不断探索，目前，我国轨道交通已经形成了自主研发、配套完整、设备先进、规模经营的集研发、设计、制造、试验和服务于一体的制造体系。尤其是最近 10 年来在“高速”“重载”“便捷”“环保”的技术路线推进下，高速动车组和大功率机车取得了举世瞩目的成就。轨道交通装备产品也开始成为我国高端装备“走出去”的代表性产品，得到了李克强总理等国家领导人的大力支持和亲自推销。据不完全统计，中国目前至少与20个国家进行了有关高铁项目的合作或洽谈。

同时，我国政府正在大力推动“一带一路”倡议实施带动相关企业“走出去”。“一带一路”倡议区域辐射中南亚、中亚和西亚，并延伸至东欧、北非，涉及65个国家。这些区域都对铁路基础设施建设有迫切的需求。作为绿色环保、大运量的交通方式，轨道交通产品将成为“一带一路”的先锋，在“一带一路”沿线及辐射区域形成庞大的市场需求。

为加快我国铁路行业中长期健康快速发展，国务院于2016年发布《中长期铁路网规划（2016—2030）》，明确提出：到2020年，铁路网规模达到15万km，其中高速铁路3万km，覆盖80%以上的大城市，为完成“十三五”规划任务、实现全面建成小康社会目标提供有力支撑。到2025年，铁路网规模达到17.5万km左右，其中高速铁路3.8万km左右，网络覆盖进一步扩大，路网结构更加优化，骨干作用更加显著，更好发挥铁路对经济社会发展的保障作用。展望到2030年，基本实现内外互联互通、区际多路畅通、省会高铁连通、地市快速通达、县域基本覆盖。上述国策的量化目标极大地推动了我国铁路建设突飞猛进，有利拉动了我国铁路行业的投资力度。

此外，我国轨道交通装备领域将发展安全、高效、绿色、智能的新型轨道交通作为未来的主导方向，发展模式由传统模式向可持续、互联互通和多运输模式转变，全面推行产品的数字化设计、智能化制造和信息化服务，使我国轨道交通真正迈入数字化和智能化时代。到2025年，我国轨道交通装备制造业形成完善的、具有持续创新能力的创新体系，在主要领域推行智能制造模式，主要产品达到国际领先水平，境外业务占比达到40%，服务业务占比超过20%，主导国际标准修订，建成全球领先的现代化轨道交通装备产业体系，占据全球产业链的高端。

截至2019年12月31日，全国铁路营业里程达13.9万km以上，规模居世界第二；其中高速铁路3.5万km，占世界高速铁路通车总里程的四分之三，稳居世界第一。全国铁路路网密度达145.5 km/万km^2。

目前，中国内地已开通城市轨道交通的城市共有40个。线路长度共计6 730.27 km，其中，地铁5 187.02 km，轻轨255.40 km，单轨98.50 km，市域快轨715.61 km，现代有轨电车405.64 km，磁悬浮交通57.90 km，APM10.20 km。

轨道交通装备制造业经过几十年发展，已经成为中国高端制造业的一张名片，享誉全球，国家对轨道交通装备制造业持续引领高端制造业寄予厚望。习近平总书记在视察中国中车集团有限公司（简称中国中车）时就表示，希望轨道交通装备制造业能再接再厉、创新驱动、继续领跑、勇攀高峰，带动整个装备制造业形成“比学赶帮超”的局面。同时，它也是一个较为特殊的行业，门槛高、计划体制印记深、发展限制多，严格的行业许可制度和集中的大型国有制企业密切咬合，经历多年，发展出一套特有的产业生态模式。如何推动新兴技术与轨道交通装备行业的深度融合，进一步优化和改进其生态模式，促进我国轨道交通产业迈向价值链的高端，这是亟待探讨的课题。

7.1.3 辽宁省发展概况

辽宁省先进轨道交通装备产业覆盖铁路运输设备制造和城市轨道交通设备制造，产业在省内分布集中在沈阳、大连两地，其中大连旅顺已形成百亿级产业聚集区。

中华人民共和国成立之初，国家把大连机车确立为我国机车车辆设计主导厂和生产制造基地，并抽调人员、设备和技术援建了铁路交通装备行业近 10 家兄弟工厂，因此而被党和国家领导人赞誉为“机车摇篮”。1956 年 9 月，自主设计制造成功我国第一台干线蒸汽机车，填补了我国机车工业的空白。1958 年 9 月，工厂研制成功我国第一台内燃机车，成为我国第一个内燃机车制造厂。1969 年 9 月，工厂研制成功东风 4 型干线内燃机车，此后，东风 4 型机车历经 20 年由 A 型更新发展到 D 型，东风 4D 型内燃机车成为我国铁路前五次大提速的主力机型。我国用伟人名字命名的“毛泽东号”“周恩来号”“朱德号”机车的心脏——柴油机，均出自大连机车。

在 2001 年和 2002 年，公司分别研制成功“金轮号”动车组和“普天号”内燃摆式动车组动车。2003 年 12 月，研制成功时速 120 km 交流货运电力机车，并开始批量研制了 7 200 kW 六轴系列电力机车、9 600 kW 六轴电力机车之后，又开发研制了时速 160 km 客运电力机车、八轴 9 600 kW 货运电力机车等先进的和谐型大功率交流电力机车。2008 年 7 月 2 日，我国首台和谐型大功率交流传动内燃机车实现下线，至2016年3月底，共新造70多种型号的内燃机车和10种型号电力机车，已累计生产机车突破万台，其中，和谐型大功率交流传动机车达到3 400余台，检修机车突破2 000台。2014年8月16日，大连机车研制的高原内燃机车开始承担西藏拉萨至日喀则的客运和货运牵引任务，国产大功率机车首次登上“世界屋脊”。

2016年，由行业主管部门推动中车集团大连机车有限公司发起“辽宁省轨道交通产业联盟”，汇集沈阳机车、沈阳铁路信号、沈鼓集团、二一三电子科技有限公司、北方重工集团、沈阳高压成套开关公司、大连通宝数控有限公司等重点企业26家。同时，引入大连机车研究所、大连电力牵引中心、大连交通大学等研发（检测）支撑单位。

中国中车在国内市场处于寡头地位，在国际上也极具竞争力，辽宁省现有中国中车全资子公司4家，2018年总产值146亿元，占辽宁省轨道交通装备工业总产值59.5%，仅中车大连机车车辆有限公司一家即贡献百亿产值。

截至2019年10月31日，辽宁省高铁里程达2 033 km，总里程及密度均居全国首位。2010年9月，沈阳地铁1号线建成通车，成为我国第7座、东北地区首座拥有地铁的城市。目前辽宁省沈阳、大连已建成地铁、有轨电车等城市轨道交通项目。

通过对辽宁省历年专利申请量的分析可以看出，在东北地区经济环境整体下滑的形势下，辽宁省轨道交通装备领域的创新研发能力依然居于全国上游，显示了辽宁省在本领域仍然具有较为雄厚的基础。通过专利技术主题、关键技术发展方向等进行分析可以看出，辽宁省轨道交通领域的整体技术研发方向与全国基本一致，均为各控制系统的优化和改进，但在具体技术方向上有所侧重。通过对申请人进行分析，辽宁省在轨道交通装备领域的研发创新优势企业较集中在中车集团所属各子公司。

7.2　历年专利申请量分析

图7.4为全国轨道交通装备产业历年专利申请趋势图。2000—2019年，全国

轨道交通装备行业共计申请专利 63 195 件。由图中可以看出，专利申请量总体保持平稳增长态势，2010—2011 年及 2015—2016 年涨幅较大，分别达到 46.7% 及 25.6%，并在 2016 年突破了年申请量 5 000 大关。2010 年国务院发布的《国务院关于加快培育和发展战略性新兴产业的决定》中提出，要依托客运专线和城市轨道交通等重点工程的建设，大力发展轨道交通装备。与此同时，国家发改委发布的《国家发展改革委关于进一步推进城市轨道交通装备制造业健康发展的若干意见》中提出，“十二五”期间，自主开发和引进技术吸收再创新的产品成为城市轨道交通装备的主流产品，关键装备技术接近或达到国际先进水平。在政策指引下，我国轨道交通事业得到迅速发展，各地轨道交通建设陆续获得批复，各地建设条件的差异及不同需求促使建设单位及设计单位不断进行技术创新，专利申请量大幅增长。2015 年，国务院明确提出大力推动先进轨道交通装备领域突破发展，研发新一代绿色节能、高速重载轨道交通装备系统，确定了我国轨道交通装备领域未来的重点研发方向，全国的专利申请量再次大幅增长。

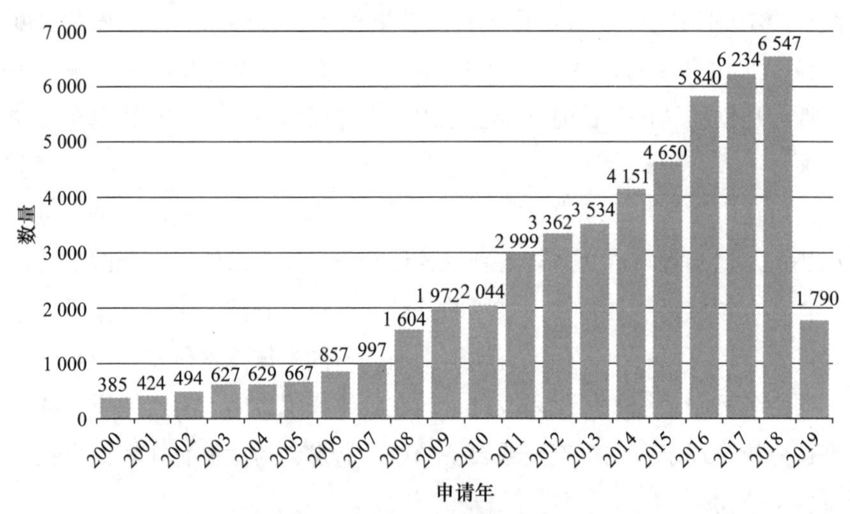

图 7.4　全国轨道交通装备产业历年专利申请趋势图

图 7.5 为辽宁省轨道交通装备产业历年专利申请趋势图。如图所示，2000 年以后，辽宁省专利申请量总体保持增长态势，2007—2009 年增速较快，年平均增速接近 70%。但在 2009—2015 年专利申请量增长较为缓慢，之后的 2017—2018 年，专利申请量再次快速增长，增速达 34.3%。2007 年，国务院批复了《东

北地区振兴规划》，将轨道交通设备作为装备制造业重点之一，并将时速 200 km 及以上的高速列车，大功率交流传动电力机车、内燃机车，新型地铁车辆的核心技术作为轨道交通装备行业重点研发方向，随后历年的专利年申请量大幅提升，均在 100 件以上。2009—2015 年，受东北地区整体经济环境影响，辽宁省制造业企业，尤其是作为轨道交通装备行业支柱的国有企业面临经营利润空间不足、研发技术人才流失等问题，导致企业创新能力停滞不前，从这几年的专利申请量徘徊不前中可见一斑。2016 年，随着中央出台《中共中央　国务院关于全面振兴东北地区等老工业基地的若干意见》，要求做优做强先进轨道交通装备等先进装备制造业，并制定支持东北老工业基地振兴的知识产权政策，支持沈阳等城市开展全面创新改革试验，加快完善创新政策和人才政策，打破制约科技与经济结合的体制机制障碍，辽宁省的创新能力随之全面提升。

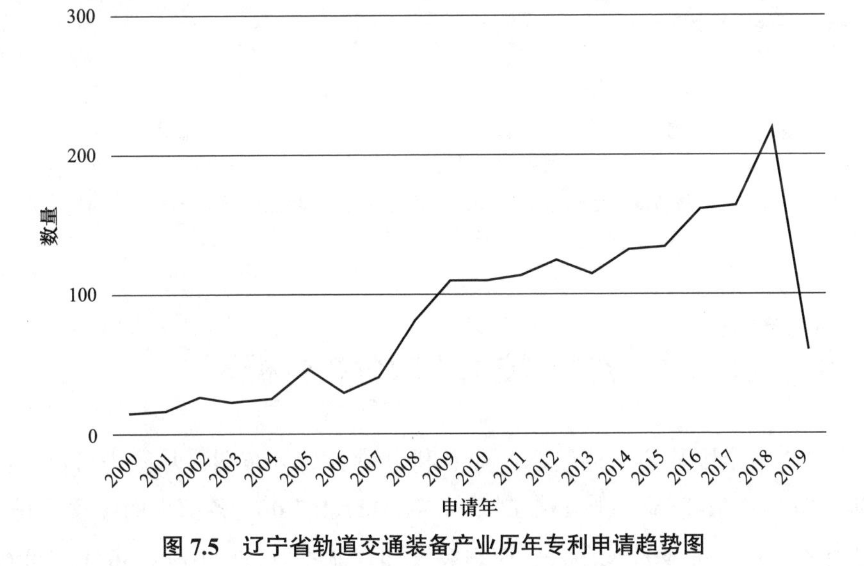

图 7.5　辽宁省轨道交通装备产业历年专利申请趋势图

7.3　专利申请区域分布分析

图 7.6 为全国轨道交通装备产业专利申请区域分布图。可以看出，我国轨道

交通装备行业技术研发能力较强的省份主要集中在东部地区。辽宁省在该领域实力较强，专利申请数量居全国第 9 位，但与北京、江苏、山东等省（市）相比仍有较大差距。

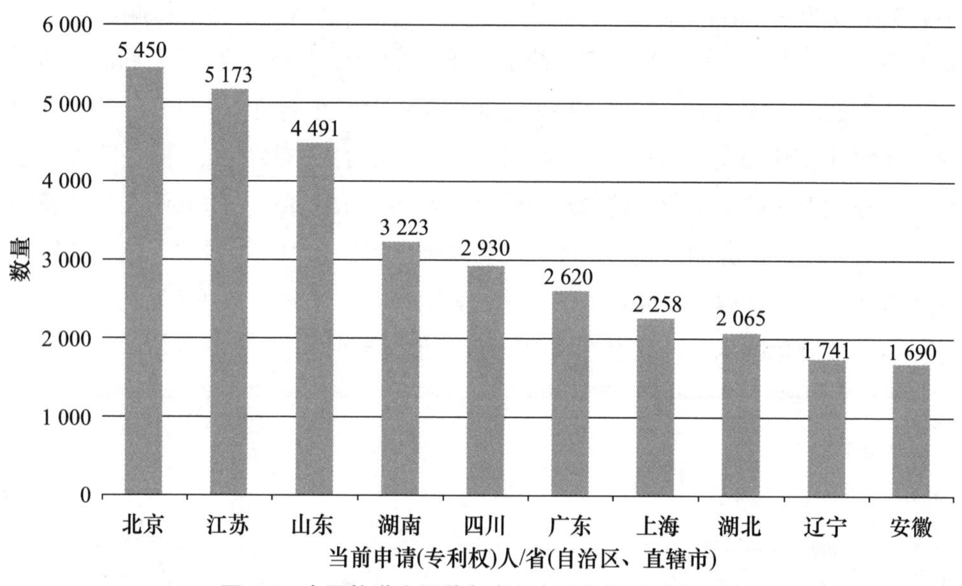

图 7.6　全国轨道交通装备产业专利申请区域分布图

7.4　技术主题分布分析

图 7.7 为全国轨道交通装备产业专利申请 IPC 分布图，从图中可以看出，我国在 B61L27/00（运务中心控制系统）、B61C17/00（各部件的配置或排列；其他类目不包含的零件或附件；控制装置和控制系统的应用）、B61L23/00（沿线的或车辆之间的或列车之间的控制，报警或类似的安全装置）这三组的专利申请数量较多，显示出目前我国在轨道交通装备领域的研发热点为各控制系统的技术改进，而在新型车辆车体技术、高性能转向架技术、高速动车组制动控制技术等核心关键技术上，目前国内研发投入较少，应作为未来的研发重点。

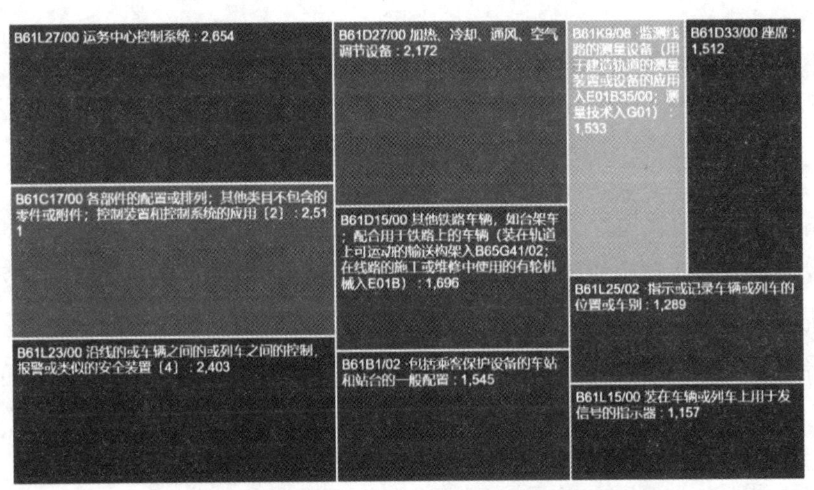

图 7.7　全国轨道交通装备产业专利申请 IPC 分布图

参见图 7.8，从 IPC 分类排名来看，辽宁省在 B61C17/00（各部件的配置或排列；其他类目不包含的零件或部件；控制装置和控制系统的应用）这个大组的专利申请量远远高于其他技术主题，原因是辽宁省轨道交通装备领域龙头企业中车大连机车车辆有限公司在此技术方面实力较强。对比图 7.7 及图 7.8 可知，辽宁省各企业在 B61L27/00（运务中心控制系统）、B61L23/00（沿线的或车辆之间的或列车之间的控制，报警或类似的安全装置）、B61D27/00（加热、冷却、通风、空气调节设备）等全国热点技术领域的研发创新能力有待提高。

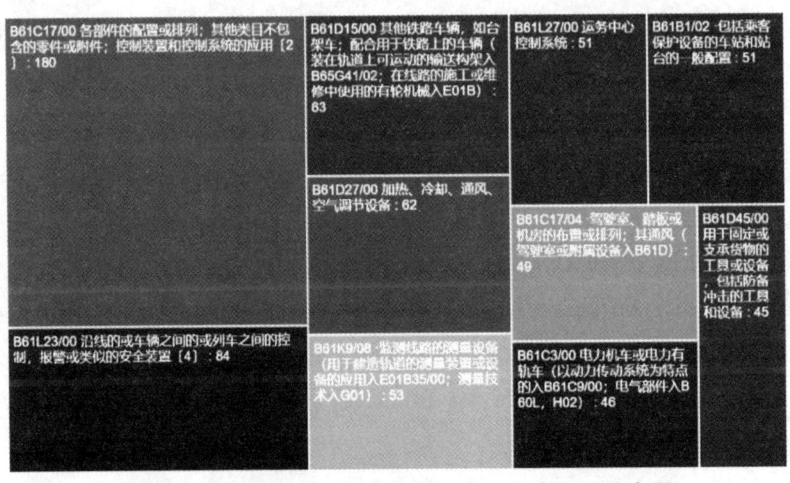

图 7.8　辽宁省轨道交通装备产业专利申请 IPC 分布图

7.5 关键技术发展方向

图 7.9 为全国轨道交通装备产业专利申请创新词云排布图。从图中可以看出，我国轨道交通领域的研发主题主要是固定连接、轨道车辆、安装座、列车运行、轨道交通等，由此可以看出我国轨道交通领域的重点研发方向是各部件之间的连接、安装及控制系统，与目前的 IPC 分类排名中获取的技术主题分布基本一致。

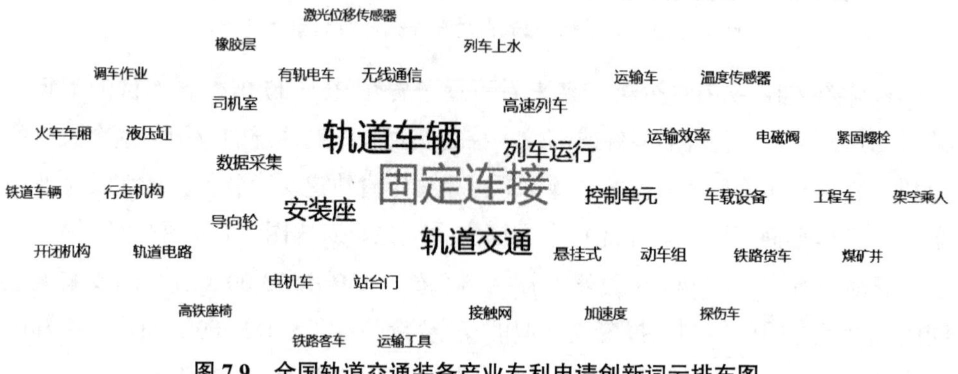

图 7.9　全国轨道交通装备产业专利申请创新词云排布图

图 7.10 为全国轨道交通装备产业专利申请关键词旭日图。旭日图中的一级关键词与创新词云中显示的高频词汇基本一致，均为固定连接、轨道车辆、安装座、列车运行、轨道交通等，只是旭日图将关键词进一步细分为二级关键词，如转动连接、连接件、安装孔、支撑板、轨道梁等。

图 7.11 为辽宁省轨道交通装备产业专利申请创新词云排布图。从图中可以看出，辽宁省轨道交通的研发方向主要是固定连接、轨道车辆、铁路车辆、安装座、安全可靠等。对比图 7.9 和图 7.11 可知，辽宁省在固定连接、轨道车辆、安装座等技术技术方向与全国基本一致，只是在列车运行及轨道交通上，与全国的技术发展稍有差距。另外，辽宁省在铁路车辆及车辆的安全可靠性方面专利占比较高。

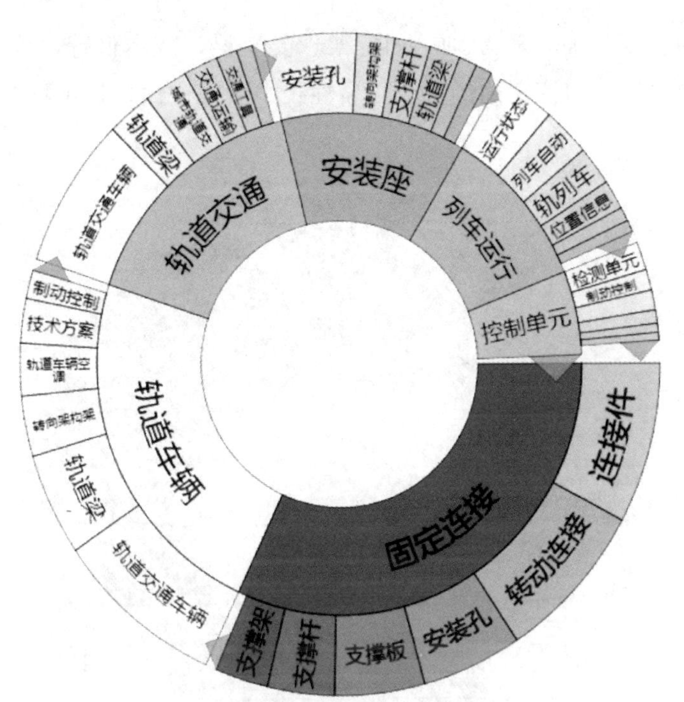

图 7.10　全国轨道交通装备产业专利申请关键词旭日图

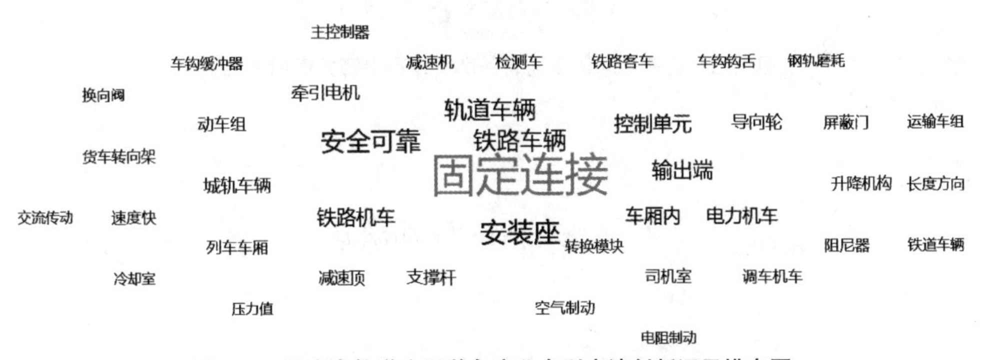

图 7.11　辽宁省轨道交通装备产业专利申请创新词云排布图

图 7.12 为辽宁省轨道交通装备产业专利申请关键词旭日图。由图中可以看出，辽宁省的研发热点词汇与专利申请创新词云基本相同，也是固定连接、轨道车辆、铁路车辆、安装座、安全可靠等。与全国相比，辽宁省也是在铁路车辆及车辆的安全可靠方面较为突出。将一级关键词细化，辽宁省的研发

关键词还包括驱动轴、输出轴、固定架、安装梁、成本低等，可以看出，在关键附件的改进、轨道交通的安全可靠性技术研发方面，辽宁具有一定优势。

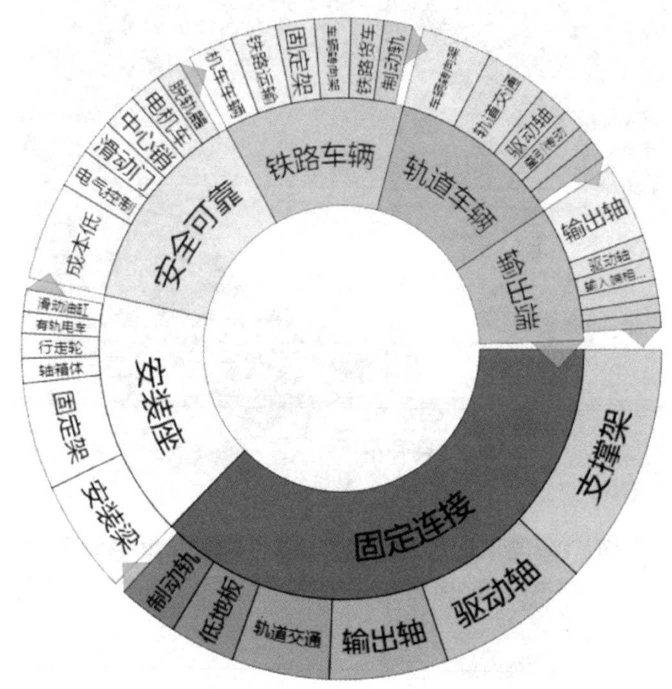

图 7.12　辽宁省轨道交通装备产业专利申请关键词旭日图

7.6　关键性专利解读

7.6.1　全国关键性专利解读

列车自动控制系统是在列车自动停车基础上发展起来的装置，是使列车按地面送来的允许行车速度信息行驶的技术和设备。它设在机车上，大部分情况下，是装有专用程序的微型计算机及其相应的接口。装有列车自动控制系统的列车，连续不断地从地面获得允许行车的速度信息，将它与列车实时采集的车速相比较，在超出规定允许的车速时，控制系统根据列车的制动能力、实际载重和前方区间坡道弯道条件等多种因素，求得最佳降速方案进行降速，或在需要时进行制动，以保证行车安全。列车自动控制系统分为列车自动防护系统、列车自动驾驶系统、列车自动监督系统和计算机联锁系统。

列车自动防护系统也称列车超速防护系统，其功能为列车超过规定速度时即自动制动，当车载设备接收地面限速信息，经信息处理后与实际速度比较，当列车实际速度超过限速后，由制动装置控制列车制动系统制动。列车自动防护系统自动检测列车实际运行位置，自动确定列车最大安全运行速度，连续不间断地实行速度监督，实现超速防护，自动监测列车运行间隔，以保证实现规定的行车间隔。

为能够在列车之间的距离小于安全距离时自动控制列车减速，实现超距防护，南车青岛四方机车车辆股份有限公司（现中车青岛四方机车车辆股份有限公司）于 2014 年 9 月 23 日向国家知识产权局提交了名为“一种列车控制方法及装置”的发明专利申请。该申请于 2016 年 8 月 24 日获得专利授权，授权公告号为 CN104260758B。该专利涉及的 IPC 分类号为 B61L23/00（沿线的或车辆之间的或列车之间的控制，报警或类似的安全装置），属本书 7.4 节分析的热门技术主题之一。表 7.1 所示为该专利的附加信息，图 7.13 所示为该专利的摘要附图。

表 7.1　CN104260758B 专利附加信息

同族专利	CN104260758A
引用文献	CN102514601A　CN102756748A　CN103625508A、CN203094105U　WO1998037432A1
被引用文献	CN106004921A　CN106184160A　CN106184160B　CN108238069A　CN108238069B　RU2664023C1　WO2018121583A1

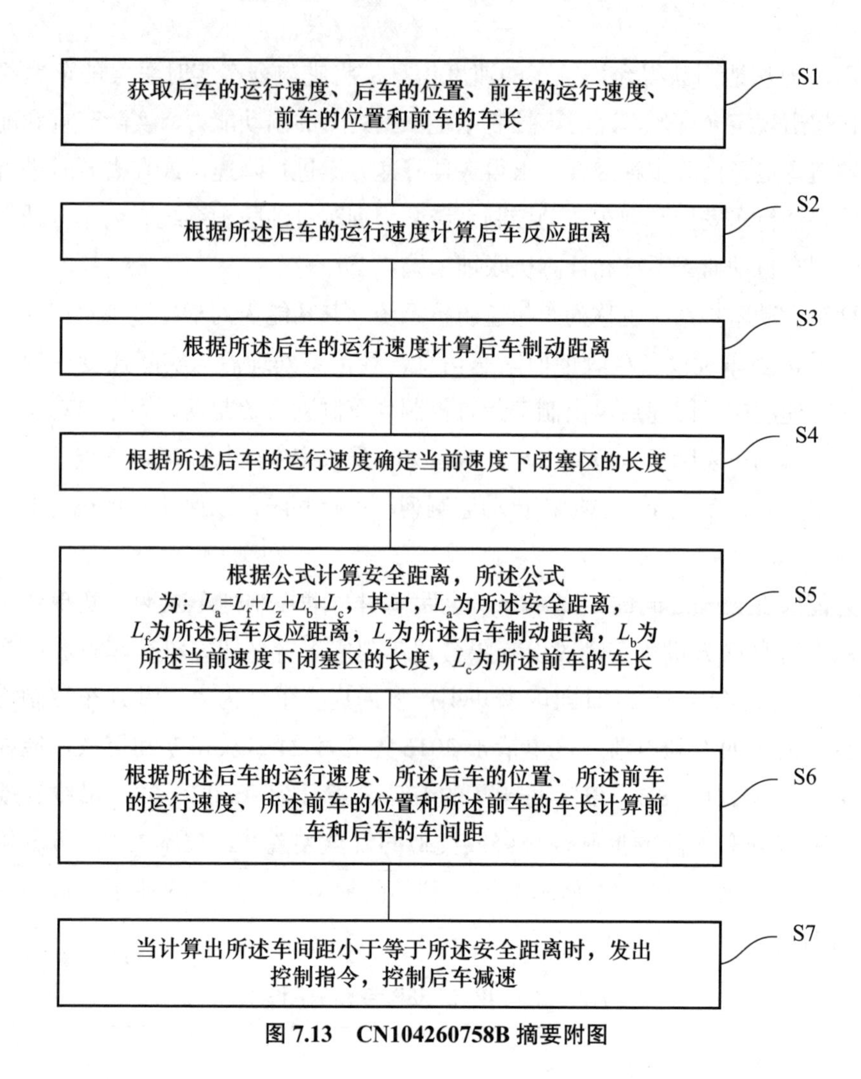

图 7.13　CN104260758B 摘要附图

该专利提供了一种列车控制方法及装置，该方法包括 S1：获取后车的运行速度、后车的位置、前车的运行速度、前车的位置和前车的车长；S2：根据后车的运行速度计算后车反应距离；S3：根据后车的运行速度计算后车制动距离；S4：根据后车的运行速度确定当前速度下闭塞区的长度；S5：根据公式计算安全距离，所述公式为 $L_a=L_f+L_z+L_b+L_c$，其中，L_a 为安全距离，L_f 为后车反应距离，L_z 为后车制动距离，L_b 为当前速度下闭塞区的长度，L_c 为前车的车长；S6：计算前车和后车的车间距；S7：当计算出车间距小于等于安全距离时，发出控制指令，控制后车减速。本发明提供了一种列车控制方法及装置，能够在列车之间的距离小于安全距离时自动控制列车减速，实现超速防护。

该专利权利要求1记载的内容：一种列车控制方法，其特征在于，包括：S1：获取后车的运行速度、后车的位置、前车的运行速度、前车的位置和前车的车长；S2：根据所述后车的运行速度计算后车反应距离；S3：根据所述后车的运行速度计算后车制动距离；S4：根据所述后车的运行速度确定当前速度下闭塞区的长度；S5：根据公式计算安全距离，所述公式为：$L_a = L_f+L_z+L_b+L_c$，其中，L_a为所述安全距离，L_f为所述后车反应距离，L_z为所述后车制动距离，L_b为所述当前速度下闭塞区的长度，L_c为所述前车的车长；S6：根据所述后车的运行速度、所述后车的位置、所述前车的运行速度、所述前车的位置和所述前车的车长计算前车和后车的车间距；S7：当计算出所述车间距小于等于所述安全距离时，发出控制指令，控制后车减速；其中，所述前车和所述后车为运行在同一轨道线路上的相邻的两辆列车。

中车青岛四方机车车辆股份有限公司在车辆控制技术、车体及转向架技术方面，均堪称我国机车车辆行业的翘楚，所申请专利主要涉及轨道车辆的车体结构、转向架技术、列车控制技术等方面。“一种列车控制方法及装置”即是其在列车控制技术方面实用性较强的代表性专利。中车青岛四方机车车辆股份有限公司注重对自有知识产权的保护，针对其核心技术在国内积极进行相关的专利布局。

7.6.2　辽宁省关键性专利解读

有效防止机车牵引空转或制动滑行，是世界铁路机车车辆制动领域发展方向。在防止机车牵引空转方面，目前比较常用的两种方法均不能最大地利用黏着牵引力。在防止制动滑行方面，主要的两种方法也都需要相当多的时间和精力，而且需要反复的试验分析才能最终确定，整个过程烦琐且工作量较大。

为解决上述技术问题，中国北车集团大连机车车辆有限公司（现中车大连机车车辆有限公司）于 2012 年 12 月 13 日向国家知识产权局提交了名为“基于转速控制的机车防空转滑行方法”的发明专利申请。该申请于 2015 年 1 月 21 日获得专利授权，授权公告号为 CN103010229B。该专利涉及的 IPC 分类号为 B61C17/00（各部件的配置或排列；其他类目不包含的零件或部件；控制装置和控制系统的应用），与本节分析的辽宁省热门技术主题基本重合。表 7.2 所示为该专利附加信息，图 7.14 所示为该专利 PCT 国际申请检索报告，图 7.15 所示为该专利摘要附图。

表 7.2　CN103010229B 专利附加信息

同族专利	WO2014089940A1　CN103010229A　AU2013263829A1 AU2013263829B2　NZ618417A　NZ618417B
引用文献	US2007001629A1　DE4225683A1　JP2012151958A CN101077695A　CN101213104A　CN102050122A CN1111449A　CA1272269A
被引用文献	CN103318194A　CN106379333A

该专利公开了一种基于转速控制的机车防空转滑行方法，根据机车运行状态生成牵引力（或制动力）控制值 VT_{out}；检测各轴的转速值；计算机车速度；检测牵引力（或制动力）反馈值；计算速度差给定值 VD_{ref} 和最大加速度给定值 VA_{ref}；计算速度差反馈值 VD_{fdb} 和加速度反馈值 VA_{fdb}；将 VD_{ref} 及 VD_{fdb} 送入速度差 PID 闭环控制器 VD，得出 VD_{out}；将 VA_{ref} 及 VA_{fdb} 送入加速度 PID 闭环控制器 VA，得出 VA_{out}；按 VD_{out}、VA_{out}、VT_{out} 三者中最小值控制机车牵引力（制动力），可实现机车全天候的防空转防滑行控制。其既能够最大限度地利用黏着力，又能够有效地防止牵引空转或制动滑行的发生。

INTERNATIONAL SEARCH REPORT

International application No.
PCT/CN2013/072347

A. CLASSIFICATION OF SUBJECT MATTER

B61C 17/00 (2006.01) i

According to International Patent Classification (IPC) or to both national classification and IPC

B. FIELDS SEARCHED

Minimum documentation searched (classification system followed by classification symbols)

IPC: B61C 17/-, B61C 15/-

Documentation searched other than minimum documentation to the extent that such documents are included in the fields searched

Electronic data base consulted during the international search (name of data base and, where practicable, search terms used)

EPODOC, WPI, CNPAT, CNTXT: Chinese National Knowledge Infrastructure: electric power, electrical, tractive effort, closed loop, rotate speed; locomotive, electromotive, slip, slide, torque, brake, loop, feedback, velocity, speed, revolution, rotate, acceleration

C. DOCUMENTS CONSIDERED TO BE RELEVANT

Category*	Citation of document, with indication, where appropriate, of the relevant passages	Relevant to claim No.
A	CN 1111449 A (ABB CORPORATE RESEARCH LTD.), 08 November 1995 (08.11.1995), description, pages 5-14, and figures 1-11	1
A	CN 101213104 A (GENERAL ELECTRIC COMPANY), 02 July 2008 (02.07.2008), the whole document	1
A	CN 101077695 A (TOSHIBA CORP.), 28 November 2007 (28.11.2007), the whole document	1
A	JP 2012151958 A (TOYO DENKI SEIZO KK et al.), 09 August 2012 (09.08.2012), the whole document	1
A	DE 4225683 A1 (PFEIFFER, RUDOLF, DR, -ING. et al.), 10 February 1994 (10.02.1994), the whole document	1
A	CA 1272269 A1 (CANADIAN GENERAL ELECTRIC CO.), 31 July 1990 (31.07.1990), the whole document	1

☐ Further documents are listed in the continuation of Box C.　　☒ See patent family annex.

* Special categories of cited documents:

"A" document defining the general state of the art which is not considered to be of particular relevance

"E" earlier application or patent but published on or after the international filing date

"L" document which may throw doubts on priority claim(s) or which is cited to establish the publication date of another citation or other special reason (as specified)

"O" document referring to an oral disclosure, use, exhibition or other means

"P" document published prior to the international filing date but later than the priority date claimed

"T" later document published after the international filing date or priority date and not in conflict with the application but cited to understand the principle or theory underlying the invention

"X" document of particular relevance; the claimed invention cannot be considered novel or cannot be considered to involve an inventive step when the document is taken alone

"Y" document of particular relevance; the claimed invention cannot be considered to involve an inventive step when the document is combined with one or more other such documents, such combination being obvious to a person skilled in the art

"&" document member of the same patent family

Date of the actual completion of the international search	Date of mailing of the international search report
30 August 2013 (30.08.2013)	**19 September 2013 (19.09.2013)**
Name and mailing address of the ISA/CN: State Intellectual Property Office of the P. R. China No. 6, Xitucheng Road, Jimenqiao Haidian District, Beijing 100088, China Facsimile No.: (86-10) 62019451	Authorized officer **HUANG, Zhenshan** Telephone No.: (86-10) **62412864**

Form PCT/ISA/210 (second sheet) (July 2009)

图 7.14　CN103010229B PCT 国际申请检索报告

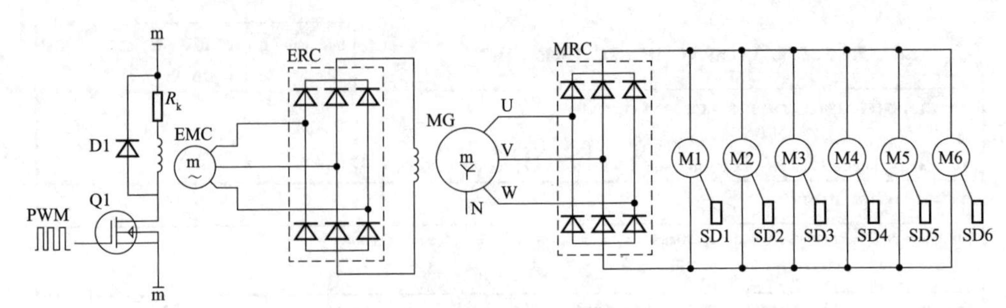

图 7.15 CN103010229B 摘要附图

该专利权利要求 1 记载的内容：一种基于转速控制的机车防空转滑行方法，其特征在于采取下列步骤：

（1）根据机车运行状态生成牵引力或制动力控制值 VT_{out}，且限制 $VT_{min}VT_{out}VT_{max}$；

（2）检测各轴的转速值，计算平均轮周线速度 V_{avr}、最大轮周线速度 V_{max} 及最小轮周线速度 V_{min}；

（3）将平均轮周线速度 V_{avr} 换算为机车速度 L_{spd}；

（4）检测机车牵引力或制动力反馈值；

（5）计算速度差给定值 VD_{ref} 和最大加速度给定值 VA_{ref}；

（6）计算速度差反馈值：牵引模式时 $VD_{fdb} = V_{max}–V_{avr}$ 或制动模式时 $VD_{fdb} = V_{avr}–V_{min}$；

（7）计算各轴转速加速度值：牵引模式时 $VA_{fdb1} \sim VA_{fdbn}$ 或制动模式时各轴转速减速度值 $VA_{fdb1} \sim VA_{fdbn}$；

（8）计算加速度反馈值：牵引模式时 VA_{fdb} 等于各轴转速加速度值 $VA_{fdb1} \sim VA_{fdbn}$ 中的最大值或制动模式时减速度反馈值 VA_{fdb} 等于各轴转速减速度值 $VA_{fdb1} \sim VA_{fdbn}$ 中的最大值；

（9）将 VD_{ref} 及 VD_{fdb} 送入速度差 PID 闭环控制器 VD，得出转速差控制值 VD_{out}，且限制 $V_{min}VD_{out}V_{max}$；

（10）将 VA_{ref} 及 VA_{fdb} 送入加速度 PID 闭环控制器 VA，得出加速度控制值 VA_{out}，且限制 $V_{min}VA_{out}V_{max}$；

（11）按转速差控制值 VD_{out}、加速度控制值 VA_{out}、牵引力或制动力控制值 VT_{out} 三者中的最小值控制机车牵引力或制动力。

“一种基于转速控制的机车防空转滑行方法”是中车大连机车车辆有限公司为有效防止机车牵引空转或制动滑行而研发，具有较高价值的关键性专利。本专利应用广泛，实用性强，并成为公司核心技术之一。除了在中国进行了专利保护外，还面向海外市场，在德国、澳大利亚、新西兰等主要产品出口国进行了专利布局。

7.7　主要申请人排名及分布

图 7.16 为全国轨道交通装备产业专利主要申请人排名。可以看出，中车集团所属各子公司在我国轨道交通装备领域专利申请数量上具有绝对优势，排名前十中占 7 位。其中，中车青岛四方机车车辆股份有限公司专利申请数量明显高于其他企业，显示了其在高速动车组、城际及市域动车组研发创新上的行业内的领先地位。另外，中车齐齐哈尔车辆有限公司、南车株洲电力机车有限公司两家企业在轨道交通领域也具有较强的技术创新能力。

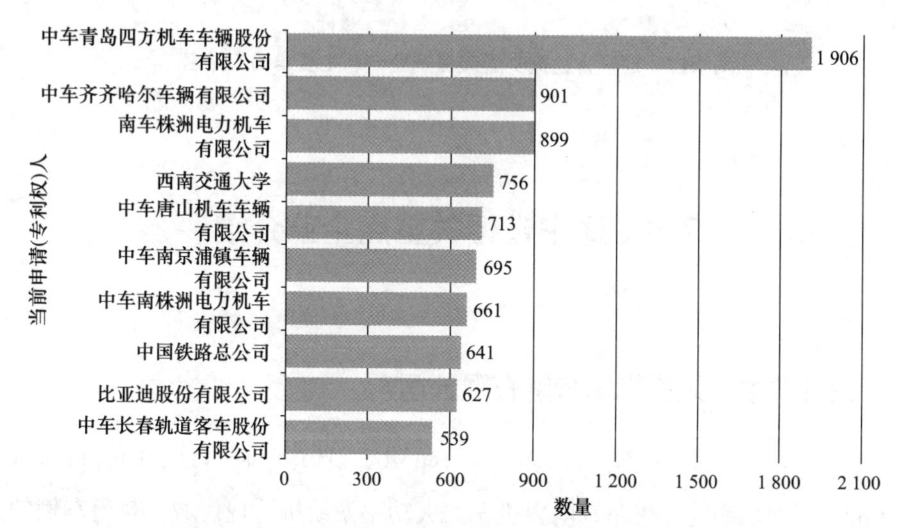

图 7.16　全国轨道交通装备产业专利主要申请人排名

图 7.17 为辽宁省轨道交通装备产业专利主要申请人排名。可以看出，同全国一样，中车集团所属各子公司在辽宁省轨道交通装备领域专利申请数量上占有绝对优势。其中，中车大连机车车辆有限公司（包括其前身中国北车集团大连机车车辆有限公司）专利申请数量明显高于省内其他，彰显了其作为辽宁省轨道交通装备领域龙头企业的稳固地位。另外，中车大连电力牵引研发中心有限公司、中车大连机车研究所有限公司、中车沈阳机车车辆有限公司也具有较强的科技创新能力。

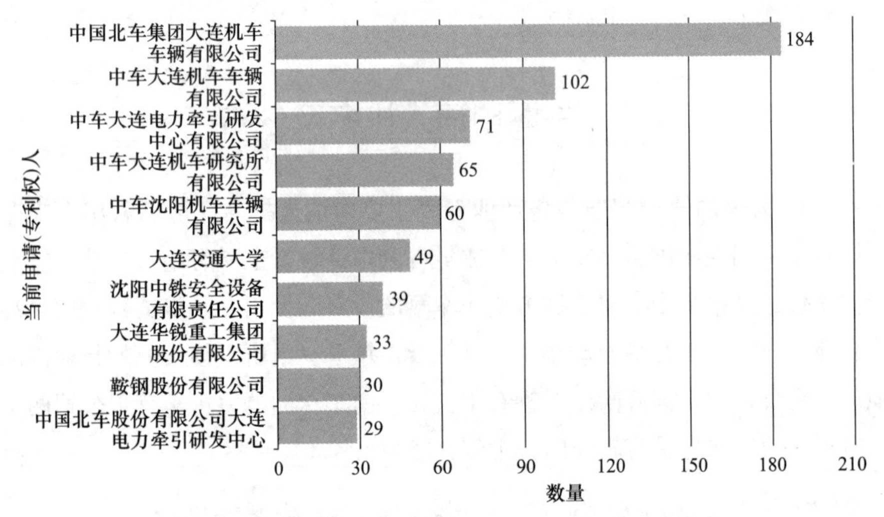

图 7.17　辽宁省轨道交通装备产业专利主要申请人排名

7.8　辽宁省相关重点企业介绍

7.8.1　中车大连机车车辆有限公司

中车大连机车车辆有限公司始建于 1899 年，是我国唯一具有同时自主研制并批量出口大功率内燃机车、电力机车、大功率发动机、现代城市轨道车辆的国家重点大型企业，被党和国家领导人赞誉为“机车摇篮”。

中华人民共和国成立以来，公司先后经过 6 次大规模技术改造，填补了我国机车工业多项空白。1956 年 9 月，成功设计制造我国第一台干线蒸汽机车，填补了我国机车工业的空白。1958 年 9 月，成功研制我国第一台内燃机车，成为我国第一家内燃机车制造企业。1969 年 9 月，成功研制东风 4 型干线内燃机车，此后，东风 4 型机车历经 20 年由 A 型更新发展到 D 型，东风 4D 型内燃机车成为我国铁路前五次大提速的主力机型。2001 年和 2002 年，公司分别研制成功“金轮号”动车组和“普天号”内燃摆式动车组动车。2003 年 12 月，成功研制时速 120 km 交流货运电力机车，并开始批量研制 7 200 kW 六轴系列电力机车、9 600 kW 六轴电力机车，之后又研制了时速 160 km 客运电力机车、八轴 9 600 kW 货运电力机车等先进的和谐型大功率交流电力机车。近年来，时速 160 km 动车组动力车实现批量交付，时速 160 km 客运内燃机车、3 000 马力[②]节能环保型调车机车、4 400 马力干线货运内燃机车等复兴系列新产品进入运用考核阶段。同时，公司研制的高原内燃机车开始承担西藏拉萨至日喀则的客运和货运牵引任务，标志着国产大功率机车首次登上“世界屋脊”。

公司紧密围绕“变革、创新”两大主题，结合国家、行业的发展战略，充分考虑国内外市场形势及轨道交通装备制造行业相关技术的发展趋势，贯彻“自主研发，联合设计，打造中国品牌”发展思路，深入实施创新驱动发展战略，打造满足实际需求的设计平台、计算仿真平台、制造技术平台、试验验证平台等。公司建有国家级企业技术中心、国家级理化计量检测中心、行业级轨道交通装备绿色节能技术交通运输行业研发中心、省级工程技术研究中心、省级院士专家工作站（国家示范站），强力支撑发展。

公司始终重视与高校、科研院所以及用户的合作，有效促进成果转化，以此作为增强自身创新和研发能力，提升行业实力的重要推手。在产学研合作方面，公司积极走出国门，采用多种模式与国外优势研发机构、大学等进行联合开发，大力实施引进消化吸收再创新战略，建立完善的产品研发技术平台。

目前公司共计申请专利 1 284 件，授权 364 件，其中发明专利 186 件，其他专利 178 件。另外，登记软件著作权 59 项。随着公司创新能力稳步提升，发明

② 1 马力≈ 0.735 kW。

专利的申请占比逐年递增，并稳步开展国外专利的申请工作，共计申请国外专利67件，已授权28件。其中，“蓄电池充电控制方法”获得2013年中国专利奖优秀奖；“基于转速控制的机车防空转滑行方法”获得2019年辽宁省专利奖二等奖。

7.8.2 中车沈阳机车车辆有限公司

中车沈阳机车车辆有限公司，简称中车沈阳公司，其前身为沈阳机车车辆厂，始建于1925年，2002年6月18日投资注册成立“沈阳机车车辆有限责任公司”，2016年1月6日正式更名为“中车沈阳机车车辆有限公司”，是我国铁路检修龙头企业，货车新造骨干企业。

公司厂区占地面积86万m^2，建筑面积29.9万m^2。厂区主要包括货车新造系统、货车检修系统、制备系统、动能系统和制动配件系统。公司现有8个生产分厂，并下设3个分公司、1个全资子公司和5个合资公司。

公司主要产品为铁路货车新造、检修和各种铁路配件制造。通过整体搬迁，企业再造，公司货车工艺装备达到国内领先、国际先进水平。公司设计生产纲领为年新造货车4 000辆、年检修各类铁路货车12 000辆，年制造货车配件20 000辆份。

公司是铁路货车主导设计企业之一，自主研制的T11BK型500 m长钢轨运输车组曾获铁道部科技进步一等奖，国家科技进步二等奖。为北京地铁公司研制的换轨作业车组成功投入运营。为沈阳地铁制造的地铁工程车成功投入使用。自主研发的GHA70A型对二甲苯罐车被列为国家重点新产品。自主研制的平车、水泥车、矿石车、煤炭漏斗车4种车型成功打入国际市场，成为澳大利亚塔斯马尼亚铁路市场主要供应商。出口澳大利亚塔斯马尼亚轨道铁路系列货车研制项目荣获2015年度中国中车科学技术二等奖。公司目前拥有有效专利94件，其中发明专利48件。

近年，公司深入实施“十三五”发展战略，相关多元领域取得新进展。除铁路货车整车产品之外，通过与美国西屋制动公司合资合作，在研制铁路机、客、货车，城轨、地铁等高品质制动产品上也具有优势。与美国西屋公司、中车齐齐哈尔公司联合开发的BAB（TMX）型集成制动装置投入运用。设备分公司非标设备金属镁扒渣机成功打入路外市场。公司进入高速铁路线路产品市场，可生产大型钢结构、高速铁路线路桥梁支座等产品。公司还可承揽铸、锻、冲压、机械零件加工及装配业务。同时，公司联合中车大连机车车辆有限公司、沈阳地铁集团成立合资公司，进入城轨检修业务市场。

公司有健全的环境保护、清洁生产和完善的计量理化检验手段，先后通过ISO9001质量管理体系、ISO14001环境管理体系和GB/T 28001职业健康安全管理体系、IRIS体系认证。

7.8.3 中车大连机车研究所有限公司

中车大连机车研究所有限公司隶属于中国中车股份有限公司，始建于1922年，是以轨道交通装备关键系统与部件的研发制造、试验检测、科技信息和标准化等行业服务为主的高新技术企业。

近年来，公司以推动轨道交通发展为使命，紧跟世界前沿技术，大力推进技术研究、产品开发、试验检测和信息服务，不断推进技术产业化，逐步形成牵引及网络控制系统、换热系统、动力传动系统、柴油机关键系统与部件等支柱产业。“十三五”期间公司积极发展车载空调、高端轴承、机车智能化系统、消防灭火系统、装备等新产业，努力把新兴产业打造成为支撑公司可持续发展的支柱型产业。

公司在坚持技术创新与产品创新的同时，始终以客户为关注焦点，积极借鉴和吸收先进的管理理念和管理方法，不断加强企业运行机制建设和管理创新，先后通过了国际铁路行业标准（IRIS）、轨道车辆和车辆部件的焊接（EN15085）等体系认证。2011年获批大连市企业技术中心；2012年“中国北车换热技术研发中心”挂牌；2013年获批辽宁省企业技术中心，NECT（“北车心”）电传动控制系统获中国北车科技成果特等奖；2014年获中国北车“突出进步奖”和“特别贡献奖”；2015年获批国家企业技术中心、辽宁省工程技术研究中心；2016年“中国中车换热技术研发中心”挂牌；2017年获批组建辽宁省涡轮增压器重点实验室，高新技术企业重新认定成功；2018年获“国家知识产权优势企业”称号；2019年荣获中国中车“突出进步奖”和3项“协同创新专项奖”。

公司先后承担完成了我国铁路各型蒸汽机车试验改进，参与并完成我国早期试验型内燃机车和第一代到第四代内燃机车的设计、开发和试验研究工作，先后共完成科研开发项目 1 500 多项，获得市局级以上科技成果奖 150 多项，获得有效专利 190 多件，其中发明专利 106 件。“动力分散式电力动车组用集成式冷却模块”获第 13 届中国专利优秀奖，“牵引系统用冷却单元”荣获第 20 届中国专利优秀奖，“交流传动电力机车用模块化冷却装置”获得首届辽宁专利奖二等奖。

公司投资兴建的旅顺新区，构建了牵引及网络控制系统、电力电子装置、换热系统、新一代轨道交通空调、动力传动系统、柴油机关键系统与部件、铁路轴承等精益制造及试验验证平台。建成投产后，进一步提升了公司在轨道交通装备关键系统和核心零部件方面的专业化制造水平和系统集成能力；同时，强化设计验证和试验检测手段，满足轨道交通装备行业整机及关键系统部件技术性能和可靠性试验的需要。

7.8.4 沈阳铁路信号有限责任公司

沈阳铁路信号有限责任公司始建于 1937 年，是中国铁路通信信号股份有限公司下属通号（西安）轨道交通工业集团有限公司的全资子公司，国务院国资委所属中央驻沈企业。

公司具备科研开发、装备制造、现场联调联试及开通服务的综合能力，是国家高新技术企业，拥有省级企业技术中心和院士工作站，先后通过了质量管理体系、职业健康安全体系、环境管理体系及国际铁路行业质量管理体系认证，建立了资质齐全、业内领先的铁路信号产品实验室和测试平台，在产品质量安全管控上具备可靠保障能力。

围绕中国铁路列车运行控制系统 CTCS0 ～ CTCS3 级的技术体系，结合企业的技术特点，产品结构覆盖了从车载到轨旁、从车站到区间的各个应用领域，包含了列车运行控制系统所涉及的重要设备，拥有齐备的中国铁路运输基础设备生产企业许可及铁路产品认证证书，多个安全产品通过了第三方安全评估。

公司的产品广泛应用于普速铁路、高速铁路 / 客运专线和城市轨道交通领域，先后参与建设了武广、京沪、哈大、京沈、京张、京雄、青藏等多个中国铁路发展史上里程碑式的项目，在北京、沈阳、成都、重庆、西安等多个城市的地铁项目中提供了优质产品与服务，并向肯尼亚、阿根廷、韩国、巴基斯坦、尼日利亚等多个国家提供了铁路器材及设备。

作为世界上最大的铁路信号继电器生产基地，公司拥有经过 10 万级净化的现代化生产车间，8 条继电器生产线，每年 60 万台的生产能力，承担着中国铁路 70% 的继电器产品市场供应。公司还拥有世界先进水平的电子生产线。3 条 SMT 和 THT 生产线工艺技术先进可靠，还有 AOI、SPI、X-Ray、飞针在线测试仪等高端测试设备，保证了生产制造过程中产品的一致性和可靠性。

目前，公司共有有效专利 115 件，其中发明专利 14 件，所获专利均已应用于企业产品或技术。此外，拥有软件著作权 24 项、商标 6 项。

第8章　主要结论及建议

本书站在专利导航的角度，从专利申请量、专利申请区域、专利技术主题分布、专利申请人排名等多个维度出发，对辽宁省高档数控机床、集成电路装备、机器人、重大成套装备、新能源汽车和先进轨道交通装备六大产业进行分析，间接反映了辽宁省先进装备制造业的发展现状，集中体现了产业技术创新的优势和方向，也折射出其中的短板与不足。同时，笔者在本书研究的基础上，从品牌发展、技术引进、高价值专利培育、知识产权保护等方面提出了若干建议，以期为促进辽宁省先进装备制造业高质量发展提供参考借鉴。

8.1　主要结论

8.1.1　工业底蕴深厚，先天优势明显

装备制造业一向是辽宁省的支柱产业，占全省规上工业近30%，始终是辽宁省工业经济平稳运行的重要基础。通过对辽宁省先进装备制造业六大产业专利情况进行分析，从专利申请量及在全国的排名可以看出，在东北地区经济形势整体下滑的情况下，辽宁省先进装备制造业在高档数控机床、机器人、先进轨道交通等多个领域的专利申请量依然居于全国前列，其他领域也位居全国中上游。辽宁作为老牌工业强省，在先进装备制造业方面底蕴深厚，没有明显的短板领域，是我国重要的装备制造业基地。以高档数控机床、机器人、先进轨道交通为代表的辽宁先进装备制造业在技术创新上仍然具有一定实力，在全国占有重要地位。在

新一轮东北老工业基地振兴中，将辽宁打造成为具有国际竞争力的先进装备制造业基地，基础雄厚，先天优势明显。

8.1.2　国企高校科研机构实力雄厚，民营企业差距较大

国有企业是国民经济发展的中坚力量，是中国特色社会主义的支柱。高校和科研院所是科技资源的主要产出地和主要的科技型组织，集中了大量的科技创新资源，是企业科技创新的重要技术支撑。通过对辽宁省先进装备制造业六大产业的专利申请人分析可以看出，辽宁省的专利申请主要集中在大型国有企业、高校及科研院所，说明国有经济在辽宁省的工业经济结构中，依然占有举足轻重的地位，一些国有企业在全国同行业中一直居于龙头地位，部分已处于世界前列。位于辽宁省的科研院所（如中科院自动化所、计算所等），长期承担装备制造业相关产业的科研项目，技术力量雄厚；另外，辽宁省拥有众多工科高等院校，对先进装备制造业的发展起到很大的推动作用。同时也应看到，在各领域专利申请量排名前列的申请人中，民营企业凤毛麟角，表明辽宁省的民营企业创新活力普遍不足。一方面，由于缺少国有资金及政策的支持，当前的盈利条件仅能维持生存，难以支持高昂的研发投入，间接导致专利申请数量普遍偏低；另一方面，受陈旧观念影响，多数民营企业缺乏长远发展规划，安于现状，不愿在科技创新上进行投入，在主观上没有通过创新获得利益的意识。

8.1.3　区域发展不平衡，辐射带动能力偏弱

中国目前不同省份的城市发展各有特点，有些省份“一城独大”，比如成都 GDP 占了四川一大半；有些省份均衡发展，比如江苏；也有的省份“一省双核”，比如山东的青岛和济南、广西的南宁和桂林等。辽宁省也属“一省双核”，沈阳和大连两座城市不相上下。通过对辽宁省先进装备制造业六大产业的专利申请人分析可以看出，专利申请数量排名前列的申请人绝大多数来自省会沈阳及计划单列市大连，“辽宁双核”正在引领全省先进装备制造业的发展趋势。同时表明，其他中小城市的专利申请量较少，创新活力不足，与沈阳、大连存在

较大差距，两市的辐射及带动作用有待提高。

8.1.4　受传统工业影响较大，转型升级势在必行

中华人民共和国成立初期，得益于辽宁省丰富的矿产资源、便利的交通条件、优厚的政策支持以及广阔的市场前景，辽宁省的传统重工业得到迅速发展。但 20 世纪末以来，随着辽宁省矿产资源的枯竭，环境问题的突出以及“新技术革命”的冲击，辽宁省的传统重工业发展逐渐放缓。通过对辽宁省先进装备制造业六大产业的专利技术主题分析可以看出，辽宁省重点研发技术主题与全国基本一致，但受传统工业门类影响，仍然存在一定差异，如机器人产业中，辽宁省在机器人机械装置和汽车设备相关的领域占比较大；在高档数控机床产业中，辽宁省在智能化数控机床的组合加工及金属加工等技术领域占比较大。这固然说明辽宁省的产业研发技术主题特色鲜明，同时表明，由于传统重工业企业众多且历史悠久，其技术人员在研发方向上受传统技术领域影响较深，一定程度上束缚了新兴技术领域的研发创新思维。为了辽宁省的长远发展考虑，应该坚持经济结构多元化发展，推进产业转型升级，有效治理生态环境问题等，努力促进辽宁省产业可持续、高质量发展。

8.1.5　资金人才较为短缺，科技创新有待加强

一般认为，专利申请量反映技术发展活动是否活跃，以及发明人是否有谋求专利保护的积极性。专利申请数量越多，表明一个社会的创新能力越高，社会就越有活力。若一个企业有较多的专利申请，一般能说明该企业有着专利技术的研发精神和保护意识，其研发能力除专利数量之外，还要看其中优质专利的占比。通过对辽宁省先进装备制造业历年专利申请趋势的分析可以看出，近年来，辽宁省多个产业均存在专利申请量增长速率趋缓的情况。分析原因，一方面可能受东北地区整体经济环境影响，企业普遍面临经营亏损、利润空间不足等问题，而科技创新需要较大研发投人，资金不足限制了众多企业的创新发展；另一方面，辽宁省国有企业众多，由于国有企业根深蒂固的体制问题，技术人才难以获得与其

科研成果相匹配的经济利益，间接使辽宁省高端技术人才流向可提供更高待遇的其他省市，导致企业普遍出现人才断档、层次不足的问题。上述情况对营造辽宁省良好的科技创新环境造成了一定的阻力。

8.2　主要建议

8.2.1　搭建先进装备制造业公共服务平台，推动产业高质量协同发展

为将辽宁打造成为具有国际竞争力的先进装备制造业基地，辽宁省委、省政府组建成立了辽宁省先进装备制造业基地建设工程中心，为基地建设提供服务、支撑和保障。中心应充分发挥公共服务职能，围绕产业创新发展和共性需求，搭建并不断完善产业科技、人才、公共检测等服务平台，促进关键技术国内、国际间的交流与合作，积极推动产业的技术创新和发展。

充分利用辽宁省科研机构、工科高等院校众多的优势，推进企业与科研机构、高等院校产学研深度合作。通过专利研发合作及成果转化，加大辽宁省先进装备制造业自主知识产权创造能力，提高企业在市场竞争中的核心竞争力。另外，充分发挥重点实验室、工程技术研究中心等研发平台作用，采用多方共建的方式打造创新实践中心、培训中心等，采取多种形式支持企业建设兼具生产与教学实践功能的实习实训基地，探索建立企业和高校联合培养机制，加快培养装备制造业所需的专业化工程技术人才。

同时，积极推动高校、科研机构等与企业、园区、服务机构的对接，以企业为主体，以需求为导向，以项目为纽带，开展技术咨询、技术转让、科技评估、知识产权、标准制定等高质量科技公共服务；开展技术服务和推广，打造先进装备制造业科技成果转化、产业孵化示范基地。在知识产权所属方面，合作各方可通过签署协议，将知识产权的署名权和销售利润的一定比例归科研机构或高等院校所有，所有权、使用权归企业所有，以形成双赢的局面。

启动区域之间对口帮扶试点工作，沈阳、大连等创新能力较强的城市，对创新能力不足的城市，开展区域“一对一”帮扶，加强技术、人才交流，分享科技创新、成果转化等经验。鼓励沈阳、大连有条件的大中型企业带动中小城市的同行业企业合作研发新产品、新项目。通过不断的交流协作，提高创新能力不足城市的整体科技创新水平，实现区域创新协同发展。

引导产业创业基金、金融机构对辽宁省装备制造业发展的资金支持，探索权益抵押等多种贷款形式，鼓励银行发放低风险创新贷款，解决企业在创新过程中出现的资金难题。另外，政府相关部门可加大科研奖励资金，对创新主体的重大技术突破、重大科技成果等进行经济奖励，激励各创新主体不断突破制约辽宁省先进装备制造业发展的关键技术，降低高端核心技术的对外依存度。

8.2.2 推进本土自主品牌发展，加强对标准必要专利的管理和规范

辽宁省作为中国传统的工业大省，拥有一批国内甚至国际上知名的装备制造企业，建议加快推动本土品牌建设，在省内培育一批知名度高、美誉度好、竞争力强、附加值高的区域品牌，树立一批取得经验和成果的区域品牌建设示范区，发挥示范带动效应；打造自主品牌生态圈，提供融合性发展交流平台，共同营造品牌为本的企业发展氛围；鼓励制造企业采购本土自主创新产品，积极开拓市场空间，以激励本土品牌企业不断寻求技术突破，提高国内及国际竞争力。同时，建议相关组织结合重点行业用户需求，面向新能源汽车、机器人、集成电路装备、高档数控机床等重点领域，开展工艺特性研究、关键技术研发和高品质产品研制。

一旦拥有先进的技术产品，很多企业便开始思考如何通过参与、主导国际标准的制定，将领先的技术及专利与标准相结合，在未来市场竞争中掌握话语权。目前，大多数中国企业对国际标准制定的参与度和贡献度都不高，我国很多传统制造企业、互联网企业等在商业模式上不断进行探索和创新，但对国际标准关注不够，其参与国际标准制定的意识和能力还需进一步提升。而标准必要专利（Standards Essential Patents）是指包含在国际标准、国家标准和行业标准中，且在实施标准时必须使用的专利，也就是说当标准化组织在制定某些标准时，部分或全部标准草案由于技术上或者商业上没有其他可替代方案，不可避免要涉及专

利或专利申请。企业还应加强对标准必要专利的管理和规范，使这些专利充分释放能量，真正推动产业发展[25]。

标准与专利的结合是公共利益和私有权益相互冲突并逐渐协调的过程。出于寻求因公共使用目的而进行的技术标准化和专利权保护之间的平衡，标准化组织在其相关知识产权政策中，不仅要求标准参与者及时向标准化组织披露其拥有或者实际控制的专利，而且要求其承诺以公平（fair）、合理（reasonable）和非歧视（non-discriminatory）条件许可所有标准实施者利用其专利。这就是通常所说的标准必要专利许可使用中标准必要专利权人必须遵守的“FRAND”原则[26]。

专利标准化能够帮助企业获得新的市场优势，是企业谋取利益最大化的最有效的方式之一。当企业的某项专利技术被标准采纳后，标准的普及对于专利权人具有重大的经济价值，因为采用标准必然涉及对该专利的使用，而使用专利需支付相应的费用。拥有核心专利技术的企业将专利技术纳入技术标准，可用专利技术的专有性阻止他人使用技术标准。当用户不得不使用该标准时，标准的制定者和拥有者就可以针对专利技术的使用收取使用费。而且，在这种情况下，专利权的所有者还可以凭借对专利技术的垄断获得市场竞争优势，如控制专利许可证的发放，阻止竞争对手的市场进入等。这样就使和标准捆绑在一起的专利具有了战略价值，而不再是一般意义上的专利许可收费问题。如果将专利渗透到国际标准中，专利的经济价值会更大[27]。

下面以高通公司为例，浅析标准必要专利对企业的价值，以期为辽宁省相关企业将核心专利技术纳入技术标准提供启示。

高通公司是全球无线通信行业的一家大型跨国企业，其主要业务是与通信技术相关的知识产权许可以及芯片开发、设计与销售。在技术许可方面，高通掌握大量无线通信标准必要专利，包括 2GCDMA（IS-95）、3G（UMTS/WCDMA 和 CDMA2000/EVDO）和 4G（LTE）。在芯片销售方面，高通把持着以无线通信技术为基础的芯片制造与供应市场的命脉，包括 CDMA 芯片市场和高端 LTE 芯片市场等。由此造成的直接结果是，高通的竞争对手生产和开发芯片必须取得高通的许可授权，同时，手机原始设备制造商（简称 OEMs 厂商）为使产品符合国际标准，也必须使用包含高通技术专利的芯片并获得高通的许可授权，这使得高通始终能在竞争中占据优势地位[28]。

专利标准化提高了整个标准的技术水平，而标准的技术水平高意味着进行下一轮技术创新的起点高，技术创新的水平也随之提高。专利标准化同时加速了先进技术的扩散，扩大了专利技术的影响范围，这意味着专利权人的许可范围扩大，企业竞争力增加，大大激发了企业创新积极性。标准和知识产权结合起来，给技术创新带来了极大的推动力，可以使之更加有效、有序地进行。

当然，不是每个技术和产品都能拥有标准必要专利，当前的标准必要专利只存在于特定的技术领域，通信领域最普遍存在，音视频领域较多，医药领域有少许。众所周知，5G时代无线通信应用会延伸到很多垂直领域，如汽车、物联网、AR、VR、航空等[29]，也就是说今后会有更多的领域涉及标准必要专利。虽然关于标准必要专利的判定问题等还存在诸多争议，但不可否认的是，标准必要专利已经在全球范围发挥作用，相关组织和企业也应引起相当的重视。今后，企业还需要扎扎实实进行技术研发，提升技术实力，以在国际标准制定中发挥更大作用。只有企业自主研发的先进技术及其专利被纳入国际标准，才能进一步提升其在国际市场中的竞争力。

8.2.3 关注国际前沿技术，制定技术引进策略

随着“一带一路”倡议的提出与各项政策的实施，我国对外开放和国际交流合作不断深化，并获得与发达国家进行技术与创新方面交流的重要契机。技术引进可为企业准确把握先进技术发展方向，是我国很多行业进行技术创新的前提。引进国际先进技术并进行消化吸收再创新，可以在相当大的程度上促进自身技术实力，特别是研发能力的提升。

在技术引进前，应通过专利分析厘清专利技术的主要发展脉络和趋势，以确定所要引进的技术方向，进而确定所要引进的技术主题；再分析哪些为相关技术主题的必要或核心专利；同时，做好拟引进技术的尽职调查，规避技术引进中的知识产权风险，以实现技术引进的价值最大化。

技术引进中的专利分析流程一般包括确定拟引进的技术主题、确定技术引进目标单位、技术引进所涉及的专利尽职调查等。

（1）在技术引进前，应通过专利信息分析，充分了解所属领域的技术发展趋势及目前国内外主要竞争对手专利布局情况，同时客观评价自身的技术短板。力争引进符合技术发展趋势的前沿技术，且为准确弥补自身的技术短板所必需的技术。

（2）在确定拟引进的技术主题后，应通过专利信息分析，筛选出该技术主题的主要专利申请人，评价各主要专利申请人的技术实力、主营业务与所拥有专利的对应情况等，确定技术引进的目标单位。

（3）技术引进往往涉及专利权的转让，为避免不必要的纠纷，同时防范对后续工作可能造成的损失，应针对所涉及的相关专利进行尽职调查，内容应包括专利的有效性、专利的稳定性以及专利价值评估。涉及专利权转让的技术引进，务必确认拟引进技术相关专利的有效性，通常包括专利权受保护的地域、专利权的法律状态、专利权的保护期限三个方面。专利的稳定性是指专利授权后对抗无效请求的能力。一般来讲，发明专利的稳定性要强于实用新型及外观设计专利。对于发明专利，可通过检索其同族专利的授权情况，判断其专利权的稳定性；对于实用新型及外观设计专利，可要求技术转出方提供国务院专利行政部门出具的专利权评价报告，作为判断专利权稳定性的重要参考。对于科技型企业来说，专利是重要的无形资产，因此，涉及专利权转让的技术引进，要进行专利价值评估。专利价值评估应当对影响专利资产价值的法律因素、技术因素和经济因素分别进行综合考量。

另外，涉及专利权转让的技术引进，应签订专利权转让合同，约定专利许可方式、年限、范围及其他排他性合同条款等，并依法到国家知识产权局进行备案。

对于辽宁省先进装备制造业来说，仅仅依靠技术引进来维持企业发展并不是长久之计，真正实现辽宁省装备制造业科技创新能力的提升才是技术引进的目的所在。企业应该在引进技术的基础上做进一步的研发，突破核心技术，掌握自主知识产权。制定符合自身发展的专利挖掘、布局策略，才能真正使辽宁省先进装备制造业走在世界前列。

中国高铁技术的发展历程可以说是技术引进消化吸收再创新的典范，整个运作流程堪称技术引进案例的教科书。下面以中国高铁技术的发展历程为例，对技术引进做进一步阐述，供辽宁省先进装备制造业借鉴。

1. 需求分析

2004年1月，我国首次制定了《中长期铁路网规划》；同年4月，国务院召开会议专题研究铁路机车车辆装备有关问题，并印发《研究铁路机车车辆装备有关问题的会议纪要》，明确提出“引进先进技术、联合设计生产、打造中国品牌”的基本方针，自此，开启了中国高铁技术的引进、创新、超越的发展之路。

《中长期铁路网规划》方案中，将列车速度目标值定为每小时200 km及以上。鉴于当时国内的高铁技术尚在起步阶段，要想实现跨越式发展，必须借鉴国外先进技术。

2. 确定目标对象

当时，世界范围内高铁技术领先的国家包括德国、加拿大、法国和日本。经过对目标企业的技术实力分析，结合《中长期铁路网规划》的实际需求，中国将技术引进的目标企业及技术确定为加拿大庞巴迪的Regina C2008型列车（时速200 km）、日本川崎重工的E2-1000型列车（时速270 km）、法国阿尔斯通的A220型列车（时速220 km）、德国西门子的Velaro型列车（时速350 km）。

3. 技术引进方式

由于中国高铁技术引进的真正目的是引进国外先进技术，因此铁道部明确规定了“关键技术必须转让”这个引进原则，并要求，国外厂商必须与中国国内机车车辆企业签订完善的技术转让合同，明确规定技术转让的方式、涉及的专利技术及专利许可使用费等。另外，铁道部还设置了“技术转让实施评价”这个考核环节，以保证中国企业对引进技术的掌握程度。

4. 技术引进后的消化吸收再创新

技术引进虽然带来了正面效果，但也付出了数十亿元的专利许可使用费等巨大的成本代价，因此，只有通过自主创新才能真正提升国家竞争力和影响力。2008年2月26日，科技部与铁路主管部门共同签署了《中国高速列车自主创新联合行动计划合作协议》，提出要在消化吸收相关技术的基础上，建立完善具有自主知识产权、国际竞争力强的时速350 km及以上的中国高速铁路技术体系。

2009年，我国铁路研发出具有完全自主知识产权的CRTS Ⅲ型板式无砟轨道，被视为“引进—消化吸收—再创新”战略和高速铁路技术国产化的里程碑。2010年12月3日，CRH380A型动车组的牵引传动系统等关键技术通过了美国知识产权的评估。

如今，中国机车车辆企业已成功掌握了高速动车组总成、车体、转向架、牵引交流、牵引变压、牵引电动机、牵引控制、列车网络和制动系统 9 项关键技术以及受电弓、空调系统等 10 项主要配套技术，制造了具有自主知识产权的动车组产品系列。目前，我国机车车辆企业的专利申请接近 2.5 万件，占行业内总申请量的 86.2%，其中，中国中车集团的“高速列车头部纵向对称面型线的低气动噪声优化方法”“一种基于空间矢量的同步调制方法”等 5 项发明专利获得了第 13 届中国专利奖优秀奖；“一种三电平双模式空间矢量过调制方法及其系统”发明专利获得第 19 届中国专利金奖。同时，中国中车已经开始在美国、日本、巴西、俄罗斯、欧盟等主要国家和地区进行了专利布局。中国高铁技术已经处于世界先进行列，并开始角逐全球高铁市场。

8.2.4　提高企业创新能力，加大高价值专利培育力度

创新是引领发展的第一动力，企业应努力提高创新能力，重视国际市场的开拓，积极与国外公司寻求合作与共同开发研究机会，及时形成专利成果，努力提高企业的国际竞争力和国际影响力。建议辽宁省有关部门进一步深化科技体制改革，深入实施国家技术创新工程，推动企业加快实施创新发展战略；完善和落实好现有的促进企业科技创新和科技成果转移转化的相关政策。

专利是科技成果的重要载体之一，也是企业创新和核心竞争力的集中体现。因此，企业在追求专利数量的同时，更应重视专利质量，积极培育高价值专利。

高价值专利没有统一的定义，但我们一般从三个角度考量：法律价值度、技术价值度和经济价值度。法律价值度指标通常包含了稳定性、不可规避性、依赖性、侵权可判定性、有效期、多国申请、专利许可状况等；技术价值度指标通常包含技术先进性、行业发展趋势、可替代性、成熟度等；经济价值度指标通常包含市场应用情况、市场规模前景、市场占有率、竞争情况、政策适应性等[30]。通常，高价值专利具备以下 4 个主要特征：一是“高”，即技术的研发创新难度高；二是“稳”，即专利的权利稳定；三是“好”，即专利产品的市场前景好；四是“强”，即专利的技术竞争力强[31]。

在国家的大力推动下，全国各地陆续涌现出一大批有代表性的高价值专利。山东理工大学毕玉遂教授团队的一项专利获得了5亿元许可费，创造了山东省单项专利许可费的新纪录；中南大学周宏灏院士“个体化医学基因检测技术”7项发明专利，转让费1.8亿元[32]；西南交通大学磁悬浮二代工程样车专利技术合同签约超1亿元；中国南车（现已属中国中车）戚墅堰机车车辆工艺研究所在高铁齿轮传动领域形成了一大批核心专利并构建专利池，两年时间完成了400余件专利申请，发明专利占比近50%。江苏省在全国率先开展高价值专利培育工作，2015年以来围绕新材料、智能装备、生物医药等战略性新兴产业，在全省布局了7个高价值专利培育示范中心，为优质专利助力。

与全国其他省市相比，辽宁省的高价值和核心专利相对较少，建议辽宁省有关部门学习其他发达省市经验，加强顶层设计，促进制度供给；坚持层级推进，加强高价值专利培育的区域试点示范工作；突出综合效益，加强知识产权运用，健全高价值专利培育体系，努力做好高价值专利培育工作。在具体操作层面，要建立高价值专利的开发、质量监控和成果转移机制。一是形成以市场为导向的专利技术研发机制。实现技术研发与市场的有机对接，引导省内科研人员围绕市场需求开展专利订单式研发、投放式创新，并针对市场进行专利申请布局，从源头提高专利申请质量。二是建立辽宁省相关研发主体的专利申请审核机制。在提交正式的专利申请文件之前，相关研发主体对于拟申请专利的科技成果要进行专利评估，通过建立专利申请审核机制进行质量控制，提前淘汰不必要、不适宜进行专利申请的科技成果。对有价值的科技成果，则进行专业化的专利培育，使之成为高质量的专利。三是建立以市场为导向的专利成果转移机制。通过“市场之手”，采取技术许可、创立公司、资助研究以及合作研究和咨询等途径，来促进高质量专利成果的商业化，使其真正成为市场中的高价值专利。四是颁布辽宁省高价值专利评价指标体系等相关规范，更好地指导企业培育高价值专利，助力辽宁省先进装备制造业高质量发展。

8.2.5 强化知识产权保护意识，积极防范知识产权诉讼风险

随着知识产权在促进经济发展、科技进步，以及文化繁荣等方面的作用日益

突出，国家、企业，甚至个人，都更加意识到知识产权保护的重要性。建议辽宁省有关部门进一步加强对知识产权保护的宣传，激发企业及普通大众的创新动力，加强企业、高校及科研院所知识产权管理体系建设，更好地利用法律武器维护自身知识产权。习近平总书记在博鳌亚洲论坛2018年年会开幕式上的讲话中曾提到“加强知识产权保护，这是完善产权保护制度最重要的内容，也是提高中国经济竞争力最大的激励”。保护知识产权，有利于调动人们从事科技研究和文艺创作的积极性；能够为企业带来巨大经济效益，增强经济实力；有利于促进对外贸易，引进外商和外资投资。

知识产权保护对于企业来说，意义尤其重大。辽宁省相关企业在进行研发活动前，应通过专利信息分析，分析领域内相关专利数据，发掘创新技术的机会，形成独有的技术优势与竞争优势；可以根据条件建立行业专利数据库，及时跟踪相关领域的发展变化并进行相应分析，预警专利陷阱，进行专利保护。同时，应该积极规避可能会产生侵权问题的专利，在技术开发过程中做好技术路线设计，以提防知识产权诉讼对企业上市融资等商业活动产生不利的影响。

近年来，国际国内围绕知识产权的诉讼频发，强化知识产权保护，应该是辽宁省乃至全国今后很长一段时间的重点工作。2019年11月24日，中共中央办公厅、国务院办公厅印发《关于强化知识产权保护的意见》(以下简称《意见》),《意见》强调要依法制止知识产权领域不诚信诉讼行为，加强体制机制建设，提高司法保护整体效能；加强与相关部门的沟通协调，形成知识产权保护整体合力；加强审判基础建设，为全面加强知识产权司法保护工作提供更加有力支撑。专家表示，《意见》是第一个以中共中央办公厅、国务院办公厅名义出台的知识产权保护工作纲领性文件，将以前所未有的力度推动我国知识产权保护能力和保护水平全面提升。

下面以“四川省德阳市原科学技术和知识产权局查处成都科德环保设备有限公司假冒专利案”为例，分析重大成套装备领域中这一环保设备诉讼案件对社会和企业造成的影响，为辽宁省先进装备制造业的发展提供知识产权保护方面的借鉴。

该案的主要案情如下：2018年12月10日，四川省德阳市原科学技术和知识产权局接到举报，举报人称成都科德环保设备有限公司提供虚假资料，假冒专利，竞标德阳市罗江区城乡综合管理局压缩式中转设备采购项目，并随后中标。

经查，2018年10月29日，当事人为获取评标中的专利加分项以达到中标的目的，在投标文件中列出专利号为“ZL200920080162.5”、专利权人为成都科德环保设备有限公司、名为“三柱垂直升降箱体平移自动挂脱钩全封闭垃圾转运装置”的实用新型专利，并标注专利标识。该专利已于2014年6月11日终止。2018年11月，当事人向四川兴天华建设项目管理有限公司递交投标文件，并中标该项目，总中标金额145.8万元。

本案的处理结果：2019年1月，德阳市原科学技术和知识产权局依据《中华人民共和国专利法》《中华人民共和国专利法实施细则》和《四川省专利保护条例》的相关规定，认定成都科德环保设备有限公司上述行为构成假冒专利行为，作出行政处罚：责令成都科德环保设备有限公司停止违法行为，消除影响，并罚款2 000元。随后，德阳市罗江区财政局根据德阳市原科学技术和知识产权局的假冒专利认定结果，依据《中华人民共和国招标投标法》对成都科德环保设备有限公司作出处罚：将其列入政府采购黑名单，禁止1年内参与财政资金项目的投标[33]。

从该案的案情和判决审理情况得知，该案中当事人为获得中标，将早已终止的实用新型专利假冒有效专利实施投标，使公众和招标方误认为其仍然拥有该专利权，其行为构成假冒专利行为。该案中当事人的假冒专利行为先后被德阳市原科学技术和知识产权局、德阳市罗江区财政局处罚，同时纳入诚信体系，被列入政府采购黑名单。该案的处置结果对在招标投标过程中的假冒专利行为，具有很强的警示意义，也为知识产权的法律保护提供了案例借鉴。

有关知识产权保护方面的案例还有许多，这些案件往往都具有较强的典型意义及较大的社会影响，最直观、最真切地警醒人们加强对知识产权保护的重视。

8.2.6 积极推进人才队伍建设，做好人才引进分析评议

人才是我国经济社会发展的第一资源。辽宁省先进装备制造业应该以创新型科技人才、急需紧缺专业人才和高技能人才队伍为主导，加大海外高层次人才和国外智力引进工作力度，加速高端装备制造业人才的国际化进程；充分落实辽宁

省《关于推进人才集聚的若干政策》，大力吸引人才、培养人才、留住人才和用好人才，激发人才创新创业活力。

（1）积极吸引外省市中高级人才、外籍优秀人才来辽宁创新创业，在落户、签证办理、家属就业就学、购房优惠补贴、医疗保障等方面提供政策帮扶与绿色通道，解除人才赴辽工作的后顾之忧，营造在辽创新、创业的宽松环境。对各企事业单位引进的中高端人才予以认定，拨发专项研究经费与生活补贴，不断提升辽宁省对人才的吸引力。

（2）充分发挥企业、科研院所、高校、职业院校和其他培训机构的平台作用，创新人才培养模式，提高人才培养质量。优先支持符合本地产业发展目标的创新人才，鼓励创新人才向关键产业环节集聚；鼓励工科高等院校在人才培养模式上与先进装备制造业企业人才需求对接，强化人才培养产教融合能力。

（3）对于产业薄弱或缺失环节的高技术创新人才，尤其是具有创新实力、拥有核心专利技术的创新人才，将企业产业化的知识产权与研发人员的利益挂钩，将科技成果转化收入的一定比例奖励给研发人员；此外，在职称评定、职务晋升、授予荣誉等方面予以优先考虑。对于可持续产业化的专利可以对研发人员进行持续奖励，激励科研人员不断进行发明创造。

引进高端技术人才，应建立人才评估机制。对拟引进人才的评估建议加入知识产权分析评议的内容，通常包括人才匹配度调查、人才创新能力和人才知识产权风险三个方面。其中，人才匹配度调查主要包括引进方所需技术或学科调查和相关技术人才分布；人才创新能力主要包括专利申请量、专利授权量、专利法律状态、境外专利拥有量、专利产出率、专利稳定性分析和专利价值度分析，并结合其研究团队以及科研论文的水平，进一步对待引进人才的综合研究能力进行评估；人才知识产权风险主要包括协议风险、专利实施的侵权风险、职务发明与专利权属风险等。

目前，我国已有多地在人才引进中引入知识产权分析评议制度。早在 2013 年，国家知识产权局就开始了包括“海鹰计划”高端人才引进在内的 3 个人才知识产权分析评议试点项目。2014 年 8 月，浙江省在“千人计划”人才评选中采用了知识产权评议。2016 年相关部门对第 13 批国家“千人计划”创业人才 47 名拟入选人员申报的知识产权信息进行了分析评议。2017 年，湖北省知识产权局设立了“高端人才引进知识产权评议”和“海外高端人才引进知识产权评议”项目。同年，广东省在“珠江人才计划”评选中引入知识产权评议。此外，江苏、北京、四川和湖南等地也在落实高层次科技人才（或海外人才）政策中引入知识产权分析评议制度。辽宁省可借鉴这些实践经验，利用知识产权分析评议方法，真正引进一批契合需求的高层次科技人才。

参考文献

［1］中共中央、国务院 . 中共中央 国务院关于全面振兴东北地区等老工业基地的若干意见［Z］.2016.04.26.

［2］裴学亮 . 辽宁省装备制造业科技投入问题研究［D］. 沈阳：沈阳理工大学，2007.

［3］马天旗 . 专利分析：方法、图表解读与情报挖掘[M]. 北京：知识产权出版社，2015.

［4］马天旗 . 专利分析：检索、可视化与报告撰写［M］. 北京：知识产权出版社有限责任公司，2019.

［5］辽宁省人民政府办公厅 . 辽宁省建设具有国际竞争力的先进装备制造业基地工程实施方案［Z］.2019.1.10.

［6］王健，江渊，孙艳姣 . 基于专利分析的辽宁省智能化数控机床技术发展现状及问题研究［J］. 辽宁经济，2016（11）：50-51.

［7］中国机床工业 40 年，肯定成绩的同时，也要认清问题与差距［DB/OL］. 搜狐网 .https：//www.sohu.com/a/298983704_120051301.2019-03-04.

［8］康劲，吴汉明，汪涵 . 后摩尔时代集成电路制造发展趋势以及我国集成电路产业现状［J］. 微纳电子与智能制造，2019（1）：8.

［9］傅翠晓 . 国内外集成电路装备现状分析［J］. 新材料产业，2019（10）：13-16.

［10］张倩 . 关于中国集成电路装备国产化问题的研究［J］. 电子测量技术，2019，42（2）：28-32.

［11］中国半导体协会，中国电子信息产业发展研究会 . 中国半导体产业发展状况报告［R］. 工业和信息化部，2012.

［12］赵晋荣 . 砥砺奋进中的国产集成电路装备产业［J］. 集成电路应用，2017（11）：1.

［13］张宇 . 国外工业机器人发展历史回顾［J］. 机器人产业，2015（3）：68-82.
［14］AI 城市智库 .2019 年全球机器人市场规模将达 294.1 亿美元，三大细分领域最新数据出炉［DB/OL］. 电子发烧友 .http：//m.elecfans.com/article/1069233.html.2019.09.10.
［15］罗孔昭，叶磊 . 浅谈我国机器人发展现状与问题及应对措施［J］. 科技资讯，2018（1）：74-75.
［16］张扬 . 辽宁省机器人产业发展现状及建议［J］. 中国科技纵横，2014，24：251—252.
［17］宋光华 . 中国机器人热的反思与前瞻（一）——我国工业机器人产业近况评估［J］. 机器人技术与应用，2019（1）：17-25.
［18］宋光华 . 中国机器人热的反思与前瞻（二）——我国机器人产业前瞻［J］. 机器人技术与应用，2019（2）：14-19.
［19］未来智库 . 全球新能源汽车发展报告 2020：汽车百年大变局［EB/OL］. 中国电子网 .https：//baijiahao.baidu.com/s?id=1655769557659105489&wfr=spider&for=pc.2020-1-15.
［20］EV 世纪 . 终须以技术来说话——中国新能源汽车发展历程［EB/OL］. 百家号 .https：//baijiahao.baidu.com/s?id=1630803732046894636&wfr=spider&for=pc.2019-4-14.
［21］抄佩佩，万鑫铭，吴胜男，等 . 新能源汽车动力电池专利分析［J］. 重庆理工大学学报（自然科学版），2013，27（8）：18-25.
［22］全球轨道交通装备市场规模分析及企业现状统计［DB/OL］. 博思网 .http：//www.bosidata.com/news/J14380CEOG.html.2017-11-02.
［23］全球轨道交通装备行业概况及发展趋势分析［DB/OL］. 锐观网 .https：//www.reportrc.com/article/20200315/4956.html.2020-03-15.
［24］2013 年轨道交通装备制造行业发展趋势［EB/OL］. 中企顾问网 .http：//www.cction.com/shidian/201308/97434.html.2013-08-19.
［25］中国企业如何用“标准必要专利”守好行业阵地？［DB/OL］中国知识产权资讯网 .http：//www.nipso.cn/onews.asp?id=315822016-4-27.
［26］国家知识产权局 . 标准必要专利［DB/OL］. 国家知识产权局 .http：//www.

sipo.gov.cn/gwyzscqzlssgzbjlxkybgs/zlyj_zlbgs/1062562.htm.2015-05-25.

[27] 东方专利.浅谈专利标准化〔DB/OL〕.腾讯网.https：//new.qq.com/omn/20190315/20190315B0QQIX.html?pgv_ref=aio2015&ptlang=2052.2019.03.15.

[28] 谭羽.标准必要专利权人滥用市场支配地位的行为类型——以“美国FTC诉高通垄断案”为视角［J］.中国发明与专利，2020，17（3）：100-106.

[29] 如何公平合理地评估标准必要专利的价值？［DB/OL] 人民网.http://ip.people.com.cn/n1/2018/1212/c179663-30461640.html.2018-12-12.

[30] 如何定义高价值专利〔DB/OL〕.https://www.1633.com/patent/baike-2834.html.2019-02-20.

[31] 高价值专利再多些〔DB/OL〕.http://www.sipo.gov.cn/mtsd/1071998.htm.2017-06-07.

[32] 高校不少高价值专利成果处沉睡状态，转化仍有“拦路虎”〔DB/OL〕.http://www.zzzedu.com/?m=article&a=item&id=855664.2017-08-21.

[33] 2019年度知识产权行政保护典型案例发布〔DB/OL〕.https://www.sohu.com/a/391966240_120127418.2020-04-29.

后　记

装备制造业是国之重器，是一个国家制造业的脊梁。装备制造业高质量发展是我国经济高质量发展的重中之重，党中央、国务院在新一轮东北振兴中提出“一带五基地”建设国家战略，将先进装备制造业基地放在五大基地之首。为此，辽宁省委省政府组建了辽宁省先进装备制造业基地建设工程中心，为基地建设提供服务、支撑和保障。

中心成立后提出了“搭平台、做服务”的工作思路，并率先搭建了科技服务平台。平台将实施知识产权战略、推进产业创新发展作为重要任务之一，并结合辽宁产业需求，开展了先进装备制造业专利导航技术的研究。本书旨在从专利的角度出发，利用专利导航方法，分析产业发展水平，探究辽宁省先进装备制造业实现设计网络化、制造协同化、管理智能化、服务个性化发展，以期为辽宁省产业转型升级提供解决方案、路径指引和决策支撑。

参加本书编写的主要人员有张震、王潜、李倩、宫炫、李英博、程惠蕾、郭元艺、李宇、张秀娟、陈莹、胡巍威、赵英科、伦健等。张震、李倩对书稿进行了最终的修改审定。同时，辽宁省 21 家先进装备制造业重点企业为本书提供了资助，在此一并表示感谢。

在本书编写的过程中，我们虽然对相关内容进行了精心细致的梳理和总结，但受专利文献的数据采集范围和专利分析工具的限制，加之时间仓促、研究人员的水平有限，书中难免有不足之处，本书的数据、结论和建议仅供社会各界参考借鉴。